Silvia Wagner · Gerdi Nützel · Martin Kick
(Anti-)Rassistische Irritationen
Biblische Texte und
interkulturelle Zusammenarbeit

Das Buch ist ein Ergebnis des ESG-Kongresses
„Und sie wurde bitter in unserem Munde... –
(Anti-)Rassistische Irritationen bei der Bibellektüre",
13.–15.11.1992 in Köln.

Danksagung

Ohne die Unterstützung der Bundesgeschäftsstelle
und der Theol. Kommission der ESG
wäre die Realisierung des Projektes nicht möglich gewesen.

SILVIA WAGNER · GERDI NÜTZEL · MARTIN KICK

(Anti-)Rassistische Irritationen

Biblische Texte und interkulturelle Zusammenarbeit

ALEKTOR-VERLAG

Wir danken dem Calwer Verlag Stuttgart
für die freundliche Abdruckerlaubnis:
Rainer Albertz
Der Mensch als Hüter seiner Welt
calwer taschenbibliothek 16, S. 61–72
„Ihr seid Fremdlinge in Ägypten gewesen" –
Fremde im Alten Testament
Calwer Verlag Stuttgart

Die Deutsche Bibliothek CIP - Einheitsaufnahme
(Anti-)Rassistische Irritationen : biblische Texte und
interkulturelle Zusammenarbeit ; [das Buch ist ein Ergebnis
des ESG-Kongresses „Und Sie Wurde Bitter in Unserem
Munde ... - (Anti-)Rassistische Irritationen bei der
Bibellektüre", 13. - 15.11.1992 in Köln] / Silvia Wagner ... -
Berlin : Alektor Verl., 1994;
ISBN 3-884258-059-0
NE: Wagner, Silvia [Hrsg.]; Kongress Und Sie Wurde Bitter
in Unserem Munde ... – (Anti-)Rassistische Irritationen bei
der Bibellektüre <1992, Köln>; Evangelische
Studentengemeinde in Deutschland

© Alektor-Verlag Berlin 1994
– Printed in Germany –

Inhalt

SILVIA WAGNER
Einführung   7

Biblische Texte

TON VEERKAMP
Die Bibel – ein „fremdes Buch"   21

RAINER ALBERTZ
„Ihr seid Fremdlinge in Ägypten gewesen" –
Fremde im Alten Testament   25

CLAUS P. WAGENER
Deuteronomium 7 und 10   39

KLARA BUTTING
Das Lesen der Bibel
als Beitrag zur Radikalisierung feministischer Theologie
Das Verhältnis von Sexismus und Antisemitismus
im Estherbuch   45

BERND JØRG DIEBNER
Die antisamaritanische Polemik im TNK
als konfessionelles Problem   69

GERHARD JANKOWSKI
An Philemon   93

MARTIN KICK
Ich bin nur gesandt zu den Schafen des Hauses Israel
Matthäus 15,24   109

GERDI NÜTZEL
Der befremdende Blick auf die „fremde Frau"
in Proverbien 7   115

INA J. PETERMANN
„Schick die Fremde in die Wüste"
– Oder: Sind die Sara-Hagar-Erzählungen
aus Gen 16 und Gen 21 ein Beispiel
(anti-)rassistischer Irritation aus dem Alten Israel?   137

MARTINA SEVERIN-KAISER
Gedenke dessen, was dir Amalek antat ...
Auslegungen zu Ex17,8–16 und Dtn 25,17–19   151

TON VEERKAMP
Das Ende der christlichen Mission
Matthäus 28,16–20   167

Ökumenische und interkulturelle Zusammenarbeit

THEO WITVLIET
Rassismus und Eurozentrismus · Historische Einblicke   189

ARIM SOARES DO BEM
Erziehung und Reproduktion rassistischer Denkweise:
Die Fallstricke „alternativer" Modelle   201

NASANIN NAVABI
Interkulturelles Lernen als Pflege kultureller Dominanz?   217

ANGELA KÖNIG
Interkulturelle feministische Arbeit ?   233

ELISABETH ADLER
Gibt es eine nicht-rassistische Ökumene?
Erfahrungen und Perspektiven aus der Arbeit des ÖRK   239

DOKUMENTATION
Aufruf an die Kirchen zu einem Programm
zur Bekämpfung des Rassismus   247

AUTORINNEN UND AUTOREN   251

Einführung

Rassistische Irritationen sind in der Bundesrepublik Alltag. Die enthemmten Angriffe gegen Flüchtlinge und MigrantInnen führen überdeutlich vor Augen, was auf den unterschiedlichen Ebenen der Gesellschaft an rassistischem Potential lagert und wirkt. Das Erschrecken darüber geht an die Substanz.

Worauf können sich aber (Christen-)Menschen beziehen, wenn sie sich wehren und antirassistische Positionen in dieser bundesdeutschen Gesellschaft aufbauen wollen? In diesem Buch werden zwei Grundbezüge in einzelnen Aspekten untersucht: die biblische Überlieferung und Ansätze einer ökumenischen Praxis zwischen den Kulturen. Doch auch hier stoßen wir auf manches, was uns nicht nur einfach hilft, uns in der aktuellen Situation zu orientieren.

Diese Irritation betrifft zunächst die biblischen Texte selbst. Werden etwa in Ex 17 und Dtn 25 nicht Anweisungen zum Genozid als göttlich sanktioniert dargestellt? Ist es nicht zu einfach, zu wiederholen, daß nach Dtn 10 Gott „den Fremdling" liebt, wenn wir wissen, daß „fremde" Frauen nach Esra und Nehemia aus der nachexilischen Gemeinde und aus den Familien ausgegrenzt werden sollten, in die sie eingeheiratet hatten? Der Verdacht macht sich breit, die Bibel könnte den Kampf gegen den Rassismus eher behindern. Er fordert einen intensiven Dialog mit den biblischen Schriften heraus.

Dabei sind wir bundesdeutschen ChristInnen aus mehreren Gründen recht ungeeignet, andere Instanzen des Rassismus zu bezichtigen. Die christliche Auslegungstradition hat viele biblische Texte ja erst so interpretiert, daß sie Herrschaftsverhältnisse stabilisierten. Dies geschah in bewußtem Mißverständnis oder aus Unverständnis und Ignoranz gegenüber historischen Zusammenhängen, den religionsgesetzlichen Regeln und der erzählerischreflektierenden Tradition des Judentums.

Silvia Wagner

Auch heute ist mancher unserer gutgemeinten Versuche, in ökumenischen Zusammenhängen zu denken, zu reden und zu handeln, doch nichts anderes als eine wohlmeinende Spielart des Rassismus. Hier brauchen wir die Einrede derer, die diese Ansätze zu interkultureller Arbeit aus ihrer Perspektive darauf überprüfen, ob sie wirklich zum Abbau rassistischer Strukturen beitragen. Sie machen es uns – oft schmerzlich – bewußt, wie sehr wir als deutsche Mittelstandsbürgerinnen und -bürger samt Wort, Tat und Theorierahmen der Dominanzkultur verhaftet sind. Es ist also mindestens ein Trialog gefordert, der Zeugnis und Widersprüche in den biblischen Schriften über die Kritik heutiger christlicher Dominanz wieder zur Sprache bringen könnte.

Einen Beitrag zu einem solchen Trialog stellte ein Kongreß der Evangelischen StudentInnengemeinde in der BRD dar, der in Köln im November 1992 unter dem Titel „Und sie wurde bitter in unserem Munde ... – (Anti-)Rassistische Irritationen bei der Bibellektüre" stattfand. Überarbeitete Vorträge dieses Kongresses sind hier versammelt.

In dieser Dokumentation ist nun keine detaillierte Untersuchung pro und contra „Rassismus in der Bibel" aufzufinden, sondern sie bietet eine ganze Reihe von Einzelbeiträgen, die jeweils unterschiedliche Aspekte beleuchten. Dazu im folgenden mehr. Zur ersten Annäherung an die Thematik „Bibel und Rassismus" sei auf den Eröffnungsvortrag von Theo Witvliet aus Amsterdam verwiesen, auf einige Notizen in B.J. Diebners Arbeit sowie auf die Thesen, die Ton Veerkamp uns zur Vorbereitung des Kölner Kongresses zur Verfügung stellte.

Da Rassismus im engeren Sinne ein „modernes" Phänomen ist, ist es durchaus nicht unproblematisch, den Begriff des „Rassismus" direkt auf biblische Texte anzuwenden. Im Zusammenhang mit der Aufklärung und ihrem Zwang zu Enzyklopädisierung und Einordnung entstanden die ersten systematischen Zuschreibungen an fremde Völker und Volksgruppen aufgrund ihrer biologischen Merkmale, insbesondere der Hautfarbe. Diese neuentstandenen „Rassen" wurden klassifiziert durch „weiße"

Einführung

europäische Wissenschaftler, die so ihren Standpunkt allein schon faktisch ins Zentrum setzten. Dieser Eurozentrismus, den KolonistInnen und KolonialistInnen in alle Welt trugen, wurde untermauert durch das sich entwickelnde kapitalistische Weltsystem. Dessen Ausbreitung war durch den wiederum theoretisch verankerten massenhaften Sklavenhandel und entsprechende Sklavenhaltung als einer Achse des atlantischen Dreieckshandels erst möglich geworden.

Rassismus bildet also ein umfassendes Dominanzsystem, ein ideologisches Konstrukt mit einer massiven ökonomischen Basis. „Rassismus ist eine spezifische Ideologie, die die Ausbeutung und Abhängigkeit einer bestimmten ‚Rasse' (Gruppe, Volk) aufgrund von vermeintlicher kultureller und/oder biologischer Minderwertigkeit dieser ‚Rasse' organisiert und reguliert und auf diese Weise faktisch bestehende Machtunterschiede aufrechterhält und vertieft." (Theo Witvliet)

Daß heute in der BRD allgemein eher der Begriff der „Kultur" bzw. der statisch aufgefaßten „Mentalität" gebraucht wird, um Abgrenzungen und Über- oder Unterordnungen einzuführen, ist in einer weiträumigen Perspektive von untergeordneter Bedeutung. Um der Schärfe des Begriffes willen sollte „Rassismus" evtl. ergänzt werden, indem wir von „Kulturrassismus" oder „differentialistischem Rassismus" sprechen. Aus zwei wichtigen Gründen halte ich jedoch dagegen, ihn etwa durch „Ethnozentrismus" zu ersetzen. Diese Bezeichnung spricht nur die Ebene von Einstellungen an und verschweigt die im „Eurozentrismus" immerhin pauschal benannte (ökonomische) Machtbasis, die aber nötig ist, um solchen Einstellungen innerhalb einer Ethnie oder gar weltweit zum Durchbruch zu verhelfen. Damit gerät sie in die Gefahr, sich an die verharmlosenden offiziellen Sprachregelungen wie „Ausländerfeindlichkeit", „Fremdenfeindlichkeit" oder gar „Fremdenangst" anzuschließen, an die sich auch auf EKD-Ebene gehalten wird. Auf dieser international recht einmaligen Pflicht, den Begriff „Rassismus" zu vermeiden, besteht die Politik der BRD aber deshalb so strikt, da er auf eine Kontinuität zwischen „vor" und „nach 45" verweist ...

Silvia Wagner

Zum zweiten scheint es mir unbegründet, zu meinen, nationalsozialistische „Bildungs"-Inhalte hätten sich auf individueller Ebene innerhalb von zwei oder drei Generationen schon verflüchtigt. Über viele Jahrhunderte hat die Einteilung der Menschheit nach Religionen, nach Sprachgruppen und nach „Rassen", d.h. vermuteten biologischen Merkmalen, ohne große Trennschärfe nebeneinander existiert. So dürfte es auch heute leicht möglich sein, von der Kategorie Mentalität aus darauf zu schließen, daß „es denen ja im Blut liegt" und was an noch deutlicheren rassistischen Kategorien denkbar ist.

In Deutschland kann von Rassismus nicht geredet werden, ohne auch über Antisemitismus zu reden. Der originär christliche Beitrag zum Antisemitismus ist der Antijudaismus. Deshalb liegt in der Auseinandersetzung mit dem Antijudaismus der in unserem Fall evangelischen Theologie der Testfall für alle Einsicht von Schuld und für alles Lernen von „anderen" begründet. Rassismus ist also „unser Problem".

Auf unterschiedliche Aspekte dieses Problems machen die Aufsätze zu ökumenischen und (im weiteren Sinn) interkulturellen Fragestellungen aufmerksam, die aus den Statements zum Thema: „Gibt es eine nicht-rassistische Ökumene?" erwachsen sind, die eine offene Podiumsdiskussion zum Abschluß des Kölner Kongresses einleiteten. Alle Aufsätze wurden weitgehend in der jeweiligen Diktion und Zitationsweise ihrer Autorinnen und Autoren belassen.

Theo Witvliet weist in seinem einführenden Vortrag darauf hin, daß die kulturellen oder biologischen Ausgrenzungsmuster des Rassismus oft unbewußt benutzt werden – gerade von „aufgeklärten" Intelektuellen. So ist es meist unmöglich, sich über die eigene Zentrierung auf eine Kulturgeschichte aus rein europäischer Perspektive klarzuwerden. Mit dem niederländischen Kulturanthropologen Ton Lemaire plädiert er deshalb nachdrücklich dafür, sich der Projektion der eigenen verdrängten Aspekte auf „den anderen" bewußtzuwerden: „Um das Selbst des anderen erkennen zu können, ist es nötig, sich das andere des Selbst bewußt zu machen." Eine andere Seite des Eurozentrismus

Einführung

spricht der US-amerikanische Religionswissenschaftler Charles H. Long an. Für sein Konzept einer „Anerkennungshermeneutik" ist es – nach Witvliet – grundlegend, „ ... den anderen als jemanden zu erkennen, den wir in erster und vielleicht auch in letzter Instanz nicht kennen." Für die Erfahrungen der „anderen", die die Konfrontation mit der westlichen „Zivilisation" am eigenen Leib erfahren haben, gibt es keine adäquaten Ausdrucksmöglichkeiten in den „cleanen" Sprachen des Nordwestens. Wir müssen anerkennen, daß die Aufklärung diese Undurchdringbarkeit geschaffen hat, als ihre dunkle Seite.

Arim Soares do Bem untersucht seit 1988 eine Modellschule in Berlin-Kreuzberg, in der interkulturelle Pädagogik erprobt wird. Über ausführliche Interviews mit den SchülerInnen entdeckte er allmählich die „Fallstricke" der so wohlgemeinten Konzeption: Die Jugendlichen brachten ihre Situation ganz überwiegend über reduktionistische Verarbeitungsmuster zum Ausdruck. Die persönliche Freundschaft und die moralisch begründetet Solidarität mit ihren MitschülerInnen führte sie jedoch nicht dazu, strukturelle Ähnlichkeiten ihrer Situation als Arbeiterkinder in Kreuzberg zu entdecken. Der Autor zieht hieraus ebenso Schlüsse wie aus der Analyse der schulischen Selbstdarstellung und der konventionellen Schulbücher. Eine oft unhinterfragt behauptete und allseits akzeptierte „kulturelle Differenz" ist zu der zentralen Achse der Pädagogik geworden. Eine antirassistische Erziehung dagegen müßte auch die kritische Wahrnehmung gesellschaftlicher Verhältnisse einschließen, damit gemeinsame Perspektiven und Bündnisse zu ihrer Veränderung entwickelt werden können.

Angela König hatten wir um ein Statement zum Thema „Interkulturelle feministische Arbeit" gebeten. Sie versah das Thema mit einem Fragezeichen, weil sie ebenfalls interkulturelle Zusammenarbeit nur für möglich hält, wenn in ihr das tatsächliche „Herrschaftsverhältnis zwischen den unterschiedlichen Kulturen und Gesellschaften zum Thema" gemacht wird, sie also antirassistisch orientiert ist. Angela König beschreibt aus genauer Kenntnis die tiefgreifende Auseinandersetzung über

Silvia Wagner

Rassismus in Feminismus und Frauenbewegung sowie die Positionen, die dabei erkämpft wurden. Diese Debatte ist insofern beispielhaft, als persönlich schmerzhafte Lernprozesse nicht umgangen werden konnten, die notwendig mit der Einsicht in rassistische Strukturen verbunden sind.

Nasanin Navabi kontrastiert in ihrem Beitrag die von Rationalisierung geprägte westliche Dominanzkultur mit einer Kultur der Kommunikation. Mit J. Habermas beschreibt sie die Dominanzkultur als von zweckrationalem Handeln geprägt. Ziele und Erfolgswunsch prägen alle ihre Bereiche – auch die, in denen es dem Anspruch nach um eine Kommunikation zwischen Angehörigen unterschiedlicher kultureller Kontexte geht. In der bundesdeutschen Gesellschaft werden EinwanderInnen, Flüchtlinge und viele andere Gruppen zunächst im Stereotyp „Ausländer" zu einer bedürftigen Masse ohne Geschichte nivelliert. Die interkulturelle Arbeit soll sie dann in den vorhandenen gesellschaftlichen Rahmen integrieren oder sie begrenzt nutzbar machen. Dies ist auch im sozialwissenschaftlichen oder pädagogischen Diskurs zu beobachten. Interkulturelles Lernen im Vollsinn aber bedarf einer verständigungsorientierten Kommunikation zwischen gleichberechtigten PartnernInnen, die gemeinsam die Bedingungen und Grenzen des Miteinanders aushandeln. – Diese Analye wirft ein kritisches Licht auch auf das Vorhaben dieses Buches und mancher Tagungen, zu denen wir „internationale Gäste" einladen.

Elisabeth Adler berichtet von den Grundüberzeugungen und Strategien des Ökumenischen Rates der Kirchen, die dem Aufbau des umstrittenen „Programms zur Bekämpfung des Rassismus" zugrunde lagen. Sie führt die wichtigsten Schwerpunkte der weiteren Auseinandersetzung um das Programm auf. Der anschließend dokumentierte Aufruf zu einem Programm zur Bekämpfung des Rassismus für die BRD, den Frau Adler mitverantwortet, erneuert eine Grundanfrage an Kirchen und Gemeinden. Im Begriff der „Bekämpfung" ist das Wort „Kampf" enthalten, das eine aktive Parteinahme voraussetzt. Wem gilt nun die Loyalität zuerst?

Einführung

Bisher haben wir die Bezeichnung „Rassismus" im Sinne nordwestlicher Dominanz mit ihrer Ausgrenzungs- oder Integrationspraxis gebraucht. In diesem Sinne kann sie nur eingeschränkt auf die Bibel angewendet werden. Für unseren Umgang mit biblischen Texten kann uns aber Charles Longs „Anerkennungshermeneutik" wesentliche Anhaltspunkte geben. Ton Veerkamp hat in seinen Einführungsthesen die hebräische Bibel als „eine Sammlung von altorientalischen Schriften aus der ersten Hälfte des ersten Jahrtausends v.u.Z." beschrieben. Theo Witvliet überträgt nun den Prozeß der „Anerkennung" auf die Differenz zwischen uns und diesem „fremden Buch" (Veerkamp). Ein wesentliches Element ist dabei, daß einzelne Texte in ihrem innerbiblischen literarischen Kontext wahrgenommen werden. So könnte verhindert werden, daß Texte entweder zerlegt werden, um hinter, unter oder vor die Endgestalt durchzudringen, oder daß die Bibel als Zitatensammlung mißbraucht wird. Dies betrifft auch den Zusammenhang der griechischen mit der hebräischen Bibel. Es ist mühsam, dem Hebräisch der Thora und damit einer unbedeutenden vorderorientalischen Sprache nachzuhören und den Gerüchten, die sie von Gerechtigkeit und Erbarmen weiß. Doch führt uns dieser Prozeß erst zu einem Verständnis der griechischen Schriften, die sich aus ihrem Bedeutungsschatz nähren.

Diese Herangehensweise, die Ton Veerkamp thesenartig und mit einem Statement auf dem Kongreß vortrug, ist in den meisten exegetischen Beiträgen dieses Bandes zu finden. Im folgenden sollen nun aber deren Fragestellungen einzeln herausgearbeitet werden. Sie wurden an Texten entwickelt, die das Verhältnis zwischen Christen und Heiden oder von Juden und den Völkern thematisieren.

Aus historisch-sozialgeschichtlicher Perspektive zeigt Rainer Albertz die Entwicklung der Regelungen auf, die sich auf „Fremdlinge", also Migranten, im Alten Israel beziehen. In seinem schon früher veröffentlichten Aufsatz, dessen Kern sich mit seinem Beitrag zu einer Arbeitsgruppe beim Kongreß deckt, weist er nachdrücklich darauf hin, wie weitgehend die rechtli-

Silvia Wagner

che und kultische Integration solcher „Wirtschaftsflüchtlinge" angestrebt wurde. Auch aus diesem Grunde wird an die vielfältigen Migrationserfahrungen des eigenen Volkes in den biblischen Texten beständig erinnert.

An den Bericht, den diese Arbeitsgruppe in Thesen vortrug, schloß sich in Köln eine heftige Diskussion über den Identitätsbegriff an, der – worauf an einigen Stellen die Beiträge von Navabi, Soares do Bem und Witvliet verweisen – häufig als feststehend aufgefaßt wird und so als „kulturelle Identität" eines Volkes oder einer Bevölkerungsgruppe schon wieder in die Nähe der Rede von „anderen Kulturen" oder „anderer Mentalität" gerät. Die AG selbst und weitere RednerInnen verwiesen jedoch darauf, daß die „Identität" Israels gerade im Werden liegt, im Aufgreifen unterschiedlicher Dimensionen der Zeit.

Klara Butting untersucht den Zusammenhang zwischen der Herrschaft über die Frauen und der Unterdrückung von Jüdinnen und Juden, der im Estherbuch hergestellt wird. Zuerst wird Waschti – und mit ihr die Frauen allgemein – einer Disziplinierungsmaßnahme unterworfen. Diese wird im weiteren dadurch als rein unterdrückerisch entlarvt, daß die persischen Oberen auf die parallele Weigerung des Mordchaj mit brutaler Willkür gegen alle Juden reagieren. So scheint es nur konsequent, daß eine jüdische Frau, Esther, den Widerstand gegen das vom König verordnete Pogrom anführt. Klara Butting führt uns in ihrer Untersuchung neu vor Augen, wie sich Bibeltexte gegenseitig interpretieren, befragen und aufklären können. Ihre Vorgehensweise entlehnt sie zu weiten Teilen niederländisch-reformierter biblischer Theologie, für die sich der Name „Amsterdamer Schule" eingebürgert hat. Dazu gehört neben einem weitgehenden Verzicht auf das klassische literarkritische Instrumentarium auch der Rückgriff auf die Buber-Rosenzweigsche „Verdeutschung" mit ihrem Bemühen, gleiche und verwandte Begriffe auch immer als solche kenntlich klingen zu lassen. – Und doch stecken die Ergebnisse der Autorin voller Sprengstoff hin zu einer biblisch-feministischen Befreiungsgeschichte mit der Bibel. Dazu hält sie es für unumgäng-

Einführung

lich, die eigenen Ergebnisse wiederum nicht zu universalisieren und somit offenzuhalten.

Bernd J. Diebner geht in seiner Untersuchung davon aus, daß die Krise der alttestamentlichen Wissenschaft nicht durch weitere historisch-kritische Vermittlungsmodelle zu lösen ist. Ähnlich wie VertreterInnen der „Amsterdamer Schule" geht er daher von der Endgestalt der Schriften, dem TNK aus, den er selbst sehr spät datiert. Der Begriff TNK setzt sich aus den Anfangsbuchstaben der drei Teile Thora (Weisung), Nebiim (Propheten) und Ketubim (Schriften) zusammen, die den Kanon der hebräischen Bibel bilden. In diesem Kanon erkennt Diebner eine polemische Hauptlinie, die sich auf die Definition Israels bezieht: Wo ist Samarien „drinnen", wo „draußen"? Da die Endfassung der Schriften deutlich aus judäischer Perspektive erfolgte, wird die Garizim-Gemeinde mittels unterschiedlich ausgeprägter kultureller Polemik attackiert. Gehen wir davon aus, daß etwa die Erzählung von der Beschneidung und dem Massaker an den Sichemiten in Gen 34 nicht Ereignisse der Frühzeit aufbewahrt, sondern Überfälle der Kanonisierungszeit zurückverlegt, sind wir nah bei unserem heutigen Erschrecken. Ob da das von Diebner konstatierte „schlechte Gewissen" genügend korrigiert?

Gerhard Jankowski wandelt mit seiner Auslegung des Philemonbriefes ebenfalls auf den Spuren eines Amsterdamer Theologen, seines Lehrers Kleijs H. Kroon. Er überprüft dessen These, Pauli Umgang mit der Institution der Sklaverei sei „eher in nuce revolutionär als evolutionär oder reformistisch (zu) nennen". Damit steht Kroon gegen die gesamte Wirkungsgeschichte des Briefes, dessen Verständnis von „Bruderschaft" sonst immer nur geistlich ausgelegt, nicht aber auf den sozialen Status der „Brüder" bezogen wurde. Durch die religiöse Bindung von Sklaven an ihre Halter wurde aber die Sklaverei faktisch noch gefestigt. Jankowski macht dagegen plausibel, daß Paulus Philemon, den Herrn des Sklaven Onesimus, auffordert, in der Sklavenfrage nach der Thora zu handeln. Dies würde bedeuten, daß Onesimus als Bruder, als Bruder in Israel, nicht auf Dauer

Silvia Wagner

zu versklaven wäre und freigelassen werden müßte. Ein subversives Briefchen?

Martin Kick untersucht anhand der Erzählung von der Begegnung Jesu mit der kanaanäischen Frau (Mt 15,21-28), wie das Matthäusevangelium das Verhältnis Israels zu den Gojim, den Völkern, sieht. Er arbeitet heraus, daß nicht ein abstrakter „Glaube", sondern die Treue der Frau zu den Verheißungen Israels Beispiel für das Verhalten der Völker sein soll. Einen Dialog können die Gojim also führen, indem sie daran festhalten, daß „ihr Gott" der Gott Israels ist, der zu seinen Zusagen an sein Volk steht, und daß deshalb auch Israel treu an den Verheißungen hängt. Die „Kanaanäerin" (schon damals eine anachronistische Formulierung), der in 15,24 so schroff Zuwendung verwehrt wird, wäre dann nicht etwa als notleidende „Fremde" zu psychologisieren, sondern in ihrer Hartnäckigkeit Vorbild für uns alle, die wir aus den „Heiden"-Völkern stammen.

Gerdi Nützel verknüpft die exegetische Untersuchung der Rede über die „fremde Frau" im Sprüchebuch (Prov 7) mit aktuellen feministischen Überlegungen (vgl. dazu auch den Beitrag A. Königs). Im biblischen Text klingt bei der Erwähnung der „fremden Frau" sowohl an, daß sie nicht aus Israel stammt, als auch, daß sie zwar Frau eines andern Mannes ist, aber Affären sucht. Ein stereotypes, dämonisierendes Bild einer Verführerin wird hier gezeichnet, das von anderen Frauengestalten wie der „Frau Weisheit" und der „tüchtigen Hausfrau" abgegrenzt wird. Analoge Bilder lassen sich auch in den Darstellungen „fremder Frauen" aus der europäischen Perspektive der Neuzeit feststellen. Kritische Feministinnen meinen, daß selbst in feministischen Konzepten letztlich die idealisierte westliche Frau zum weltweiten Vorbild gemacht wird, indem etwa Frauen aus dem islamischen Kulturkreis auf das Klischee des machtlosen Opfers reduziert werden. So kann die Kritik am Proverbienbuch darauf aufmerksam machen, wie und wo heute Unterschiede zwischen Frauen dazu benutzt werden, das rassistische Über- und Unterordnungssystem aufrechtzuerhalten.

Einführung

Ina J. Petermann analysiert die Rolle einer bestimmten „fremden Frau", nämlich Hagars in Gen 16 und 21, für die Selbstdefinition Israels. Sie liest die Sara-Hagar-Erzählungen vor dem Hintergrund der nachexilischen Zeit, in der von der Partei Esras und Nehemias eine Auflösung aller Ehen mit „fremden Frauen" gefordert wurde. Der Grund dieser Forderung ist in der Wissenschaft ebenso umstritten wie die Antwort auf die Frage, in welchem Umfang ihr Folge geleistet wurde. Vermutlich geht es weniger um ethnische Abgrenzung als um größtmögliche wirtschaftliche oder politische Unabhängigkeit. Verschiedene biblische Erzählungen scheinen jedenfalls die Exogamie anders zu beurteilen. Das Buch Ruth etwa liest sich geradezu als ein Plädoyer für Mischehen. Auch in der Geschichte Hagars lassen sich widerstrebende Elemente ausmachen. Ihr Name kann als die weibliche Form des „Fremdlings" betrachtet werden, dessen Schutz gewährleistet werden muß (vgl. hier den Aufsatz R. Albertz). Zudem wird die Flucht der Ägypterin Hagar in vielen Elementen parallel zum Exodus Israels aus Ägypten erzählt. Dennoch erscheint es aus heutiger Perspektive nicht als ausreichend, daß sie nur als Unterworfene zur Abrahamsfamilie gehört.

Martina Severin-Kaiser setzt sich mit Texten auseinander, die massiv die Frage aufwerfen, ob hier nicht ein Völkermord legitimiert werden soll: Nach Ex 17 und Dtn 25 soll selbst das Andenken Amaleks vertilgt werden. Ein Vergleich der christlichen Auslegungstradition mit der jüdischen erbringt dabei bemerkenswerte Ergebnisse. Im Judentum wurde nämlich die ethische Provokation der Texte über die Jahrhunderte heftig diskutiert. Ergebnis ist in einer breiten Auslegungstradition, daß „Amalek" nicht mit einem bestimmten Volk zu identifizieren sei. Vielmehr stelle es durch sein Handeln (nämlich dem aus Ägypten ausgezogenen Volk in den Rücken zu fallen) den „Prototyp des grundlosen Aggressors" (Severin-Kaiser) dar. Die christlichen Exegeten hatten offensichtlich weniger Probleme damit, den Völkermord in der (heiligen) Schrift wiederzufinden. So wird in Luthers allegorischer Auslegung schließlich die christli-

Silvia Wagner

che Gemeinde zu den verfolgten „Kindern Israels", die Juden aber werden Amalek, der Feind ...

Ton Veerkamp untersucht den immer noch als „Missionsbefehl" bekannten Text in Matthäus 28. Eine detaillierte Fassung seiner Exegese ist in Texte und Kontexte Nr. 60 (1993) nachzulesen. Aus dem Matthäusevangelium ist in der christlichen Tradition oft eine Enterbung des Judentums herausgelesen worden – und dies nicht ohne Anhalt im Text. Wahrscheinlich scheint es jedoch, daß Matthäus die Vollendung der Welt gerade davon erwartet, daß die Völker zu „Geschulten", zu gelehrten Praktikern von „Israels Lehre von Freiheit" (Ton Veerkamp) würden. Daß die zu Macht gekommene christliche Mission diesem Auftrag strukturell diametral widerspricht, führt uns wieder zu den ökumenischen Überlegungen und den Bemühungen um interkulturelle Zusammenarbeit zurück.

BIBLISCHE TEXTE

Die Bibel – ein „fremdes Buch"*

1. Die Bibel ist eine Sammlung von altorientalischen Schriften aus der ersten Hälfte des letzten Jahrtausends vor unserer Zeitrechnung. Sie ist daher kein Text, der unserer Kultur und Gesellschaft entstammt. Sie ist ein fremder Text. Alle Versuche, etwa mittels „moderner" Übersetzungen, diese Fremdheit aufzuheben, laufen auf einen Mißbrauch dieser Texte durch eine andere Kultur hinaus, der strukturverwandt mit dem westlichen Rassismus ist.

2. Grunddokument dieser Sammlung ist die sogenannte Thora („Weisung") – bei uns firmiert dieser Teil unter dem Titel „Die fünf Bücher Mose". Die Thora ist das Dokument eines Volkes, das völlig unverhofft eine schwere historische Katastrophe überlebt hat und die Chance eines vollständigen Neuanfangs erhielt. Es war zahlenmäßig eine Minderheit im eigenen Land.

3. Die Katastrophe war die Vernichtung der Autonomie durch die orientalischen Großmächte Assur und Babel. Die neue Chance bestand darin, daß ein Teil der Eliten, nach Babel verschleppt, unter der Führung der Exilpropheten, vor allem Ezechiels, seine Vergangenheit schonungslos aufarbeitete, ein anderer Teil aber als vernachlässigte „Volksarmut" (Jirmejahu/Jeremia) nach dem Zusammenbruch der staatlichen Verwaltung selber Überlebensstrukturen entwickelte. Die erste Gruppe ist in der Hauptsache für die große Weisungserzählung (die ersten vier Bücher Mose), die zweite für „die andere Weisung", das fünfte Buch Mose oder das Deuteronomium, verantwortlich.

4. Die Thora ist die Verfassung der Überlebenden dieses Volkes. Sie ist keine geglättete juristische Einheit, sondern zeigt in sich die Spannungen, die zwischen Rückkehrenden und der „Volksarmut" geblieben sind. Dennoch ist die Thora ein Ganzes

---

* Diese Thesen stellte uns Ton Veerkamp zur Diskussion in der Vorbereitungsgrupe zur Verfügung. Sie wurden dann vor dem Kölner Kongreß in den ESG-Nachrichten „ansätze" 5/92 veröffentlicht und bildeten ein wesentliches Element der Tagungsmaterialien.

Ton Veerkamp

und lebt durch alle Spannung hindurch für eine Gesellschaftsform, die man mit den beiden modernen Begriffen „Autonomie und Egalität" umschreiben kann.

5. Die Autonomie ist die äußere Bedingung für die Egalität. Sie sorgt dafür, daß das erwirtschaftete gesellschaftliche Produkt im Lande verbleibt und unter den Kindern des Landes verteilt werden kann. Die Egalität ist das Herz der Autonomie; ohne Egalität bedeutet Autonomie nur Ausbeutung durch eigene Volksleute, wie es in „Israel", also in den Königreichen Jehuda und Israel, vor der Katastrophe der Fall war. Ohne Autonomie ist Egalität nur ein Hirngespinst, da ein abhängiges Land durch den Tribut verelendet, und diese Verelendung unterschiedliche Familien unterschiedlich betreffen wird.

6. Das soziale Experiment, das schließlich durch Nechemja (Nehemia) und Esra institutionalisiert wurde, war so einmalig, daß es nur durch Abschottung nach außen gehalten werden konnte. Als Beispiel für die Einmaligkeit jener Ökonomie sei erwähnt, daß in der ganzen Antike der Sklave als Besitz seines Herrn betrachtet wurde; wollte der Sklave seine Freiheit, mußte er sich selber seinem Herrn abkaufen, um Besitzer seiner selbst zu werden. Dtn 15 schreibt vor, daß Knechtschaft überhaupt nur sechs Jahre dauern darf und daß am Ende der Herr dem Sklaven die Werte ersetzen muß, die dieser ihm während der sechs Jahre „erdient" (erarbeitet) hat.

7. Sachgemäßer Ausdruck für die Einmaligkeit dieses sozialen Experiments ist die Einmaligkeit des Gottes Israels: „Höre Israel, der EWIGE, dein Gott, der EWIGE, EINER" (Dtn 6,4). In dieser Einmaligkeit Gottes zeigt sich die Überzeugung, daß jede synkretistische Verbindung zu anderen Ideologien nur die Verwässerung des Experiments und seinen Untergang bedeuten muß. Deswegen gab es eine Abschottung in alle Richtungen: Verbot der Exogamie (Eheschließung mit Nicht-Volkszugehörigen); Verbot des Landverkaufs an Fremde; Gebot, hebräische Sklaven im Besitz von Fremden freizukaufen; Verbot aller Formen des ideologischen Synkretismus.

Die Bibel – ein „fremdes Buch"

Zusatz:
Dies ist kein „Rassismus" in der Bibel, sondern der Versuch einer Minderheit, in einer feindlichen Umwelt sich und ihre einmalige politische, soziale und ideologische Identität zu wahren. Aus dem Grund kann die Fremdengesetzgebung in der Schrift uns wenig oder gar nicht bei der Gestaltung eines humanen Ausländerrechts helfen. Bei uns ginge es darum, Minderheiten vor der Diskriminierung einer herrschenden Mehrheit zu schützen. Der vielfach bei radikalen Gruppen von Minderheiten beobachtete Versuch, sich kulturell, sozial und, wenn es geht, sogar ökonomisch abzukapseln, kommt der biblischen Haltung viel näher.

8. Im Verlauf der Zeit geht die Autonomie immer mehr verloren. Das erreicht einen Höhepunkt während der hellenistischen Zeit. Die Egalität bleibt daher mehr und mehr auf der Strecke. Letzteres dokumentiert das Buch Ijjob (Hiob), ersteres vor allem Daniel. Die in der makkabäischen Erhebung zurückgewonnene Autonomie mündet aber nicht in eine soziale Erneuerung auf der Grundlage der Thora, sondern in einen „makkabäischen Hellenismus" (der Ausdruck ist vom jüdischen Historiker Elias Bikkermann), das heißt in eine Autonomie ohne Egalität. Deswegen ist das gesellschaftliche Leben des jehudischen Volkes seit der makkabäischen Zeit gekennzeichnet durch unüberbrückbare Gegensätze zwischen den verschiedenen gesellschaftlichen Gruppen. Es herrscht praktisch ein Zustand des Bürgerkriegs zwischen der jeweiligen Macht angepaßten Eliten einerseits und den verschiedenen benachteiligten Gruppen andererseits. Unter römischer Herrschaft, als die letzten Reste der Autonomie verschwinden, kommt es zu zwei letzten Eruptionen jenes Bürgerkrieges mit verheerenden Folgen (66–70 und 131–135 u.Z.)

9. Jene Schriften, die wir „Neues Testament" nennen, befassen sich fast ausschließlich mit dem Problem der verlorenen Autonomie, deren endgültige Wiederherstellung sie erwarten (Königsherrschaft Gottes). Da die Autonomie unter den gegebenen Machtverhältnissen nicht mehr wie damals unter den

Makkabäern durch Menschen herbeigeführt werden kann, ist für diese Schriften nur noch ein direktes Eingreifen vorstellbar, das durch den Messias Jeschua aus dem galiläischen Nazareth angekündigt, vorbereitet und vollzogen sein soll.

10. Für andere antirömische Kreise des Volkes war dies ein gefährlicher Verzicht auf Politik. Sie vertraten die Ansicht, daß man jede Nische der Macht besetzen und das Leben in ihnen konsequent bis in die kleinsten Details nach den Weisungen der Thora und der mündlichen Überlieferung gestalten sollte. Der Konflikt zwischen diesen Ansichten beschäftigt uns bis zum heutigen Tag.

11. Die evangelischen Schriften sind ebenfalls altorientalische Texte; sie sind uns genauso fremd wie die ganze Schrift. Sie sind nur im Rahmen dieser Schrift verständlich und leben ebenso wie diese von der Sehnsucht nach einem Leben in „Autonomie und Egalität", zunächst für das eine Volk Israel, dann aber auch für alle Völker *(panta ta ethnè)*. In dieser Hinsicht sind sie in unserer Kultur ebenso Fremdkörper, wie sie es damals in der römischen Welt waren.

12. Die Konfrontation mit dem Wort Gottes entlarvt daher die „christlich-abendländische Kultur" als Ideologie der Dominanz oder als Rassismus. Die Theologie und die Exegese haben die Aufgabe, diese Ideologie auf der Höhe der Zeit, d.h. der jeweiligen Herrschaftsbedürfnisse, zu halten. In einer Epoche, in der das herrschende System nicht mehr in der Lage sein wird, seine Wohlstandsversprechungen weltweit oder sogar innerhalb der westlichen Industrieländer einzulösen, könnten Theologie und Exegese versucht sein, die alte Rolle in neuem Gewand weiterzuspielen. Die von Wirtschafts- und Bankenseite angeforderten Beiträge zur Diskussion über „Wirtschaftsethik" lassen vermuten, daß diese von Theologie und Kirche ideologischen Flankenschutz bei der Herstellung einer neuen „Opferbereitschaft" der unteren Schichten und des Südens insgesamt erhoffen. Dem ist mit einem konsequenten und gehorsamen Hören auf das fremde Wort Gottes zu begegnen.

13. Dieses Hören ist im Lehrhaus einzuüben.

„Ihr seid Fremdlinge in Ägypten gewesen" – Fremde im Alten Testament[*]

Liebe Freundinnen und Freunde!

Lassen Sie mich diese Bibelarbeit mit einer Story aus der Siegerländer Heimat beginnen. In das Kleinstädtchen Hilchenbach, wo fast jeder noch jeden kennt und enge familiäre und nachbarschaftliche Kontake zum Wohlbefinden und zum Selbstbewußtsein beitragen, wurden u.a. zwei asylsuchende tamilische Familien eingewiesen und in einem heruntergekommenen kleinen Haus der Stadt einquartiert. Das war für die Nachbarschaft ein aufregendes Ereignis: Man schleppte alte Möbel heran, um das Haus einzurichten, bestrickte die Kinder für den kalten Siegerländer Winter, ging mit der Frau zum Arzt und betreute sie, als sie ein weiteres Kind bekam, verhandelte mit dem nahe gelegenen Großmarkt, daß er den Familien alte Nahrungsmittel billiger oder umsonst abgab. Wohl wurde die Faszination, die die Fremden auslösten, immer wieder einmal durch Erfahrungen der Befremdung gestört, die Eltern ließen ihre Kinder auch noch in der Kälte barfuß herumrennen und waren nicht davon abzubringen, das Holz für den primitiven Herd in der Küche zu spalten, aber anfangs herrschte noch das Mitleid vor, das manches verzieh. Und da die meisten Nachbarn durchaus bewußte Christen waren, verstanden sie ihr Engagement als tätige Nächstenliebe. Doch Ende letzten Jahres schlug die Stimmung um. In der Weihnachtszeit wurden den Familien Steine in die Fenster geworfen. Die Nachbarschaft fühlte sich durch einen Bericht in der Zeitung ins schlechte Licht

---

[*] Bibelarbeit auf dem Beienroder Konvent „Fremde unter uns ...? Gastarbeiter Flüchtlinge – Aussiedler" vom 22.–26.9.1989 im „Haus der helfenden Hände" in Beienrode bei Königslutter. Zuerst veröffentlicht in: R. Albertz, Der Mensch als Hüter seiner Welt, Stuttgart 1990, S. 61–72. Aus technischen Gründen wurde die hebräische Umschrift vereinfacht.

gesetzt. Als im Frühjahr eine Sperrmüllabfuhr anstand und die Flüchtlingsfamilien eine Menge alten Hausrat auf die Straße stellten, den sie früher einmal von den Nachbarn geschenkt bekommen hatten, aber nun – da sie z.T. besser ausgestattet waren – nicht mehr gebrauchen konnten, brach der Sturm der Entrüstung los; die Nachbarn versammelten sich vor dem Haus der Tamilen, diskutierten wild, schimpften drauf los. Sie versuchten, den Stadtdirektor herbeizuholen und die Lokalzeitung zu interessieren, damit dieser Skandal an das Licht der Öffentlichkeit komme: Endlich sollte dokumentiert werden, wie die Fremden sich da benahmen, wie undankbar, wie stolz und egoistisch. Denen wurde unser gutes Geld hinterhergeschmissen, die hatten Hilfe wohl nicht mehr nötig! Wie schwer haben die Deutschen es einmal gehabt, aber uns hat niemand geholfen. So schön blöd sind wir, jetzt verwöhnen wir noch dieses hergelaufene, undankbare Pack ...

Der herbeigeeilte Flüchtlingsbeauftragte der Stadt wurde so beschimpft, daß er sich hilfesuchend an den Pfarrer wandte und ihn bat, den Konflikt zu schlichten. Als Presbyter habe ich mit ihm zusammen die tamilischen Familien und die Nachbarschaft besucht; die Gespräche waren nicht schlecht, aber sie haben nicht viel bewirkt. Noch Tage später rief mich eine der engagierten Nachbarsfrauen an und beschwerte sich bitterlich: Wir hätten sie ja schön „konfirmiert", sie sei zum Gespött des Ortes geworden. Wenn sich auch noch die Kirche auf die Gegenseite stelle, hätte sie in ihr nichts mehr verloren ... Ich versuchte, begütigend auf sie einzureden, aber der Konflikt schwelt bis heute weiter.

Ich fragte mich verstört als Theologe, warum das so kommen konnte. Warum läßt die Faszination, die ja durchaus von Fremden ausgeht, so schnell nach? Warum kippt menschliches Mitleid, auch die christliche Nächstenliebe so schnell in Selbstgerechtigkeit und Selbstmitleid um? Warum werden die Fremden, sowie sie nur ihr ganz normales Lebensrecht wahrnehmen, was man keinem Einheimischen verübeln würde, sofort als bedrohliche Schmarotzer erfahren?

Ihr seid Fremdlinge in Ägypten gewesen

Liest man unter solchen Fragestellungen die Bibel, so stellt man überrascht und erschrocken fest, daß es dort über weite Strecken auch nicht viel anders war. Auch dort konnten Fremde etwas Faszinierendes haben, erinnern Sie sich nur an die Eile und Betriebsamkeit, die Abraham an den Tag legte, als ihn in der schläfrigen Mittagshitze plötzlich drei fremde Männer besuchten (Gen 18,1–8). Kein Lamm war zu zart, kein Kuchen zu fein, um ihnen vorgesetzt zu werden, war doch, was sie aus der Ferne zu berichten wußten, eine Bereicherung, und das Wort, das sie zu sagen hatten, konnte sogar eine Verheißung Gottes sein (V. 10ff.). Aber aufs Ganze gesehen, herrschte doch auch im alten Israel das Gefühl des Mißtrauens, der Bedrohung und Überlegenheit gegenüber den Fremden vor. Die hebräischen Begriffe für Ausländer *(nokri)* und Fremde *(zar)* bezeichnen zugleich auch den Feind, weil – in der damaligen Gesellschaft ohne Polizeischutz und Landfrieden – jeder Fremde ein Feind sein konnte; und gar in der Fremde, im unreinen Lande zu sterben und begraben zu werden war das Schlimmste, was man sich vorstellen konnte (Am 7,17). Die brutalen Mißachtungen des Gastrechts, die nicht nur im gottlosen Sodom (Gen 19,5ff.), sondern auch im zivilisierten israelitischen Gibea (Ri 19,11ff.) vorkamen, wo die Einheimischen sich zusammenrotteten, um die Herausgabe der Fremden zu erzwingen, um sie dann bis in die sexuelle Vergewaltigung hinein zu quälen und zu entwürdigen und sogar umzubringen, demonstrieren mit aller Drastik, wie auch im alten Israel sich immer wieder das bedrohte Wir-Gefühl der Einheimischen in Exzessen gegen die Fremden Luft machte.

Fragen wir, warum das schon im alten Israel so war und bis heute auch nach 2000 Jahren christlicher Predigt immer noch so ist, so stoßen wir auf uralte Gruppenmechanismen, deren Entstehung sich in der älteren Steinzeit verliert: Jede Gruppe schließt sich ab, und das ist notwendigerweise so. Es gibt nur Gemeinschaft und Vertrautheit – ein „Wir-Gefühl", wie die Soziologen sagen – um den Preis der Abgrenzung nach außen. Nur innerhalb solcher Grenzen können Liebe und Solidarität untereinan-

Rainer Albertz

der gedeihen, von denen wir leben, nur innerhalb solcher Grenzen können wir sinnvoll Verantwortung füreinander übernehmen. Gruppengrenzen sind also lebensnotwendig und waren es in früheren Zeiten noch weit stärker als heute. Sie schützen unser Zusammenleben und geben uns Sicherheit und Geborgenheit.

Doch die Kehrseite dieses an sich lebensfördernden Gruppengesetzes ist es, daß uns vieles jenseits der Gruppengrenze als andersartig, fremd, ja sogar als bedrohlich erscheint. Das Eindringen eines Fremden und gerade eines solchen, der durch sein Aussehen und seine Lebensweise als solcher sichtbar manifest ist, wird ganz automatisch erst einmal als Bedrohung der heilen Innenwelt, als Gefährdung des Gemeinschaftsfriedens und Infragestellung der Solidarität erfahren. Es setzt tiefsitzende Ängste frei und führt nicht selten dazu, daß auch Ängste und Frustrationen, die ganz andere Ursachen haben, auf den Fremden projiziert werden. Der Fremde, der durch seine Existenz klar außerhalb der Gruppensolidarität steht und dies auch von sich aus nicht ändern kann, wird zum Sündenbock der Gemeinschaft, auf den ungelöste interne Konflikte abgeladen werden. Die Unterdrückung des Fremden wird zum billigen Mittel, durch das eine Gruppe sich ihrer Solidarität versichert.

Das ist nun auch der Grund, warum heute wie damals Menschen im Ausland in rechtlich ungesicherter Position leben müssen: Lot, der als Ausländer in Sodom wohnte, bekam, als er auf die Respektierung seines Gastrechtes gegenüber seinen Besuchern pochte, von den Sodomitern vorgehalten, soweit käme es ja noch, daß er sich als Fremder zum Richter aufspiele (Gen 19,9); Abraham mußte fürchten, daß ihm in Ägypten seine attraktive Frau geraubt und er als lästiger Konkurrent umgebracht werden würde (Gen 12,11f.), und Jakob wurde selbst von seinem Verwandten in Haran mehrmals nach Strich und Faden betrogen (Gen 29). Die Weise, wie Joseph als ägyptischer Beamter mit seinen Brüdern, die als ausländische Bittsteller zu ihm kamen, umspringen konnte – er verdächtigte sie als Spione, nahm einen Bruder gefangen und stellte sie unter

Ihr seid Fremdlinge in Ägypten gewesen

falsche Anklage –, zeigt sehr drastisch, welcher Behördenwillkür Fremde schon in der alten Welt ausgeliefert waren.

Wenn dies nun einmal nach scheinbar ehernen Gruppengesetzen immer so ist, dann stellt sich natürlich für uns die entscheidende Frage, wie denn nun das alte Israel mit dem Fremden- und Flüchtlingsproblem umgegangen ist. Denn Flüchtlinge gab es schon damals in hellen Scharen: Wirtschaftsflüchtlinge, die aufgrund einer Hungersnot auswanderten so wie Abraham und später die Jakobfamilie nach Ägypten (Gen 12; 46ff.), Isaak ins philistäische Gerar oder Elimelech nach Moab, wo er Ruth ehelichte (Ru 1,1ff.). Aber auch politische Flüchtlinge wie Mose, der sich nach dem Totschlag eines ägyptischen Fronvogts nach Midian absetzte (Ex 2,15ff.; 18,3), oder Absalom, der nach Rächung seiner Schwester an seinem Halbbruder Amnon an den Hof in Damaskus floh (2. Sam 13,37; 15,8). Aus ähnlichen Gründen kamen viele Flüchtlinge auch nach Israel. Solche Fremde, die sich für eine längere Zeit an einem Ort ansiedelten, nannte man *ger*, was wir mit „Fremdlinge" oder auch „Schutzbürger" wiedergeben. Ein *ger* brauchte nicht ein Ausländer in strengem Sinne zu sein, es reichte schon, wenn er zu einem anderen israelitischen Stamm gehörte, um ihn als Fremden zu qualifizieren (Ri 19,1.16). Der *ger* stand in einem gewissen Schutzverhältnis einer Familie oder eines Ortes, aber es war ihm verwehrt, Eigentum an Grund und Boden zu erwerben. Er konnte darum seinen Lebensunterhalt nur durch abhängige Arbeit für eine einheimische Familie verdienen, war also eine Art Gastarbeiter. Er war etwa bezüglich seiner Entlohnung selber nicht rechtsfähig, konnte seine Rechte also ursprünglich nicht selber vor Gericht einklagen und war damit der Willkür der Einheimischen ausgesetzt bzw. auf ihr Wohlwollen angewiesen. Darum gehörte der *ger* ganz an den untersten Rand der sozialen Skala der israelitischen Gesellschaft; er wird stereotyp mit anderen landbesitzlosen Gruppen, den Leviten, Witwen und Waisen, genannt, die ihr Leben weitgehend aus Almosen fristen mußten. Ähnliche Bedingungen bestanden für Flüchtlinge auch in den umliegenden Ländern des Vorderen Orients.

29

Rainer Albertz

Es ist ein ganz erstaunlicher Tatbestand, daß das alte Gottesvolk Israel sich nicht mit dieser desolaten Lage der Flüchtlinge in der eigenen Gesellschaft abfand. Wahrscheinlich veranlaßt durch die großen Flüchtlingsströme, die der politische Untergang des Nordreiches 722 auslöste und die, wie wir heute aufgrund der Archäologie erkennen können, allein die Bevölkerungszahl Jerusalems auf das Doppelte anschwellen ließen, sahen sich die verantwortlichen Laien und Priester im Jerusalemer Obergericht genötigt, fortlaufend Schutzgebote für die Fremdlinge zu erlassen, um ihre rechtlich unsichere und wirtschaftlich prekäre Lage zu verbessern.

Die älteren befinden sich im sog. Bundesbuch (Ex 20,23–23,17), das wahrscheinlich aus dem ausgehenden 8. Jh. stammt.

Ex 22,20   Doch einen Fremdling sollst du nicht bedrücken (*jana hi*)
und nicht bedrängen (*lahas*),
denn ihr seid (selbst) Fremdlinge im Lande Ägypten gewesen.

Dies Gebot wird ganz eng mit einem Schutzgebot für die ebenfalls landlosen und der Willkür ausgesetzten Witwen und Waisen verknüpft:

Ex 22,21   Keine Witwe oder Waise sollst du unterdrücken (*'ana pi*).

um dann für beide Randgruppen eine erste theologische Warnung anzuschließen:

Ex 22,22   Falls du ihn tatsächlich unterdrücken sollst (*'ana pi*)
und wenn er zu mir dann um Hilfe schreit,
werde ich seinen Hilfeschrei ganz sicher erhören,
23   und mein Zorn wird entbrennen,
und ich werde euch mit dem Schwert töten,
so daß eure Frauen Witwen und eure Kinder Waisen werden.

Wohl gelingt es den Gesetzgebern nicht, die alten Gruppenmechanismen einfach abzuschaffen; dazu wäre eine Gleichstellung in den Eigentumsrechten an Grund und Boden nötig gewesen, die unter den wirtschaftlichen Bedingungen ihrer Zeit nicht machbar war. Aber sie versuchen doch, die unbarmherzige Härte der Gruppenmechanismen zu mildern, eine neue Solidarität zu schaffen, die, über die Einheimischen hinausgehend,

Ihr seid Fremdlinge in Ägypten gewesen

auch die unter ihnen wohnenden Flüchtlinge einbezieht und der willkürlichen Ausnutzung der stärkeren gesellschaftlichen Position der Einheimischen einen Riegel vorschiebt.

Der theologische Weg zur Schaffung eines solidarischen Umgangs mit den Fremden, den die Gesetzgeber gingen, ist ein doppelter:

Erstens erinnern sie die Einheimischen daran, daß auch sie einmal Fremdlinge, genauer Wirtschaftsflüchtlinge in Ägypten gewesen waren, die ebenfalls einmal Unterdrückung und Rechtswillkür erleiden mußten (vgl. *lahas* in Ex 3,9). Sie verwendeten somit die alte religiöse Befreiungstradition Israels ganz unmittelbar dazu, den Judäern die Selbstverständlichkeit ihrer Einheimischen-Existenz zu nehmen. Ihr gesichertes Leben in einer Gruppe, ihr Landbesitz, all das war nicht immer so, war nicht ihr Verdienst, sondern Geschenk Gottes, der sie aus der Sklaverei und dem Flüchtlingselend befreit hatte. Darum können und sollen sie sich in die Lage derer hineinversetzen, die jetzt unter ihnen Flüchtlinge sind, und ihr Verhalten danach ausrichten. Dieser um Verständnis und Solidarität werbende Zug wird noch deutlicher in dem 2. Gebot, mit dem die Gesetzgeber ihre ganzen Sozialgesetze rahmen und die große Bedeutung eines veränderten Umgangs mit den Fremden nochmals unterstreichen:

Ex 23,9   Doch einen Fremdling sollst du nicht bedrängen,
denn ihr wißt, wie dem Fremdling zumute ist,
da ihr (selbst) Fremdlinge in Ägypten gewesen seid.

Mitmenschliches Einfühlen und die religiöse Dankbarkeit gegenüber Jahwe, dem eigenen Befreier, sollen eine neue Solidarität mit den Flüchtlingen schaffen, die ein Ausspielen der stärkeren rechtlichen und gesellschaftlichen Position ihnen gegenüber für unwürdig erklärt und obsolet macht.

Zweitens warnen sie die Einheimischen vor Gottes Gericht. Als Befreier aus Sklaverei und Flüchtlingselend, so versuchten die Gesetzgeber ihren Zeitgenossen zu verdeutlichen, stand Jahwe beim Konflikt mit den landlosen Armen *nicht* auf ihrer Seite. Weil er ein zutiefst gnädiger Gott (*'el hannun*) ist, wie es in V. 26 heißt, würde er die Hilfeschreie der Flüchtlinge, die sie an ihn gegen ihre Unterdrücker richten sollten, ganz gewiß erhören. Sein Zorn würde sich gegen die Einheimischen richten und deren Familien in ein vergleichbares Elend stürzen. Sie brauchten sich auf ihre gesicherte Position gar nichts einzubilden, Gott könnte sie schon bald zerstören, wenn sie nicht auf die Schwachen und Ungesicherten Rücksicht nähmen.

Die Gesetzgeber argumentierten somit theologisch, um die rechtliche und gesellschaftliche Minderstellung der Fremden auszugleichen; sie verwiesen auf die erfahrene göttliche Solidarität bzw. auf deren möglichen Entzug, um eine neue, erweiterte mitmenschliche Solidarität zu schaffen, die den gesellschaftlichen Abgrenzungsmechanismen ihre inhumane Schärfe nahm.

Weitere Schutzgebote in dieser Richtung fügten die deuteronomischen Gesetzgeber Ende des 7.Jh. hinzu:

Dtn 24,14	Nicht sollst du einen Lohnarbeiter (*sakir*) ausbeuten (*'asaq*),
	einen Armen und Elenden,
	weder von deinen Brüdern noch von deinen Fremdlingen,
	die in deinem Land oder deinen Ortschaften sind,
15	am selben Tag sollst du seinen Lohn auszahlen!
Dtn 24,17	Nicht sollst du den Rechtsanspruch eines Fremdlings abweisen ...
Dtn 27,19	Verflucht ist, wer den Rechtsanspruch von Fremdling, Waise und Witwe beugt.

Damit räumten sie den Fremden jedenfalls soviel rudimentäre Rechte ein wie den verarmten Einheimischen, die sich als Lohnarbeiter verdingen mußten. Die Flüchtlinge erhielten damit erstmals eine – wenn auch nur schwer durchzusetzende – Rechtsfähigkeit.

In der theologischen Grundlegung gingen die Deuteronomiker noch einen Schritt über das Bundesbuch hinaus: In der breiten Einleitung zu ihrem Gesetzeswerk plazierten sie eine große Selbstprädikation Gottes, in der sie nicht nur propagandistisch auf die einzigartige Erwählung Israels zu sprechen kamen (Dtn 10,14f.), sondern auch die ganz besondere Zuwendung Jahwes zu den Waisen, Witwen und Flüchtlingen betonten:

Ihr seid Fremdlinge in Ägypten gewesen

Dtn 10,17 Denn Jahwe, euer Gott, ist Gott der Götter und Herr der Herren,
der große Gott, heldenhaft und furchterregend,
der nicht die Person ansieht und keine Bestechung annimmt,
18 der den Rechtsanspruch der Waise und Witwe durchsetzt
und der den Fremdling liebt,
um ihm Speise und Kleidung zu geben.
19 Darum sollt ihr den Fremdling lieben,
denn ihr seid (selbst) Fremdlinge in Ägypten gewesen ...

Absicht dieser Zuordnung war es wohl zu verhindern, daß die starke religiöse Abgrenzung, die die deuteronomischen Gesetzgeber gegen alles Fremdkultische vornahmen, um die Identität Israels in einer Zeit politischer Wirren und Abhängigkeiten zu sichern, von einigen dazu mißbraucht wurde, die in Israel wohnenden Fremden gesellschaftlich auszugrenzen. Der großen Erwählung Israels entsprach ihrer Meinung nach nicht etwa eine Unterdrückung und Beseitigung der Fremden, sondern Gottes besondere Liebe zu ihnen. Damit stellte er sie unter seinen besonderen Schutz und forderte sein erwähltes Volk auf, diese gleichfalls zu lieben.

Daß es den dtn. Gesetzgebern mit dieser neuen Liebesethik nicht nur darum ging, dem Fremdenhaß entgegenzusteuern, sondern zu einem aktiven sozialen Handeln für die Flüchtlinge aufzufordern, kann man daran ersehen, daß sie diese Personengruppe in das Almosenwesen einbezogen, das sie zugunsten der einheimischen Armen aufbauten. Das ist insofern wirklich erstaunlich, weil diese für den antiken Orient beispiellose Armenfürsorge explizit auf der Gruppensolidarität *Israels* gründen sollte. Dem einen Gott sollte das eine, nicht mehr in Klassen gespaltene Gottesvolk entsprechen, dessen Angehörige sich wie Verwandte, wie Brüder unter die Arme greifen sollten. Daß die Deuteronomiker die Aktivierung der gruppeninternen Solidarität nicht mit neuem Fremdenhaß erkaufen wollten, sondern zumindest die im Lande lebenden Ausländer mit in diese Solidarität integrierten, ist ein ganz erstaunlicher Vorgang, der sich überhaupt nur aus dem starken sozialen Impuls der Jahwereligion erklären läßt: So wurde den Fremdlingen neben den Witwen und Waisen Anteil an der Nachlese von Acker, Olivenbaum und Weinrebe gegeben (Dtn 24,19–22); neben den Leviten wurden sie von den Erstlingsgaben versorgt (Dtn 26,11), und neben all diesen gehörte ihnen der sog. „soziale Zehnte", der in jedem dritten Jahr in den Ortschaften blieb und von dem sie sich satt essen sollten (Dtn 14,28f., vgl. 26,12f.). Der Wille der Gesetzgeber, aufgrund der religiösen Befreiungstraditionen Israels das soziale Elend in der Gesellschaft zu bekämpfen, war stärker als der ethnische Gruppenegoismus.

Der integrativen Funktion, welche die Deuteronomiker der Jahwereligion bei der Bewältigung der Flüchtlingsproblematik beimaßen, entspricht es, daß sie sich nicht scheuten, die Fremdlinge begrenzt auch bei den großen Festgottesdiensten teilnehmen zu lassen. Wenn Israel zum Wochen- und Herbstfest zusammenkam, um sich „vor Jahwe zu freuen", dann sollten die Familienväter auch die Flüchtlinge ihrer Ortschaft mitnehmen und an den großen Opfermahlfeiern mitessen lassen (Dtn 16,1. 14; vgl. 26,11). Von der Freude vor Jahwe, dem Befreier aus Ägypten, sollte kein armer Israelit, aber auch kein armer Fremdling ausgeschlossen sein. Hier im Zentrum der Gottesbeziehung sollte die tätige Liebe für die Flüchtlinge ihren Ausgangspunkt haben. Dabei wurde gar nicht darüber reflektiert, ob und wieweit die Fremden Jahweverehrer sind – wenn Dtn 14,21 bestimmte, verendete Tiere, die für Israeliten unrein waren, den Fremden zu schenken, scheinen die Deuteronomiker vorauszusetzen, daß diese sich noch nicht den eigenen Speisegesetzen zu unterziehen hatten –, Hauptsache war, daß sie an den Segensgütern Jahwes, für die Israel sich im Gottesdienst bedankte, Anteil bekamen. Die Frage der vollen kultischen Integration wurde im Dtn noch differenziert betrachtet: Ausgeschlossen blieben Moabiter und Ammoniter, doch stand Edomitern und Ägyptern die volle Aufnahme in die Kultgemeinde ab der dritten Generation offen (Dtn 23,4–9).

Den hier angedeuteten Weg einer weitgehenden rechtlichen und religiösen Integration gingen die priesterlichen Gesetzgeber der exilischen und frühnachexilischen Zeit konsequent weiter. So plädierten erstmals die Schüler des Priesterpropheten Ezechiel dafür, das soziale und rechtliche Problem der Fremd-

Ihr seid Fremdlinge in Ägypten gewesen

linge dadurch endgültig zu lösen, daß man ihnen den Besitz an Grund und Boden zubilligte. So heißt es in ihrer großen Zukunftsvision einer neuen, nach dem Exil zu schaffenden Gesellschaft:

Ez 47,21 Und ihr sollt dieses Land euch nach den Stämmen Israels verteilen.
22 So soll es geschehen:
Ihr sollt es als Erbbesitz verlosen für euch
und für die Fremdlinge, die unter euch weilen
und unter euch Kinder zeugen.
Sie sollen wie Einheimische unter den Israeliten gelten.
Mit euch sollt ihr es (ihnen) als Erbbesitz verteilen
unter den Stämmen Israels.
23 So soll es geschehen:
In dem Stamm, wo der Fremdling weilt,
dort sollt ihr ihm Erbbesitz geben.
Spruch Adonaj–Jahwes.

Das ist wieder ein erneuter erstaunlicher Fortschritt, der auf die Beseitigung jeder rechtlichen und sozialen Diskriminierung des Fremdlingsstatus zielte und zumindest länger verweilenden Flüchtlingen die theoretische Möglichkeit bot, sich voll in die israelitische Gesellschaft zu integrieren. Wohl wissen wir nicht, wie real diese Möglichkeit war, da es zu einer neuen Landverteilung, wie sie den Prophetenschülern vorschwebte, nach dem Exil nicht gekommen ist, aber wenn das frühnachexilische Heiligkeitsgesetz mit dem wirtschaftlichen Aufstieg von Fremden rechnet (Lev 25,47ff.), ohne übrigens den Sozialneid anzuheizen, dann scheinen sich die wirtschaftlichen Chancen für sie wirklich verbessert zu haben.

Allerdings gab es immer auch noch arme Fremde, die weiter auf Almosen und Schutzgebote angewiesen waren:

Lev 19,10 An deinem Weinberg darfst du nicht Nachlese halten,
und die herabgefallenen Trauben deines Weinbergs darfst du nicht aufsammeln,
für den Armen und Fremdling sollst du sie übriglassen.
Ich bin Jahwe, euer Gott.
Lev 19,33 Wenn ein Fremdling bei dir weilt in eurem Land,
dann darfst du ihn nicht bedrücken (*jana hi*).
34 Wie ein Einheimischer von euch soll dir der Fremdling gelten, der bei euch weilt.

> Du sollst ihn lieben wie dich selbst,
> denn ihr (selbst) seid Fremdlinge im Lande Ägypten gewesen.
> Ich bin Jahwe, euer Gott ...
> 36 der euch aus dem Lande Ägypten herausgeführt hat.

Erstaunlich ist, wie weit der theologische Konsens in Sachen Fremdlinge ging. Mochten die Priester bei vielen Dingen der dtn. Laiengesetzgebung ihre Vorbehalte haben, an diesen Punkten stimmten sie voll überein. Die neuen Akzente, die sie setzten, unterstrichen noch deren Bemühungen. Sie wendeten 1. das Liebesgebot, das sie zur Stärkung der innerisraelitischen Solidarität formuliert hatten (Lev 19,18), ausdrücklich auch auf die Beziehung zu den im Lande Zuflucht gefunden habenden Fremden an, und sie präzisierten es 2. in Richtung auf eine völlige rechtliche und soziale Gleichbehandlung. So sehr sie die Abgrenzung Israels als von Jahwe geheiligtem Volk von allen Völkern betonten (Lev 18,1ff.; 20,22ff.), so sehr bestritten sie doch innerhalb der Gemeinschaft dem ethnischen Abgrenzungsmechanismus theologisch jede Berechtigung.

So ist es nur konsequent, daß sich die priesterlichen Gesetzgeber Schritt für Schritt für die volle rechtliche und kultische Integration der Fremden einsetzten. Lev 25,35 dehnten sie das Zinsverbot auf sie aus; Ex 12,48 erlaubten sie Fremden die Teilnahme am Passafest, wenn sie die Beschneidung akzeptierten. Auch das Sabbatgebot (Ex 20,10), die wichtigsten Speise- (Lev 17,10–15), Reinheits- (Num 19,10) und Inzestverbote (Lev 18,26) wurden auf sie ausgedehnt; sie durften selber Opfer darbringen unter Beachtung der für alle geltenden Regeln (Lev 22,18; Num 15). Bestimmte heidnische Riten (Kinderopfer Lev 20,2) oder auch das Verfluchen Gottes wurden ihnen untersagt (Lev 24,16). Für sie sollten die gleichen Strafgesetze für Körperverletzung, Totschlag und Mord gelten (Lev 24,22) und der gleiche Rechtsschutz (Asyl) offenstehen (Num 35). Immer und immer wieder gaben die priesterlichen Gesetzgeber ihrem Integrationswillen mit dem Satz Ausdruck:

Ex 12,49 Einerlei Tora soll für den Einheimischen und den Fremdling gelten, der in eurer Mitte weilt.

Ihr seid Fremdlinge in Ägypten gewesen

Das alles mag für uns wie eine nicht unproblematische religiöse Vereinnahmung aussehen. Man kann es aber auch als die Chance zur vollen religiösen und kultischen Gleichberechtigung auffassen, welche die Fremdlinge aus ihrer religiösen Außenseiterstellung befreite. Eine volle gesellschaftliche Integration ohne eine entsprechende religiös-kultische war unter den damaligen Verhältnissen, in denen das ganze gesellschaftliche Leben von kultischen und religiösen Bezügen durchdrungen war, gar nicht denkbar. Gesellschaftliche Integration von Fremden mit religiösem Pluralismus setzt den religionsneutralen Staat voraus, der erst in der Neuzeit entstanden ist; in der frühnachexilischen Zeit jedoch war es das Interesse des persischen Staates, jedem der vielen unterworfenen Völker in seinem Bereich eine eigene und einheitliche Kultausübung zu sichern.

Ich will an dieser Stelle meinen Überblick über die Geschichte des Umgangs mit Fremden und Flüchtlingen im Alten Testament abbrechen. Ich weiß nicht, wie es Ihnen ergangen ist, mich überfällt jedesmal, wenn ich mir diese Geschichte vergegenwärtige, gegenüber unseren biblischen Vorvätern ein Gefühl tiefer Scham. Warum waren sie an dieser Stelle so sensibel, und warum sind wir so dickhäutig? Warum ließen sie nicht locker an dieser Stelle, und warum sind wir so träge? Wie konnte es geschehen, daß sie auf dem Wege einer theologischen Überwindung der entwürdigenden Abgrenzungsmechanik gegenüber dem anvertrauten Flüchtling selbst unter ihren damals sehr viel bescheideneren gesellschaftlichen Voraussetzungen weiter kamen als viele Christen und sich christlich nennende Politiker heutzutage? Wie war es möglich, daß wir hinter viele von ihnen schon erreichte Einsichten, Positionen und Entscheidungen wieder zurückgefallen sind? Rächt sich hier, daß wir in einer falsch verstandenen paulinischen Theologie die Tora nicht mehr ernst genommen haben? Fehlt uns Christen, solange wir nur die religiöse Seite der Erlösung durch Jesus Christus betonen, der direkte, motivierende soziale Bezugspunkt des göttlichen Befreiungshandelns? Müßten nicht auch wir wieder lernen, daß wir Fremde in Ägypten waren, um ganz einfach und unmittelbar zu verstehen, daß Gott die Fremden liebt und daß darum auch wir sie lieben sollen? Fragen über Fragen. Wir haben genug Fragen, die wir uns als Christen angesichts der Asylpraxis in unserem Lande zu stellen haben.

Deuteronomium 7 und 10[*]

Zwei Texte lagen der Diskussion in dieser Arbeitsgruppe zugrunde:

Dtn 7, 1-11:

Wenn ER dein Gott dich in das Land kommen läßt, dahin du kommst
es zu ererben,
er mehrere Stämme wegstreift vor dir her,
den Chetiter, den Girgaschiter, den Amoriter, den Kanaaniter,
den Prisiter, den Chiwwiter, den Jebußiter,
sieben Stämme, mehr und markiger als du,
ER dein Gott sie vor dich hingibt, du sie schlägst,
banne sie, banne,
schließe ihnen nicht einen Bund, Gunst erzeige ihnen nicht,
verschwägre dich nicht mit ihnen,
deine Tochter gib nicht seinem Sohn,
seine Tochter nimm nicht für deinen Sohn,
denn: er wird deinen Sohn von dem Mir-Gegenwärtigen abwenden,
daß sie anderwärtigen Göttern dienen!
SEIN Zorn flammt auf euch ein, er vertilgt dich rasch.
Sondern so sollt ihr ihnen tun:
ihre Schlachtstätten schleifen,
ihre Standmahle zertrümmern,
ihre Pfahlbäume zerhacken,
ihre Schnitzbilder im Feuer verbrennen.
Denn ein heiliges Volk bist du IHM deinem Gott,
dich erwählte ER dein Gott, ihm ein Sonderguts-Volk zu sein,
aus allen Völkern, die auf der Fläche des Erdbodens sind.
Nicht weil euer ein Mehr wäre gegen alle Völker,
hat ER sich an euch gehangen, hat euch erwählt,
denn ihr seid das Minder gegen alle Völker:
sondern weil ER euch liebt
und weil er den Schwur wahrt, den er euren Vätern zuschwor,
führte ER euch heraus mit starker Hand,
galt er euch ab aus dem Haus der Dienstbarkeit
aus der Hand Pharaos, des Königs von Ägypten.

---

[*] Bericht aus der Arbeitsgruppe mit Rainer Albertz

Claus P. Wagener

Erkenne,
daß ER, dein Gott, der Gott ist,
der treue Gottherr,
wahrend den Bund und die Huld denen die ihn lieben,
denen die seine Gebote wahren,
in tausend Geschlechter,
aber bezahlend seiner Hasser jedem ins Antlitz, ihn schwinden zu machen,
nicht zögert er seinem Hasser, ins Antlitz bezahlt er ihm.
Wahre denn das Gebot, so die Gesetze so die Rechtsgeheiße, die ich heuttags dir gebiete, sie zu tun.

Dtn 10, 10-22:

Ich also stand auf dem Berg, wie die ersten Tage,
vierzig Tage und vierzig Nächte.
ER hörte auch diesmal auf mich, nicht war ER willens dich zu verderben,
ER sprach zu mir: Auf, geh zum Fortzug vor dem Volk her,
sie sollen hinkommen und das Land ererben,
das ihnen zu geben ich ihren Vätern zuschwor.

Jetzt aber, Jißrael,
was heischt ER dein Gott vor dir
als IHN deinen Gott zu fürchten,
in all seinen Wegen zu gehn,
ihn zu lieben,
IHM deinem Gott mit all deinem Herzen, mit all deiner Seele zu dienen,
SEINE Gebote zu wahren und seine Satzungen,
die ich heuttags dir gebiete,
dir zu Gute.
Sind ja SEIN deines Gottes die Himmel und die Himmel ob Himmeln,
die Erde und alles was drauf ist,
jedoch an deine Väter hing ER sich, sie zu lieben,
er erwählte ihren Samen nach ihnen, euch aus allen Völkern
wies nun am Tag ist.
Beschneidet die Vorhaut eures Herzens
und seid nicht mehr harten Nackens!
Denn ER euer Gott,
er ist der Gott der Götter, der Herr der Herren,
die große, die heldische, die furchtbare Gottheit,
er, der Ansehn nicht gelten läßt und Bestechung nicht annimmt,
der der Waise und Witwe recht schafft,
der den Gastsassen liebt, ihm Brot und Gewand zu geben.

Deuteronomium 7 und 10

Liebet den Gast,
denn Gastsassen wart ihr im Land Ägypten.
IHN deinen Gott fürchte,
ihm diene,
an ihm hafte,
mit seinem Namen schwöre!
Er ist dein Ruhm,
er ist dein Gott:
der an dir dieses Große und Furchtbare tat, das deine Augen sahn.
Zu siebzig Seelen wanderten deine Väter nach Ägypten hinab,
und nun hat ER dein Gott dich an Menge gleich gemacht
den Sternen des Himmels.

Thesen:

1. Die Aussagen beider Texte (Abgrenzung von fremden Völkern bis zur physischen Vernichtung einerseits, Integration der „Gastsassen" andererseits) können und dürfen nicht gegeneinander ausgespielt, nicht der eine durch den anderen relativiert werden. Beide Weisungen ergehen unter Hinweis auf die Auserwählung Israels.

2. Abgrenzung nach außen kann der Identitätsfindung und -bewahrung einer Gruppe dienen. Eine solche Abgrenzung drückt ein menschliches Grundbedürfnis aus und ist Voraussetzung für die angstfreie Öffnung im Inneren. In den diskutierten Texten geht die Abgrenzung nach außen – gegenüber fremden Völkern – gerade nicht mit einer Abgrenzung im Inneren – gegenüber Fremden – einher.

3. Die Universalität Gottes macht die Partikularität Israels möglich – ohne sie absolut zu setzen. Der universale Gott neigt sich trotz seines besonderen Verhältnisses zu Israel unbestechlich auch den Fremden in der Gesellschaft zu. Israel wird aufgefordert, es ihm gleich zu tun.

4. Die in den Texten geschilderte Abgrenzung nach außen ist keine willkürliche, sondern geschieht der Bewahrung der Verheißungen Gottes wegen. Sie ist darum unmittelbar damit verknüpft, im Inneren z.B. den Waisen, Witwen und Fremden ihr Recht zu verschaffen. Dies ist der einzige Grund ihrer Legitimation.

Claus P. Wagener

5. Die Wahrheit der Bibel ist eine geschichtliche Wahrheit, die Ethik der Bibel ist eine geschichtliche Ethik. Es gibt in der Bibel nicht nur die Ethik der Bergpredigt, sondern beispielsweise auch die Ethik des Exodus oder der Landnahme. Die unterschiedlichen Ausprägungen der biblischen Botschaft resultieren aus den unterschiedlichen Erfahrungen des Volkes Israel in jeweils konkreten historischen Kontexten. Ethische Aussagen der Bibel können und dürfen nicht losgelöst von diesen Kontexten betrachtet werden. Es ist nicht zulässig, verschiedene dieser Ethiken gegeneinander auszuspielen oder eine von ihnen zu verabsolutieren.

6. Die Bibel lehrt uns, daß es Konstellationen gegeben hat, in der die Bewahrung der Identität, der Fortbestand des Bundes Gottes mit seinem Volk, der Fortgang der Geschichte Gottes mit den Menschen nur um den Preis totaler und auch gewalttätiger Abgrenzung nach außen möglich war. Durch unser Bekenntnis zu Jesus aus Nazareth ist dies auch ein Teil unserer Tradition als Christinnen und Christen. Dies anzuerkennen mag vielfach ein schmerzlicher Prozeß sein.

7. Der Bezug zur eigenen Tradition muß ein kritischer sein. Er darf keinen Teil dieser Tradition ausschließen, muß aber den eigenen Kontext mit den Kontexten der jeweiligen Traditionsstücke ins Verhältnis setzen. Dies schließt auch mit ein, daß der eigene Kontext den Rückgriff auf bestimmte Traditionen verbietet. Wir halten es nicht für legitim, in unserem Kontext der Majorität und Machtfülle auf einen Kontext Israels zu rekurrieren, in dem seine ungeschützte Minderheitenposition eine Abgrenzung nach außen zum Überleben unabdingbar notwendig machte. Zum Kontext der diskutierten Texte gehören die assyrische Besetzung des Landes und der Eindruck von der Deportation der Bewohnerinnen und Bewohner des Nordreiches. Eine Situation, in der staatliche Auflösung und der Verlust politischer Handlungsmöglichkeiten betont religiöse Abgrenzungen produzierte.

8. Die Weisung der Fremdenliebe findet sich in der Bibel durchgängig in den unterschiedlichsten Kontexten wieder. Sie

wird an anderen Stellen bis zur juristischen und sozialen Gleichstellung mit den Einheimischen ausgebaut.

Anmerkung:

Der Verwendung des Begriffs „Identität" in These 2 lag bei mir folgende Definition zugrunde:

> „Die gelungene Ich-Identität bedeutet jene eigentümliche Fähigkeit sprach- und handlungsfähiger Subjekte, auch noch in tiefgreifenden Veränderungen der Persönlichkeitsstruktur, mit denen sie auf widersprüchliche Situationen antwortet, mit sich identisch zu bleiben. Allerdings müssen die Merkmale der Selbstidentifikation intersubjektiv anerkannt sein, wenn sie die Identität einer Person sollen begründen können. Das Sich-Unterscheiden von anderen muß von diesen anerkannt sein. Die durch Selbstidentifikation erzeugte und durchgehaltene symbolische Einheit der Person beruht ihrerseits auf der Zugehörigkeit zur symbolischen Realität einer Gruppe, auf der Möglichkeit einer Lokalisierung in der Welt dieser Gruppe. Eine die individuellen Lebensgeschichten übergreifende Identität der Gruppe ist deshalb Bedingung für die Identität der einzelnen." (aus: Jürgen Habermas: Können komplexe Gesellschaften eine vernünftige Identität ausbilden? In: ders.: Zur Rekonstruktion des Historischen Materialismus. Frankfurt a.M. 1976 [Originaltext von 1974].)

In der Plenumsdiskussion nach den Arbeitsgruppen wurde die Verwendung des Begriffes „Identität" stark kritisiert, wobei dem offenbar eine andere Definition zugrunde lag: In diesem Konzept wurde Identität bezeichnet als dauerhaft ausgrenzend, die Persönlichkeit einschränkend und Veränderungen nicht zulassend.

Claus P. Wagener

In Köln wurde anhand des Stichworts der „Identität" eine Diskussion geführt, in der es neben dem in der Einführung erwähnten Aspekt nach dem Wissen der HerausgeberInnen um folgende Anfragen ging:
1. Das Konzept der „Identität" geht von einem irgendwie im besten Fall gelingenden Prozeß aus, an dessen Ende eine Person eine bruchlose und sozialverträgliche „Identität" erworben hat. Weder theologisch noch politisch ist dieses Konzept einer bruchlosen Identität Konsens, erwähnt seien

nur das Menschenbild Paulis, der davon ausgeht, daß eine Person von verschiedenen Mächten „besetzt" sein kann, oder das Diktum Adornos, wonach das Ganze (die betreffende Person ist ja wohl das „Ganze") immer das Unwahre, ein falscher Schein, ist.[1] Identität, die Brüche und „Besetzungen" zuläßt, wäre immerhin ein gewisser Widerspruch in sich selbst.

2. Es gibt in der BRD derzeit einen Diskurs über die Arbeit mit Jugendlichen, in dem die rassistischen Täter zunächst als „Opfer" einer Entwicklung in den Blick kommen, die sie daran gehindert hat, ihr Recht auf Ausbildung einer eigenen „Identität" wahrzunehmen. Modernisierung, sozialer Abstieg, Arbeitslosigkeit oder der Anschluß der DDR werden so unter der Hand zu „primären" Ursachen, die den Rassismus auslösen; „Rassismus" wird zu einer letztlich sozialpädagogisch zu behandelnden Fehlentwicklung, deren Ursachen steuerbar sind.

---

1. Vgl. Dialektik der Aufklärung, Leipzig 1989, S. 58ff. und Th.W. Adorno, Minima Moralia, Frankfurt a. Main 1951.

Das Lesen der Bibel als Beitrag zur Radikalisierung feministischer Theologie[1]

I Das Verhältnis von Sexismus und Antisemitismus im Estherbuch

1. Zu Handlung und Bedeutung des Buches

Das Buch Esther dient als Festlegende des Purimfestes, eines großen Freudenfestes im jüdischen Festkalender, das ähnlich wie Fasching gefeiert wird. Ein Fest, an dem jeder so viel trinken soll, bis er zwischen den Worten „Verflucht sei Haman" (der Judenfeind) und „Gesegnet sei Mordchaj" (der Jude) nicht mehr unterscheiden kann. Im Rausch soll jeder erfahren, wie das ist: keine Angst mehr zu haben vor einem, der dich und dein Volk vernichten will. Der Alkohol soll die Erfahrung schaffen, daß die Verfolgten die Hamans und Hitlers vergessen können. Am Ende des Estherbuches wird dieses Purim zum ersten Mal gefeiert. Gefeiert wird die Ruhe vor Haman und seinen Gefolgsleuten, deren Plan, die in der Diaspora lebende jüdische Bevölkerung des persischen Reiches zu vernichten, die Erzählung des Estherbuches bestimmt.

Die Haupthandlung des Estherbuches läßt sich kurz darstellen: Haman ist der Innenminister des Persischen Reiches zur Zeit des Königs Xerxes I, das ist im 5. Jahrhundert v.u.Z. Natürlich ist damit nicht gesagt, daß das Estherbuch ein historisches Ereignis aus der persischen Zeit berichtet. Eher werden Erfahrungen von Juden und Jüdinnen unter dem Hellenismus im zweiten Jahrhundert v.u.Z. reflektiert, als alte Geschichte

---

1 Der Text überschneidet sich mit einem Kapitel meiner Dissertation über „Biblisch-theologische Aspekte einer feministischen Hermeneutik", die Ende 1993 unter dem Titel „Die Buchstaben werden sich noch wundern. Innerbiblische Kritik als Wegweisung feministischer Hermeneutik" im Alektor-Verlag erschienen ist.

erzählt und zurückdatiert. Doch wie dem auch sei: Mordchaj, die männliche jüdische Hauptperson der Erzählung, weigert sich, sich vor Haman zu Boden zu werfen. Haman findet diese Verweigerung der ihm zustehenden Ehre typisch für das jüdische Volk. Er erklärt dem König, daß dieses Volk ein eigenes Gesetz hat, das verschieden ist von dem aller anderen Völker, und daß sie sich deshalb nicht nach den persischen Gesetzen richten. Durch das Los, das Pur, nach dem das Fest am Ende seinen Namen hat, wird ein Tag ermittelt, auf den hin ein Pogrom staatlich organisiert wird. Ein Tag wird festgesetzt, an dem die ganze jüdische Bevölkerung im ganzen persischen Reich vernichtet werden soll.

Das Estherbuch beschreibt damit den Antisemitismus in einer klassischen Erscheinungsform. Obwohl das jüdische Volk als Diaspora über das ganze persische Reich zerstreut ist, bedroht es die Macht des Königs Achaschwerosch durch die Tatsache, daß es ein eigenes Gesetz hat. Allein die Erkenntnis, daß von Israel eine eigene Weisung ausgeht, begründet Hamans Forderung nach der Vernichtung des Volkes. Typisch erscheint mir diese Begründung für den Antisemitismus deshalb, weil sie auch in unserem Jahrhundert zur Geltung kam; so hat der holländische Jude Abel Herzberg im KZ Bergen-Belsen das Toben Hitlers gegen Israel in Worten beschrieben, die genau auf Hamans Angriff gegen die Juden und Jüdinnen Persiens passen: „Wegen der Erkenntnis, daß da etwas ist, das man darf, und etwas, das man nicht darf", wegen „dieses ersten Satzes, der einst durch das jüdische Volk ausgesprochen worden ist, oder zumindest mit darum, hat Adolf Hitler sie gehaßt und verfolgt und getötet. Er war darin nicht der erste, er wird auch nicht der letzte sein. Es gibt keine reinen und unreinen Menschen, wohl verstanden: im Prinzip. Es gibt keine auserwählten Völker. Aber es gibt Menschen, die wissen von einem Unterschied zwischen dem, was erlaubt ist, und dem, was nicht erlaubt ist, und Menschen, die das nicht nur nicht wissen, sondern es nicht wissen wollen. Zwischen ihnen ist kein Friede."[2]

---

2 A.J. Herzberg, Amor fati. Tweestromenland, Amsterdam ⁴1960, S. 45f.

Das Lesen der Bibel

Die tödliche Bedrohung des jüdischen Volkes kann im Verlauf der Handlung des Estherbuches abgewendet werden. Esther, die weibliche jüdische Hauptperson der Erzählung, die – als Jüdin unerkannt – die Frau des persischen Königs ist, rettet ihr Volk vor der Vernichtung. Sie erzählt dem König, der, wie gesagt, nicht weiß, daß sie Jüdin ist, daß einer einen Anschlag auf sie und ihr Volk plant. Der König wittert dahinter sofort einen Angriff auf seinen Thron und läßt Haman als Konkurrenten um die Macht im Reich umbringen. Die Folge des Sturzes Hamans ist allerdings nicht, daß seine mörderischen Pläne gegen die Juden und Jüdinnen, die im Namen des Königs erlassen worden sind, vom König nun zurückgenommen werden. Eine Umkehr von der tödlichen Herrschaft, die sich in diesen Plänen ausdrückt, findet also nicht statt. Aber Esther und Mordchaj bekommen freie Hand, ihr Volk aus der Gefahr herauszuholen. Den Juden und Jüdinnen wird der Widerstand freigegeben, und es gelingt ihnen, die Angriffe ihrer Mörder zurückzuschlagen. Der Tag, der durch das Pur festgelegt worden war als ein Tag des Pogroms, wird schließlich für das jüdische Volk ein Tag, an dem sich Angst und Lebensbedrohung in Freude und Frieden verwandeln! Darum am Ende das Fest: Purim.

2. Problemskizze

Als in unserem Jahrhundert die jüdische Bevölkerung Europas von den deutschen Faschisten bedroht wurde, hatte eine Freundin von mir, die Niederländerin Bé Ruys, den Entschluß gefaßt, sich dem Widerstand anzuschließen. In einem Porträt berichtet Werner Simpfendörfer davon, was geschah, als Bé und einigen ihrer Freunden, die den Juden und Jüdinnen geltende Bedrohung klar wurde: „Da haben wir gemeinsam beschlossen, in den Widerstand zu gehen, die Juden zu retten, sie zu verstecken, und es gab praktisch keine Familie, die nicht ihren ‚Untergetauchten' hatte. Angesichts solch konkreter Bedrohung und praktischer Widerstandsarbeit stellte sich ‚die Frauenfrage' einfach nicht, weil man/frau aufeinander angewiesen

Klara Butting

war in der Solidarität mit den Bedrohten."[3] Die Beziehungen von Frauen und Männern waren von den Erfordernissen des Widerstandes diktiert. Gegenüber dieser Erfahrung fällt eine offenbar überhaupt nicht selbstverständliche Besonderheit des Estherbuches auf. Auch angesichts des tödlichen Antisemitismus wird über Herrschaftsstrukturen im Verhältnis der Geschlechter nachgedacht. Die grundsätzliche und lebensgefährliche Bedrohung Israels durch Antisemitismus wird in diesem Buch in eine Beziehung gesetzt zu sexistischer Gewalt und der grundsätzlichen Diskriminierung von Menschen auf Grund ihres Geschlechtes. Diese Beziehung wird durch die Ouvertüre, das einführende erste Kapitel des Buches, hergestellt.

3. Die Analyse des Sexismus (Esther 1)

Es wird gefeiert, bis Waschti nicht mehr mitmacht (1,1-12)

1 Es war in den Tagen des Achaschwerosch
– das ist der Achaschwerosch, der von Indien bis Äthiopien König war, über hundertsiebenundzwanzig Gaue –,
2 in jenen Tagen, da der König Achaschwerosch auf dem Thron seines Königreichs, dem in der Pfalz Schuschan, saß,
3 im dritten Jahr seiner Königschaft machte er ein Trinkgelage allen seinen Obern und Dienern, der Heerwache Persiens und Mediens,
den Vornehmen und den Obern der Gaue vor ihm,
4 wobei er ihnen den Reichtum seiner Königsherrlichkeit
und das Aufgebot seiner Pracht und seiner Größe zu sehen gab,
viele Tage lang, hundertachtzig Tage.
5 Als nun voll waren diese Tage,
machte der König allem Volk, die sich in der Pfalz Schuschan fanden, von Groß bis Klein, ein Trinkgelage,
sieben Tage lang, im Hof des königlichen Palastgartens:
6 Linnen, Feingewebe und Hyazinth, mit Byssus- und Purpurschnüren an silbernen Reifen und Marmorsäulen befestigt,
goldene und silberne Ruhebetten auf einem Plattenboden von Alabaster und Marmor und Perlmutter und Schildstein.
7 Geletzt wurde aus goldenen Gefäßen, mannigfach Gefäß um Gefäß,
und königlichen Weins die Fülle, nach des Königs Vermögen,

---

3 W. Simpfendörfer, Frauen im ökumenischen Aufbruch. Porträts, Stuttgart 1991, S. 104.

Das Lesen der Bibel

8 und das Trinken nach Fug: Keiner nötigt!
Denn so hatte es der König allen Vorstehern seines Hauses anbefohlen, es für Mann und Mann nach Belieben zu machen.

9 Auch Waschti, die Königin, machte ein Gelage für die Frauen im Königshaus, das des Königs Achaschwerosch war.

10 Am siebenten Tag, als vom Wein das Herz des Königs guter Dinge war,
sprach er zu Mehuman, Bista, Charbona, Binta, Abagta, Setar und Charkas, den sieben Kämmerlingen, die das Antlitz des Königs Achaschwerosch bedienten,

11 sie sollten Waschti, die Königin, in der königlichen Bekrönung vors Antlitz des Königs kommen lassen,
um den Völkern und den Obern ihre Schönheit zu sehen zu geben, denn sie war gut anzusehn.

12 Aber die Königin Waschti weigerte sich, aufs Geheiß des Königs durch die Kämmerlinge zu kommen.

Der König Achaschwerosch[4], wird in der Fülle seiner Macht vorgestellt. Er sitzt auf dem Thron, es ist das 3. Jahr seiner Königsherrschaft, und er präsentiert seine Macht als Fest. Der festliche Glanz der Erfüllung seiner Geschichte umgibt ihn. Er macht ein erstes Fest für die Elite des Reiches, 180 Tage lang (1,3.4). Die Beamten und Würdenträger des Reiches feiern, während der König ihnen seinen Reichtum vorführt und ihnen seine Königsherrlichkeit zu sehen gibt. Dann macht er ein zweites Fest, sieben Tage lang, für alles Volk der Residenz Susa „von Groß bis Klein" (1,5ff.). Obwohl die persischen Hoffeste gewöhnlich nach strengem Zeremoniell abliefen, wird jetzt ohne irgendeine verpflichtende Zeremonie gefeiert. Kein Mann wird zu irgend etwas gezwungen, keine Kleiderordnung besteht, etc. Dabei feiern Männer und Frauen offenbar getrennt. Am siebten Tag des zweiten Festes soll dann der Auftritt Waschtis Höhepunkt der Festlichkeiten sein. Eine auffallende Parallelität zwischen der Darbietung des königlichen Reichtums vor der staatlichen Elite und der Darstellung Waschtis vor dem Volk beantwortet die Frage, was denn der König eigentlich von Waschti will. Während der König seinen Oberen

---

4 Der hebräische Name Achaschwerosch ahmt die persische und babylonische Schreibweise des uns in griechischer Form bekannten Namens Xerxes I (486–465 v.u.Z.) nach.

und Beamten seinen Reichtum „zu sehen gab" (V.4), will er dem Volk, den Männern, Waschti, die Königin, in der königlichen Bekrönung (1,11), als ein Stück seiner Größe und seines Reichtums „zu sehen geben" (V.11). Zu beiden Festen soll also den Feiernden im Sehen die Partizipation an der Macht des Königs gewährt werden. Bei dem zweiten Fest kommen alle Männer in den Geschmack königlicher Macht, wenn die Frau des Königs ihnen als Schmuckstück untergeordnet wird.

„Aber die Königin Waschti weigerte sich." Warum? Der Text liefert ein deutliches Indiz, das Aufschluß gibt, warum Waschti diese Darstellung ihrer Person ablehnt. Waschti wird als Königin und Gastgeberin eines Trinkmahls für Frauen in die Erzählung eingeführt (1,9). Sie wird also in ihrem Tun („machte ein Trinkmahl") und in ihrem Titel („Königin") neben den König gestellt. Während bei dieser Einführung (V.9) wie bei ihrer Vorladung (V.11) von „Waschti, der Königin", die Rede war, wird nun, um ihrer Weigerung Ausdruck zu verleihen, der Titel dem Namen vorangestellt (V.12). Es wird betont, daß Waschti als Königin ihre Erniedrigung und Entmachtung verweigert. Sie behauptet für sich königliche Würde und Macht.

Die Ratsversammlung (1,13-20)

13 Der König ergrollte sehr, und sein Grimm brannte in ihm.
Der König sprach zu den Weisen, den Zeitenkundigen
„ denn so pflegte alle Sache des Königs vors Antlitz aller Kenner
von Fug und Recht zu gelangen",
14 den ihm Nächsten, Karsehna, Schetar, Admata, Tarschisch,
Meres, Marssna, Memuchan,
sieben Obre Persiens und Mediens, die das Antlitz des Königs
sehn durften, die zuvorderst im Königtum saßen:
15 „Nach Fug, was ist mit der Königin Waschti zu tun,
da sie nicht nach dem Spruch des Königs
durch die Kämmerlinge getan hat?"
16 Memuchan sprach vorm Antlitz des Königs und der Obern:
„Nicht wider den König allein hat Waschti, die Königin, gefehlt,
sondern wider alle Obern und wider alle Völker, die in allen
Gauen des Königs Achaschwerosch sind,
17 denn das Begebnis mit der Königin wird zu allen Frauen hinausziehn,
ihre Gatten in ihren Augen verächtlich zu machen,

Das Lesen der Bibel

indem sie sprechen: „Der König Achaschwerosch hat gesprochen,
Waschti, die Königin, vor sein Antlitz kommen zu
lassen, und sie ist nicht gekommen!"
18 Und dieses Tags schon werdens die Obernfrauen Persiens und Mediens sprechen,
sie, die von dem Begebnis mit der Königin gehört haben,
zu allen Obern des Königs,
und dann gibts der Verachtung und des Grolls zur Genüge!
19 Scheints dem König gut,
gehe eine Königtumsrede von seinem Antlitz aus
und werde eingeschrieben in den Verfügungen Persiens und Mediens, unverbrüchlich,
daß Waschti nicht mehr vor das Antlitz
des Königs Achaschwerosch kommen dürfe
20 und ihre königliche Würde der König einer andern gebe,
die besser als sie ist.
Wird dann der Bescheid des Königs gehört,
den er in all seinem Königreich erläßt, so groß es ist,
dann werden alle Frauen ihren Gatten Ehrerbietung erweisen,
von Groß bis Klein."

Der Grimm des Königs wird sofort politische Gewalt. Waschtis Weigerung wird vor die Weisen des Reiches gebracht und dort als Staatsangelegenheit besprochen.

In seiner Rede vor dem Rat der Weisen deutet Memuchan Waschtis Ablehnung, zum König zu kommen, als Angriff auf den gesamten Apparat des Imperiums. Dessen Machtbasis hat sie erschüttert, indem ihr Widerstand als exemplarische Demontage eines Mannes die Gewalt der Eheherren in den Augen aller Frauen zerbröckeln ließ. Die Ehe ist als staatstragende gesellschaftliche Institution vorausgesetzt. Diese Analyse des persischen Hofstaats findet sich in Michel Foucaults Darstellung der „Sexualpolitik" im alten Griechenland wieder: „Verheiratet sein heißt vor allem, das Oberhaupt der Familie zu sein, eine Autorität zu besitzen und eine Macht auszuüben, die im „Haus" ihren Ort hat, und dort Verpflichtungen zu haben, die auf seine Reputation als Bürger ausstrahlen. Damit hängt die Reflexion über die Ehe und das gute Verhalten des Ehemanns (bzw. der Ehefrau) immer mit einer Reflexion über den oîkos (Haus und Haushalt) zusammen" (192). Und er fährt fort: „Den oîkos leiten, heißt befehlen; und das Haus befehligen unterscheidet sich nicht von der Macht, die man in der Stadt auszuüben hat" (195).[5]

Wie die Weigerung Waschtis eine Staatsangelegenheit ist, soll nun auch ihre Verstoßung als unumstößliche Reichsverordnung bekanntgegeben werden. Im ganzen Reich soll erlassen werden, daß allen Frauen bei gleichem Vergehen, bei einem Widerspruch, gleiche Strafe droht. Die Unterwerfung der Frauen, ihr widerspruchsloser Gehorsam gegenüber ihren Eheherrn, wird jetzt per Gesetz abgesichert. Alle Frauen sollen „ihren Eheherren Ehre erweisen, von Groß bis Klein" (1,20). Damit hätte das Dekret des Königs in Richtung auf alle Männer von „Groß bis Klein" (vgl.1,5) eben die Wirkung, die mit der Zurschaustellung Waschtis intendiert war. Als Männer würden sie an der Macht und Ehre (vgl. 1,4) des Königs Anteil gewinnen.

Der Erlaß (1,21.22)

> 21 Gut erschien in den Augen des Königs und der Obern die
> Rede, und der König tat der Rede Memuchans gemäß.
> 22 Er sandte Briefe in alle Gaue des Königs, in Gau um Gau nach
> dessen Schrift und an Volk um Volk nach dessen Sprache,
> jeder Mann solle zuoberst in seinem Haus sein
> und in seiner Volkssprache Rede führen.

In dem Dekret, das dann tatsächlich in allen Sprachen in alle Provinzen hinausgeht, wird die Intention der Rede Memuchans in zwei Zeilen zusammengefaßt: Jeder Mann wird als Vertreter des persischen Imperiums angesprochen:

1. Er soll zuoberst in seinem Hause sein und dort den König und seine Oberen repräsentieren. In dem Verb „zuoberstsein" wird das Substantiv „Obere" wiederaufgenommen.

2. Ebenso wie die Entscheidungen des Königs und seiner Oberen jedem Volk in seiner Sprache befohlen werden, soll jeder Mann in seinem Haus in der Sprache seines Volkes reden. Ebenso wie der König seine Erlässe nicht einfach in Aramäisch, der Amtssprache, verfaßte, so sollen auch die Männer zu Hause nicht in dieser Amtssprache reden. Damit wird auch in dem

---

5 M. Foucault, Der Gebrauch der Lüste, Sexualität und Wahrheit 2, Frankfurt/M. 1989.

Das Lesen der Bibel

zweiten Teil des Aufrufs jeder Mann aufgefordert, als Verlängerung des königlichen Arms bzw. des königlichen Mundes zu handeln. In Reaktion auf Waschtis Weigerung wird also zweierlei im ganzen Reich verordnet. Erstens soll sich die Herrschaft des Königs und seiner Beamten als männliche Herrschaft im ganzen Reich ausbreiten und in jedem Haus präsent sein. Zweitens soll die Herrschaft des Königs als die Ideologie vom männlichen Herrschaftsanspruch das ganze Imperium durchdringen und in die Sprache und Gedanken jedes und jeder einzelnen eindringen.

Zu Beginn der Esthererzählung wird damit das Haus eines jeden Mannes als Urbild und Abbild der gesellschaftlichen Herrschaft des persischen Reiches eingeführt. Das Imperium ist auf diese Weise als ein totalitäres System beschrieben, dessen Stabilität durch einen alle ergreifenden Mechanismus gewährleistet ist: Jeder Mann soll sich als Herrscher und darum Verbündeter des Königs erkennen; jede Frau soll, vermittelt durch den Hausherrn, von der Gewalt des Reiches ideologisch und körperlich erfaßt werden. Diese Unterwerfung von Menschen auf Grund biologischer Merkmale in ein soziales Herrschaftsverhältnis verschafft zugleich der gesellschaftlichen Machtverteilung eine natürliche Sanktionierung. Somit hatte die Verweigerung Waschtis tatsächlich die Achillesferse des Reiches getroffen, denn ihr Widerstand offenbart, daß „Herrschaft" keine natürliche Ordnung ist, sondern immer wieder gewaltsam durchgesetzt werden muß bzw. durchgesetzt wird.

4. Das Verhältnis von Sexismus und Antisemitismus (Esther 3)

Wie die staatliche Verordnung der Unterwerfung wird auch der organisierte Ausbruch des Antisemitismus durch eine Weigerung ins Rollen gebracht, durch Mordchajs Weigerung, vor Haman in die Knie zu gehen. Dann gibt es überraschend viele Parallelen zwischen der Reaktion der Machtelite auf die Weigerung Mordchajs und ihrer Reaktion auf die Weigerung Waschtis. Dadurch wird zwischen der Gewalt gegen Frauen und dem Haß gegenüber Juden eine Verbindung aufgezeigt.

Klara Butting

1 Nach diesen Begebenheiten
 machte der König Achaschwerosch den Haman Sohn Hammedatas,
 den Agagiter, groß,
 er erhob ihn und setzte seinen Stuhl über alle Obern, die um ihn waren,
2 und alle Diener des Königs, die im Königstor waren, knieten
 fortan nieder und warfen sich hin vor Haman,
 denn so hatte der König für ihn es geboten.
 Mordchaj aber kniete nicht nieder und warf sich nicht hin.
3 Die Diener des Königs, die im Königstor, sprachen zu Mordchaj:
 „Weshalb übertrittst du das Gebot des Königs?"
4 Es geschah, als sie tagtäglich zu ihm gesprochen hatten,
 und er hörte nicht auf sie,
 da vermeldeten sie es Haman, um zu sehn,
 ob die Rede Mordchajs bestehen würde,"
 denn er hatte vermeldet, daß er ein Jude war.
5 Als Haman sah, daß Mordchaj keinmal vor ihm niederkniet
 und sich hinwirft,
 wurde Haman Grimms voll.
6 Es erschien aber in seinen Augen zu gering, an Mordchaj allein
 Hand zu legen, denn sie hatten ihm das Volk Mordchajs vermeldet,
 so trachtete Haman, alle Juden, die in allem Königreich des
 Achaschwerosch waren, mit Mordchaj zu vertilgen.
7 Im ersten Monat, das ist der Monat Nissan, im zwölften Jahr
 des Königs Achaschwerosch,
 warf man das Pur, das ist das Los, vor Haman,
 von Tag zu Tag und von Monat zu Monat, auf den zwölften,
 das ist der Monat Adar.
8 Haman sprach zum König Achaschwerosch:
 „Es gibt ein einziges Volk,
 verstreut und versprengt unter den Völkern,
 in allen Gauen deines Königreichs,
 dessen Fug verschieden ist von dem alles Volks
 und nach den Verfügungen des Königs tun sie nicht,
 und es ziemt dem König nicht, sie gewähren zu lassen.
9 Dünkts den König gut,
 werde geschrieben, man solle sie schwenden,
 und zehntausend Barren Silbers
 wäge ich dar zu Handen der Amtstätigen,
 es in die Schatzkammern des Königs zu bringen."
10 Der König zog seinen Siegelring sich von der Hand,
 er gab ihn Haman Sohn Hammedatas, des Agagiters,
 dem Bedränger der Juden.

Das Lesen der Bibel

11 Der König sprach zu Haman:
„Das Silber sei dir gegeben
und das Volk, mit ihm zu tun, wie es deinen Augen gutdünkt."
12 Berufen wurden die königlichen Briefschafter,
im ersten Monat, an dessen dreizehntem Tag,
und geschrieben wurde, allwie Haman geboten hatte,
an die Satrapen des Königs und an die Viztume, die über Gau
um Gau sind, und an die Obern von Volk um Volk,
Gau um Gau in dessen Schrift, Volk um Volk in dessen Sprache,
im Namen des Königs Achaschwerosch geschrieben
und mit dem Ring des Königs gesiegelt.
13 Und ausgesandt wurden die Briefe durch die Schnellboten in
alle Gaue des Königs,
zu tilgen, zu erschlagen, zu schwenden
alle Juden, von Knabe bis Greis, Kinder und Weiber, an einem Tag,
am dreizehnten des zwölften Monats, das ist der Monat Adar,
und ihre Beute zur Plünderung:
14 ein Doppel des Briefs war auszugeben als Verfügung überall,
Gau um Gau,
offenbar für alle Völker, bereit zu sein für diesen Tag.
15 Die Schnellboten zogen aus, angetrieben von des Königs Geheiß,
indes die Verfügung in der Pfalz Schuschan ausgegeben wurde.
Der König und Haman setzten sich zum Trank,
die Stadt Schuschan aber war bestürzt.

Wie der Grimm des Königs gegen Waschti sofort zur Staatsangelegenheit wird (1,12f.), so bildet auch Hamans Grimm gegen Mordchaj den Hintergrund einer politischen Maßnahme (3,5.6). Haman will nicht „allein" Mordchaj treffen, sondern „alle Juden" im persischen Reich (3,6). Denn ebenso wie Waschtis Weigerung den Widerstand „aller Frauen" in sich trägt und darum nicht „allein" gegen den König gerichtet ist (1,16), so macht Mordchajs Weigerung sichtbar, was es potentiell mit dem gesamten jüdischen Volk auf sich hat.

Ein Herrschaftsmechanismus, der von der gewaltsamen Eingliederung der Frauen her bekannt ist, soll den geplanten Pogrom durchsetzen und ihn der Stabilisierung des Imperiums dienen lassen. Wie alle Männer zu Herren erklärt und als Verbündete der Krone privilegiert wurden, so sollen nun die Untertanen des persischen Reiches sich im Interesse der Vermehrung ihres Eigentums mit der Krone verbünden. Alle können nämlich an dem geplanten Massaker verdienen: Haman verspricht dem König 10 000 Barren Silber für seine Schatzkammern (3,9); der König gibt das versprochene Silber in die Hand Hamans (3,11); und jeder einzelne Mörder kann Gewinn machen, da der Besitz der Juden und Jüdinnen zum Plündern freigegeben wird (3,13). Jedermann kann als Gewinner ökonomischer Macht aus dem geplanten Morden hervorgehen, um als getreues Abbild der Reichsspitze den Pogrom als eigenes Interesse zu vertreten. Mit dem Bündnis der Eigentümer gegen alle Neinsagerinnen und Neinsager, gegen alle „anderen" ginge die ideologische Gleichschaltung der Völker einher, die wiederum in Briefen handgreiflich wird, die „in alle Gaue des Königs" ausgesandt werden (3,13; vgl. 1,20). Sie sollen die Mordpläne „Gau um Gau in dessen Schrift, Volk um Volk in dessen Sprache" verbreiten (3,12; vgl. 1,20).

Die staatliche Vorbereitung des geplanten Pogroms und die staatliche Verordnung der Unterwerfung der Frauen haben damit zuerst eine ähnliche Ursache: Neinsagen gegen sich absolut setzende Herrschaft soll verhindert werden. Sodann wird bei der Durchführung beider Maßnahmen auf ähnliche Herrschaftsmechanismen zurückgegriffen: Die alte Weisheit „Teile und herrsche" wie auch die ideologische Totalerfassung des Reiches bestimmen in beiden Fällen das Vorgehen. Durch diese Verwandtschaft der Maßnahmen geben die VerfasserInnen zu erkennen, daß sie ein und denselben Geist in beiden Verfügungen am Werke sehen.

Mit der Verhältnisbestimmung der beiden Kapitel ist ein Verhältnis von Sexismus und Antisemitismus gegeben: Diejenigen, die die Unterwerfung der Frauen als Status quo behauptet und hergestellt haben, zeigen in dem Angriff gegen die Juden und Jüdinnen ihr tödliches Gesicht. Dieser Angriff entlarvt sie als solche, die sich mit vernichtender Macht die Möglichkeit schaffen, ihren Willen als einzig gültiges Recht durchzusetzen. Dadurch wird die behauptete Normalität, das Recht von Eheherren, ihren Willen mit Macht gegen ihre und andere Frauen durchzusetzen, in ihrer lebenszerstörenden Dimension offenbar.

Das Lesen der Bibel

Der Haß gegen das jüdische Volk, das anders ist als alle Völker, entschleiert die als natürlich sanktionierte Unterwerfung des anderen Geschlechts als gesellschaftlich organisierten Haß. Dadurch tritt das Haus jedes Mannes, das die Basisorganisation von sexistischer Gewalt und Übungsfeld von Gleichschaltung und Unterwerfung ist, als Keimzelle des Antisemitismus hervor. Im Antisemitismus brechen demnach, gemäß der Beschreibung des Estherbuches, lebensbedrohlich die lebensfeindlichen sexistischen Machtstrukturen auf, von denen behauptet wird, sie seien der Normalzustand.

II Im Kontext von Sexismus, Rassismus und Antisemitismus Bibel lesen

1. Problemskizze

Mit der Beschreibung des inneren Zusammenhangs von Sexismus und Antisemitismus setzt das Estherbuch ein Thema auf die Tagesordnung, das in der Geschichte der Kirche eine wichtige und schmerzhafte Rolle spielt. Die Identifizierung von Macht als Recht und die Praxis des „Teile und herrsche", die nach dem Estherbuch beide Gewaltverhältnisse charakterisiert, prägt, so argumentiert z.B. Rosemary Radford Ruether, die herrschenden christlichen Kirchen und ihre Theologie in ihrem Verhältnis zu Frauen wie in ihrer Beziehung zum Judentum.[6] „Nach dem traditionellen christlichen Glauben ist das messianische Ereignis der Erlösung schon eingetreten. Der Teufel ist besiegt, und in der Kirche und im Christentum sammelt sich der privilegierte Kreis derer, die der Erlösung teilhaftig wurden. Da sich diese Lehre jedoch nicht mit der in Wirklichkeit erreichten sozialen Gerechtigkeit vereinbaren ließ, wurde sie nach innen gekehrt und als unsichtbare Größe definiert, die sich vor allem in der Negation des Körpers äußert" (124f.). Konsequenzen dieses Wirklichkeitsbildes sind die Delegation der Sexualität, die Sexualisierung der Frauen(körper) und ihre

---

6 R.Radford Ruether, Frauen für eine neue Gesellschaft. Frauenbewegung und menschliche Befreiung, München 1979.

Klara Butting

Repression, ebenso wie die Abwehr der Fragen des Judentums nach der Erlösung als diesseitiger Realität. Überdies müssen Projektionsobjekte für die Ursachen des Bösen gefunden werden, die sich außerhalb der Kirche verorten lassen. So waren jahrhundertelang „Frauen und Juden die beiden Sündenböcke für diese paranoide Tendenz der christlichen Kultur" (125). Die notwendige Kritik an innerkirchlichem Sexismus und Antisemitismus erfordert deshalb tiefgreifende Korrekturen christlicher Theologie und christlichen Wirklichkeitsverständnisses. Damit ist die Programmatik feministischer Theologie benannt, die zugleich eine „Chance zur Überwindung des christlichen Antijudaismus", eine Chance für die „christlich-jüdische Verständigung nach Auschwitz" bedeutet.[7]

Allerdings ist die Überwindung des christlichen Antijudaismus auch in der feministischen christlichen Theologie nicht selbstverständlich. In den letzten Jahren ist von jüdischen und christlichen Theologinnen vielfach auf den Antisemitismus in christlichen feministischen Entwürfen hingewiesen worden.[8] Judenfeindliche Klischees werden übernommen und fortgeschrieben. Wird die Kritik an patriarchalen Gesellschaftsstrukturen und patriachaler Ideologie als zentraler Inhalt von Theologie erkannt, liegt es nahe, an Jesu Streit mit den verschiedenen Parteien seiner Zeit anzuknüpfen. Genauso nahe liegt die Versuchung, Jesus als Feministen, als neuen Mann oder als Begründer der Gleichstellung von Männern und Frauen gegen das Judentum abzugrenzen und das abgelehnte Patriarchat als das „alte" dem „alten" Testament respektive dem Judentum zuzuschieben. Die Befreiung von Frauen wird als urchristlich postuliert und die christliche Sündenbocksuche fortgesetzt. Angesichts des offenbar sehr resistenten Selbstbildes einer reinen, erlösten Gemeinschaft, greift die Forderung, daß „die Auseinandersetzung feministischer Theologinnen mit Androzentris-

---

7 J. Kohn, Haschoah. Christlich-jüdische Verständigung nach Auschwitz, München, Mainz 1986, S. 96ff.
8 Z.B. L. Siegele-Wenschkewitz (Hg.), Verdrängte Vergangenheit, die uns bedrängt. Feministische Theologie in der Verantwortung für die Geschichte, München 1988.

mus und Sexismus (...) zugleich die Auseinandersetzung mit Ethnozentrismus, Rassismus, insbesondere mit religiös wie säkular begründeter Judenfeindschaft sein" muß[9], dann noch zu kurz, wenn Ethnozentrismus, Rassismus und Judenfeindschaft als dem christlichen Feminismus fremde Phänomene betrachtet werden. Eine selbstkritische Auseinandersetzung mit den genannten Gewaltverhältnissen ist notwendig. Diese Auseinandersetzung kann nur mit denen geführt werden, die von Gewalt betroffen sind. Deshalb muß in dem Entwurf feministischer Theologie die Begegnung mit anderen unterdrückten Gruppen als grundsätzliche Voraussetzung, als Strukturmoment der Theologie bedacht werden. Es geht mir dabei nicht um ein Universalkonzept feministischer Theologie. Ich bin mir vielmehr sehr bewußt, daß ich von christlichem Feminismus und feministischer Theologie in einem Kontext schreibe, in dem die weiße, gesunde, junge, reiche, heterosexuell lebende Frau als die normale Frau angesehen wird, hinter der schwarze, behinderte, arme, lesbische, alte Frauen unsichtbar werden. Aber gerade um in diesem Kontext, in dem ich an der definierten „Normalität" partizipiere, zum einen über das Bekenntnis meiner Kontextbezogenheit „Ich bin eine weiße etc ..." hinauszukommen, ohne zum anderen den eigenen Kontext und die erfahrenen Mechanismen von Frauenunterdrückung zu universalisieren, müssen meiner Meinung nach andere „andere" als strukturelle Herausforderung der eigenen Theologie und Praxis begriffen und benannt werden.

2. Mit anderen „anderen" wie mit Gott ringen oder israelitisch denken lernen

Das Estherbuch beschreibt in mehrfacher Hinsicht einen solchen selbstkritischen Entwurf eigener Befreiung. Angesichts der geplanten Vernichtung der jüdischen Bevölkerung Persiens werden despotischer Gewalt unterworfene Frauen als Gesprächspartnerinnen und Leidensgenossinnen benannt. Die jüdische Leidens- und Befreiungsgeschichte wird damit so kon-

---

9 Ebenda, S. 15.

struiert, daß in der Erkenntnis der Bedrohung des Volkes und im Fest seiner Befreiung zugleich männliche Selbsterkenntnis und Selbstkritik impliziert sind. Wenn im dritten Kapitel die Vernichtungspläne in eine Analogie zu dem Unterwerfungsedikt gebracht werden, fährt jedem Leser oder Hörer, der bei der staatlichen Verordnung weiblichen Gehorsams noch zustimmend geschmunzelt haben sollte, der Schreck in die Glieder. Eine radikale Auseinandersetzung in der Gemeinde bzw. im Kollektiv der Autoren und Autorinnen über männliche „Mittäterschaft" an totalitärer Herrschaft wird erkennbar. Konsequent liegt das Tun der Befreiung ganz in den Händen Esthers, die im Harem als Nachfolgerin Waschtis, alle Frauen Persiens vertritt. Gerade aus diesem Buch, das – für viele anstößig – Gott einzig darin bezeugt, daß die Bekämpfung der Judenfeinde erzählt wird, ist zugleich die vollständige Entgötterung der Nation zu hören. Israelitisches Nachdenken über das jüdische Volk wird vorgeführt. Dieses Volk ist nicht an sich gut, nicht an sich Heilsträger. Dessen Befreiung ist keine nationale Angelegenheit. Auch in bezug auf das jüdische Volk wird das Bestehende entmachtet, das Patriarchat als faktisch gegebene Macht entgöttert, die Unterdrückung von Frauen als der Lauf der Dinge verneint. Indem auf diese Weise unterschiedliche Formen der Gewalt in Zusammenhang gebracht werden, bleibt die Geschichte der Befreiung unabgeschlossen. Gerade dadurch wird aber das Leben auf der Erde unter dem Himmel befreit zu einer Geschichte in der Erwartung des universalen Durchbruchs von Frieden und Gerechtigkeit. Der auf diese Weise von Israel auch im Estherbuch bezeugte Gott ist die andere par excellence, die der unterdrückten anderen beispringt. Gott-mit-uns kann nie besessen, nur erhofft und erstritten werden, erstritten von IHR, die gerade die Interessen der betrogenen Schwestern und des betrogenen Bruders vertritt (Gen 30,8; 32,29) und mit diesem Manöver dafür eintritt, daß der Sturz der Herrschenden nicht – wie so oft – allein ein Wechsel der herrschenden Elite ist.

Indem das Estherbuch im Kontext von Antisemitismus und Sexismus Gott als die andere erzählt, deren Segen im Streit

Das Lesen der Bibel

miteinander errungen werden muß, ist das „antiheidnische Zeugnis des Tenach" zu hören, wobei Heidentum verstanden ist als die Religion, „die in tausend Gestalten auf eine und dieselbe Rechtfertigung des Bestehenden hinauswill".[10] Der Name Gottes, SIE, die Israel aus Sklaverei befreite, wird erzählt als ein Angriff auf jede Absicherung des gesellschaftlichen Status quo. Denken lernen im Ringen um IHREN Segen, ist denken lernen in der Erwartung der Befreiung von Gewalt und der eigenen Verstrickung in Gewalt. Somit heißt „israelitisch denken lernen", verlernen, „daß Natur, Blut und Boden heiltragende Kategorien sind. Nichts an sich Seiendes ist heilig, kein Land, kein Staat, die Familie nicht, die Ehe nicht usw."[11] Das Bestehende wird entmachtet, das faktisch Gegebene, der Lauf der Dinge wird entgöttert und unser Leben auf der Erde unter dem Himmel wird befreit zu einer Geschichte in der Erwartung, daß Frieden und Gerechtigkeit kommen. So wird auch die „erlöste" Gemeinde angegriffen und ihr privater, tiefsinniger Weg zum Heil verneint. Zeichen des Kommenden können in der Gemeinschaft aufleuchten, sie können aber das Verlangen der universalen Ankunft des Reiches nur noch vergrößern. Mit dem antiheidnischen Zeugnis ist deshalb zugleich die Frage gestellt, die K.H. Miskotte als die Frage des Judentums an die Kirche benennt: „Trägt unser Leben das Kennzeichen jenes Verlangens (wovon Paulus in Römer 8 spricht): ‚... auf die Hoffnung hin, daß auch das Geschaffene selbst befreit werden wird von der Knechtschaft des Verderbens zur Freiheit der Herrlichkeit der Kinder Gottes'; – und erwarten auch wir noch den Messias-König und Sein herrliches Reich?"[12]

Die Anfrage an die Kirche ob ihrer Verstrickung ins „Heidentum" bleibt auch für christlich-feministische Theologie eine unüberhörbare Herausforderung. Zwar rebelliert der Feminismus

---

10 K.H.Miskotte, Wenn die Götter schweigen. Vom Sinn des Alten Testaments, München 1963, S. 141.
11 G.Minnaard, Einige Amsterdamer Notizen zum Thema: Die Kirche und „ihre" Bibel. Rosch Pina 8/1990, S. 22-43, Zit. S. 25.
12. K.H.Miskotte, Das Judentum als Frage an die Kirche. Schriftenreihe für die christlich-jüdische Begegnung 5, Wuppertal 1970, S. 16.

gegen das unirdische christliche Wirklichkeitsverständnis und gewinnt die Erde und die Körper als Orte der Befreiung zurück. Zugleich aber wohnt zumindest dem westlichen Feminismus – wie dem Christianismus – die sektiererische Tendenz inne, die eigene Gerechtigkeit und Schuldlosigkeit inmitten der unerlösten Welt jetzt in der eigenen Opferrolle zu suchen. Diese Identitätssuche in der Zugehörigkeit zu Opfergruppen impliziert die Ausgrenzung nicht-sexistischer – z.B. antisemitischer bzw. rassistischer – Herrschaftformen aus der Gesellschaftskritik. Im Wissen um Ausnahmen und ausgesprochene Kritik formuliert z.B. Christina Thürmer-Rohr: „Ausgegrenzt (wird) eine Herrschaftskritik, die sich mit der kapitalistischen Form des Umgangs mit Menschen und Natur befaßt; ausgegrenzt die Erfahrung derjenigen, die an der westlichen Kultur zu leiden haben, aber anders und umfassender, als die westliche Frau an ihr zu leiden hat ... Verschwunden (ist) auch das übergreifende Ziel, daß feministische Politik zur Befreiung aller Frauen beitrage, zur Bewegung aller unterdrückten Gruppen, daß sie ein Beitrag zu einer weltweiten Frauensolidarität sei."[13] Gegenüber der Beschränkung der eigenen Perspektive und der Ausgrenzung gesellschaftlicher Widersprüche, in denen ich als Täterin erscheine, hält die Verheißung und Erwartung universaler Befreiung die Geschichte offen und deshalb auch unsere Augen für andere unterdrückte Gruppen.

3. Um der Radikalisierung feministischer Theologie willen

Durch den Eintritt anderer „anderer" in feministische Theologie und Praxis wird diese nicht geschwächt, sondern radikalisiert und gestärkt. Im Nachdenken über den Widerstand Esthers kann die Radikalität einer derart dialogisch gewonnenen Situationsanalyse und Befreiungsperspektive sichtbar werden. Natürlich repräsentiert Esther nicht die Kirche oder Frauenkirche. Aber als Jüdin unerkannt und unbenannt, im Machtbereich eines Königs der Völker körperlich und geistig

---

13 Ch.Thürmer-Rohr, Die Apartheid des Feminismus. Freitag, 26. Juni 1992, Nr.27, S. 15.

Das Lesen der Bibel

gefangen, bietet ihre Person mir als Frau aus den Völkern Anknüpfungspunkte zu einer Selbstreflexion, die die Erinnerung wachhält, daß ich als eine aus den Völkern einst geschieden war „von der Israelbürgerschaft und fremd den Bündnissen der Verheißung; der Hoffnung bar und ohne Gott in der Welt" (Eph 2,12). So kann Esther bei dem Entwurf einer christlich-feministischen Theologie, die sich im Rahmen des Tenachs begreifen will, eine Gesprächspartnerin sein.

Ein Konflikt über die Situationsanalyse (Esther 4,11-17)

Als die Pläne des Pogroms Mordchaj zu Ohren kommen, denkt er sofort an Esther. Sie lebt in der Nähe des Königs. Wenn überhaupt jemand, dann kann sie ihr Volk retten. Sie soll zum König gehen. Daraufhin kommt es zu einem sehr bemerkenswerten Dialog zwischen Esther und Mordchaj (4,10-17):

10 Ester sprach zu Hatach und entbot ihn zu Mordchaj:
11 „Alle Diener des Königs und das Volk der Königsgaue, sie wissen, daß jeder Mann und jedes Weib, wer zum König in den innern Hof kommt und war nicht gerufen worden, einerlei Verfügung ist für die: daß man sie töte, außer dem, dem der König das goldne Szepter entgegenstreckt, der bleibt am Leben, – ich aber bin nun dreißig Tage nicht gerufen worden, zum König zu kommen."
12 Man meldete Mordchaj Esters Rede.
13 Mordchaj sprach, Ester zu antworten: „Bilde dir nicht in deiner Seele ein, du unter allen Juden könntest im Königshaus entrinnen!
14 Sondern, schweigst du, schweigst du alle Zeit, wird den Juden von andrer Seite Atemraum und Rettung erstehn, du aber und dein Vaterhaus, ihr werdet entschwinden. Und wer weiß, ob du nicht für eine Zeit wie diese zur Königschaft gelangt bist!"
15 Ester sprach, Mordchaj zu antworten:
16 „Geh, versammle alle Juden, die sich in Schuschan finden, und fastet für mich, eßt nimmer und trinkt nimmer, drei Tage lang, Nacht und Tag! Auch ich samt meinen Mädchen, ich will so fasten. Und also will ich zum König gehen, was nicht Fug ist – und ists, daß ich entschwinden muß, werde ich entschwinden."
17 Mordchaj schritt hinweg und tat alles, wie Ester ihm entboten hatte.

Esther weiß als Frau des Harems um die Macht des Königs. Mit der Tatsache, daß sie schon 30 Tage nicht gerufen worden ist, erinnert sie Mordchaj an diese Macht: Es steht ausschließlich dem König zu, über Kommen und Gehen von Menschen zu verfügen. Waschtis Weigerung, zum König zu kommen, sowie ihre Verstoßung, mit der der König öffentlich diese Verfügungsgewalt demonstrierte, klingt dabei bedrohlich im Hintergrund. Bei unerlaubter Annäherung gilt außerdem allen, Männern und Frauen, in gleicher Weise das Todesurteil. Das läßt erkennen, um wieviel mehr der Zugriff auf die Macht als die Verweigerung diese gefährdet. Die Möglichkeit, die der König mit seinem Zepter bestimmen kann, daß eine von der allen geltenden Verfügung ausgenommen werde, ist nicht zu erwarten, nachdem in zwei genannten Fällen ein einzelner Befehlsverstoß gerade nicht als Ausnahme angesehen worden ist, sondern die aufrührerische Person als Vertreterin ihres Geschlechtes bzw. Vertreter seines Volkes betrachtet wurde. Esthers Analyse ihrer Situation im Harem des Königs ist also geprägt von dem Gesetz des Königs, das durch die Macht zu töten autorisiert ist, geprägt von Waschtis gescheitertem Widerstand und geprägt von der eigenen Erfahrung, ausgeliefert zu sein. Kein Fünkchen Hoffnung glimmt.

Die Machtverhältnisse, in denen Esther sich gefangen sieht, werden in der Entgegnung Mordchajs aufgesprengt (4,13f.). Denn Leben und Sterben, so sagt er, darüber haben der persische König und seine Beamten keine Gewalt. Leben und Sterben entscheiden sich in der Teilnahme an der Geschichte des jüdischen Volkes. Im Gegensatz zu der Geschichte des persischen Königs, die von „Macht zur Ehre, zu Ehre als Macht, zu Macht als Ehre"[14] dahinläuft, werden im jüdischen Volk Taten der Befreiung überliefert. Von der Hoffnung auf Befreiung her deutet Mordchaj dann Esthers Situation und interpretiert ihre Erhebung zur Königin als Zeichen, daß Esther die Rettung ihres Volkes erwirken kann. Während Esther in ihrem Wissen um totalitäre Herrschaft deren Präsenz in den einzelnen Individuen bezeugt – „alle Diener ... sie wissen" (4,11) –, wird in Mordchajs Worten die Möglichkeit eines befreienden Wissens sichtbar –

---

14 K.H.Miskotte, Edda en Tora. Een vergelijking van germaansche en israelitische religie, Nijkerk 1939, S. 205.

Das Lesen der Bibel

„Wer weiß" (4,14) –, das im Mitwissen um die in Israel überlieferte Befreiungsgeschichte gründet. Damit wird Esther von Mordchaj herausgefordert, ihre Situation „israelitisch" zu analysieren.

So herausgefordert, gebietet Esther ein Fasten (4,16). Im gemeinsamen Fasten aller Jüdinnen und Juden Susas für Esther soll zeichenhaft deren Teilnahme an Esthers lebensgefährlichem Weg zum Ausdruck gebracht werden. Mit dieser Anweisung ringt Esther an einem Ort, wo Gott-mit-uns von ihr nicht mehr gedacht werden konnte, nun um die Einwohnung der messianischen Kraft der Bundesgeschichte Gottes mit Israel. So wird an einem verlorenen Ort, in einer verlorenen Geschichte ein Funken der Hoffnung entfacht.

Eine neue Analyse des Harems (Esther 5,1ff.)

Aus dem Konflikt mit Mordchaj und ihrem Ringen um die Präsenz ihres Volkes, erwächst Esther Macht und eine vollständig neue Analyse ihrer Situation, die ihren Widerstand prägt. So fungiert die Entgötterung des Bestehenden, die sich kritisch gegen Völker, gesellschaftliche Institutionen, Gruppen und Machthaber wendet, radikalisierend gegenüber Ohn-mächtigen und zu Unmenschen Erniedrigten wie Esther. Nur noch kurz möchte ich anhand des Beginns der Kapitel 5-8, die Esthers Widerstand erzählen, die Veränderung von Esthers Situationsanalyse beschreiben (5,1ff.):

2 Als der König die Königin Ester im Hof stehen sah, gewann sie Gunst in seinen Augen, der König streckte das goldene Szepter, das in seiner Hand war, auf Ester zu. Ester näherte sich und berührte die Spitze des Szepters.

3 Der König sprach zu ihr: „Was ist dir, Königin Ester? was ist dein Verlangen? bis zur Hälfte des Königreichs – es sei dir gegeben."

4 Ester sprach: „Dünkt es den König gut, komme der König samt Haman heute zum Trinkgelage, das ich für ihn gemacht habe."

Nun bricht Esther das Gesetz des Königs. Dabei erscheint Waschtis Geschichte als Esthers Erbe und Esthers Geschichte. Auch Waschtis Leiden, ihr gescheiterter Widerstand, ist eine Quelle, die Esthers Erfahrungen transzendiert und von der her ihr eigener Widerstand und ihr Auftritt beim König inspiriert werden. Denn Esther wählt das Trinkgelage als Ort der Handlung (5,4.8) und inszeniert damit die Kulisse, vor der sich Macht als Ehre und Erfüllung von Geschichte zu feiern pflegte. Die Tatsache, daß bei einer solchen Gelegenheit Waschti, eine als Königin geschmückte schöne Frau, als Mittel zur Feier königlicher Herrlichkeit verwendet werden sollte (1,10ff.), nutzt Esther als Mittel ihrer Macht (5,1). Waschtis abgebrochene Geschichte ist nicht als Beute den Siegern zugefallen, sondern ist als List in Esthers Widerstand lebendig. Zugleich wird Waschtis Widerstand fortgeführt und die Macht, die sie zu verteidigen suchte, die sich an Titel („Königin") und Funktion („machte ein Trinkmahl") kristallisierte, von Esther gewonnen, die als Königin und Gastgeberin eines Trinkmahls Macht über den König und Haman gewinnen wird.

Wenn Esther schließlich derart die Geschichte einer Verliererin als ihre Geschichte bedenkt und fortführt, verrät dies eine Schulung, in die ich eintreten möchte und um deretwillen ich gerade als Feministin die Bibel lese. Konfrontiert mit der Verheißung, daß die Herren, die mit dem Tod regieren, nicht über Leben und Sterben bestimmen werden, werden Frauen lebendig, ihr Kämpfen, ihr Leiden, ihr vielfach abgebrochener Widerstand. Jeder Sieg, der den Herrschenden jemals zugefallen ist, wird in Frage gestellt, und die Gegenwart ist nicht bestimmt durch die Sieger der Geschichte, sondern durch den Anspruch und die Erwartung verschwiegener und zum Schweigen gebrachter Vorgängerinnen.

III Zusammenfassung

Das Estherbuch erzählt die Befreiung Israels als Frucht der Beziehung und der Begegnung von Esther und Mordchaj, die jeweils verschiedene bedrohte gesellschaftliche Gruppen repräsentieren. So tradiert es einen unaufgebbaren Aspekt einer feministischen Befreiungstheologie, die in Auseinandersetzung mit Sexismus und Androzentrismus und mit nicht-sexistischen Herrschaftsformen, wie Rassismus, Ethnozentrismus und Anti-

Das Lesen der Bibel

semitismus, entworfen wird. Befreiung wird nicht als Selbst-Befreiung formuliert, vielmehr werden andere „andere" als notwendige Gesprächspartnerinnen und Gesprächspartner für den Entwurf einer befreienden Theorie und Praxis sowie für die Konstituierung revolutionärer Subjekte benannt. Damit wird ein Weg gesucht, keine Hierarchisierung von Unterdrückungsverhältnissen vorzunehmen, mit der immer eine Art Suche nach der „Reinen", „Unterdrücktesten" als dem Befreiungssubjekt einhergehen wird. Auf der anderen Seite soll nicht in der Konzentration auf ein Gewaltverhältnis das andere aufgelöst und der Opferstatus als Rechtfertigung der einen Opfer gegen die anderen behauptet werden. Nur eine eindimensionale Herrschaftskritik läßt eine unterdrückte Gruppe bzw. ein unterdrücktes Volk sich selbst als Subjekt ihrer/seiner Befreiung konstituieren. Die Erkenntnis der Vielschichtigkeit gesellschaftlicher Machtmechanismen gibt aber der Befreiung aus diesen Mechanismen ein doppeltes Gesicht: Es geht um Befreiung aus Unterdrückung und um Befreiung aus der Verstrickung in Unterdrückung – sei es als Mittäter oder Mittäterin, oder sei es als Resignierte(r) oder geistig Eingestrickte(r). Der Kampf um die eigene Befreiung verbindet sich darum notwendig mit dem Streit um die Solidarität, die Kritik und die Erfahrung einer anderen unterdrückten Gruppe in diesem Kampf. Allein aus diesem Streit miteinander können revolutionäre Subjekte erwachsen, die nicht als nachrevolutionäre Herrschende zu fürchten sind.

Die antisamaritanische Polemik im TNK als konfessionelles Problem[1]

Oder: Ist es sinnvoll und angemessen, im Blick auf die Bibel („AT") von „Rassismus" zu sprechen?

1. Einführung und thesenartiges Resümee vorweg.

A) Es ist ein recht junges Phänomen und zugleich ein deutlicher Hinweis auf veränderte Bibel-Lesegewohnheiten[2], daß selbst immer mehr Theologen die polemischen Partien der Bibel (zumal des „AT") als solche wahrzunehmen wagen und diese Polemik nicht gleich mit gläubig fundierten Rechtfertigungsstrategien – verhüllt durch den wissenschaftlichen Sprachgestus – wegzubügeln trachten. – Ja, das „AT" (das ich fortan als „*TNK*"[3] bezeichne, weil der akademischen Betrachtung nicht seine im Liturgiegebrauch der westlichen Kirchen übliche lateinische oder jeweils volkssprachliche Version und kanonische Rezeption zugrunde liegt und auch nur in zweiter Linie die griechische Version und Rezeption „Septuaginta", sondern die *Biblia Hebraica*) ist in weiten Teilen eine Sammlung äußerst polemischer Schriften. Einem möglichst plausiblen, den Textbestand realisierenden Grund hierfür versuche ich seit längerem – auch im Rahmen von Seminar-Veranstaltungen – auf die Spur zu kommen. Vermutungen hierzu habe ich seit langem auch schriftlich geäußert[4]. Es liegen aber inzwischen auch einige Studien vor wie z.b. ein demnächst veröffentlicht werdender Vortrag an der Theologischen Hochschule von Chur zur Pole-

---

1. Gekürzte Fassung eines Referates in Bechynê vom 13. Mai 1992.
2. Was m.E. aus einer veränderten Funktion der Bibel resultiert.
3. Zur Auflösung der Abkürzung cf. bei Unterabschnitt C!
4. Cf. bes. die von mir mitherausgegebene Zeitschrift DBAT passim seit No.7 (1974), aber auch andernorts publizierte Beiträge.

mik im Psalter[5] oder ein an der Universiteit van Amsterdam gehaltener Vortrag speziell über Ps 73[6].

Die *TNK*-Polemik richtet sich gegen andere Kulturen, Nationen („Völker") und auch gegen Gruppen des „israelitischen Spektrums" selbst, von denen sich die jeweiligen Tradenten absetzen (möchten). Sie äußert sich in den einzelnen Kanonteilen des *TNK* verschieden – auch gegen einzelne Gruppen in unterschiedlicher Weise – und verschieden heftig. Bei den Schilderungen polemischer Auseinandersetzungen lassen sich Wunschvorstellung und anzunehmende Wirklichkeit oft kaum (mit methodischen Mitteln) auseinanderhalten: das heißt, die Fragen: „War es so wirklich?", oder: „Was war wirklich?" lassen sich mit den Mitteln der historischen Forschung nur sehr unzulänglich beantworten. Leichter hat man es, wenn man methodologisch davon ausgeht, daß es sich beim *TNK*-Schrifttum erst einmal um „Literatur" handelt[7], und sich erst auf dieser Basis die Frage nach möglichen historischen (Hinter-) Gründen für manche polemische Beschreibung, Äußerung oder Forderung sinnvoll stellen läßt.

Der Begriff „Rassismus" erscheint mir zur Kategorisierung der Motivation dieser *TNK*-Polemik nicht angebracht. Ich sage dies nicht, um die biblischen Texte oder ihre empfindlichen Freunde taktvoll zu schonen. Ich sage dies auch nicht, um dem Verdacht des „Antisemitismus" zu entgehen. Ich meine dies, weil „Rassismus" ein junger Begriff ist und für Phänomene geprägt wurde, die erst unter neuzeitlichen Bedingungen entstehen konnten[8]. Und für eine *cum-grano-salis*-Anwendung liegt m.E. kein nötigender Grund vor. Um es einmal plump zu sagen:

---

5. „Der Psalter als Rezeption 'israelitischer' Kultpoesie zur Hasmonäerzeit". Vortrag geh. an der Theol. Hochschule Chur am 27.April 1993, (unveröff.; ersch. demn.) 38 S.
6. „Böse Worte aus reinem Herzen. Anmerkungen zur Polemik im Psalter am Beispiel von Ps 73". Vortrag geh. an der Universiteit van Amsterdam am 29.Januar 1992, (unveröff., ersch. demnächst) 23 S.
7. D.h. konkret und hart ausgesprochen: um literarische Fiktionen und in dem Sinne um „Phantasien".
8. Cf. hierzu bereits schnell zugängliche, fundierte Informationen wie den Art. „Rassismus", in: MEL 19, S.587f. (Lit.!).

keine Gruppe wird im *TNK* befeindet, weil ihre Mitglieder gerade Nasen, blondes Haar und/oder helle Haut hätten oder durchweg geistig minderbemittelt wären und eine minderwertige Kultur hätten. Zwar kommt der Vorwurf einer „unverständlichen Sprache"[9] „rassistischer" Polemik in der Argumentationsart strukturell nahe, aber er dürfte doch auf einer anderen Ebene liegen. Eine Anfeindung wegen „Andersartigkeit" (sc.: durchweg der Kultur) muß nicht „rassistisch" sein. „Rassismus" kann sich kultureller Polemik bedienen, aber kulturelle Polemik muß nicht „rassistisch" sein. Der auf ganze Gruppen gemünzte Vorwurf kultureller Minderwertigkeit muß in der Kulturpolemik (in der religiösen Auseinandersetzung) nicht „rassistisch" sein. Wohl aber kann sich eine „rassistische" Polemik verfügbarer Elemente einer älteren Kulturpolemik bedienen, sie in ihr System einbauen und damit „rassistisch umfunktionieren". So halte ich – und weiter als bis zu dieser bereits gefährlichen Annahme möchte ich mich hier nicht vorwagen – Luthers „Anti-Judaismus"[10] noch nicht für „Rassismus", wohl aber wird Luthers Antijudaismus „rassistisch" rezipiert sekundär zum „Rassismus".

Im *TNK* haben wir es mit religiöser – mit Kultur- Polemik zu tun. Die braucht sich in Heftigkeit und Abscheulichkeit nicht von heftiger und abscheulicher rassistischer Polemik zu unterscheiden. Aber Heftigkeit und Abscheulichkeit machen noch keine „rassistische" Polemik aus, sondern können in gleicher Weise unterschiedliche Polemiken qualifizieren. So könnte ich etwa in der wissenschaftlichen Polemik Kollegen anderer Meinungen „heftig und abscheulich" beschimpfen, ohne daß diese Beschimpfungen „rassistisch" sein müssten. Ich könnte sogar zu Vokabeln greifen, die typisch für „rassistische" Diffamierungen sind, dort ihre unverwechselbare Couleur erhielten: „Sie krummnäsiger, schmieriger Dunkelmann!" Aber dadurch wäre

---

9. Cf. z.B. Jes 33,19 u.ö.
10 Cf. *Vom Schem Hamphoras und vom Geschlechte Christi* (1543) - eine geradezu widerliche antijüdische Polemik, aber m.E. eben noch kein Dokument des „Rassismus". „Rassismus" - ja oder nein - ist eben Definitionssache. Für mich beginnt er im 17./18.Jh.

meine Polemik noch keine „rassistische", weil ich die „rassistischen" Hetzvokabeln gleichsam „metaphorisch" einsetzte.

B) Eine einleitende Vorbemerkung ganz anderer Art ist noch nötig. – Im folgenden spreche ich hauptsächlich von „Samaritanern" und „Judäern". Der Begriff „Samaritaner" ist auf Grund der jüngeren Diskussion erklärungsbedürftig geworden. Ich will und kann die Diskussion hier nicht entfalten und nicht belegen. Einige Literatur wird im Verlauf der Darstellung erwähnt.

Früher nahm man an (und einige Forscher tun es noch heute), daß die „Samaritaner" als „Mischvolk" mit einer (religiösen) „Mischkultur" nach dem „Untergang (des Nordstaates) Israel(s)" im Zusammenhang mit der Umsiedlungspolitik der Assyrer entstanden seien[11]. – Andere nahmen an, daß dieses „Mischvolk" seine „separatistische" Kultur in der frühnachexilischen Zeit angenommen hätte[12]. – Inzwischen setzt sich eine wesentlich auf H.G.Kippenberg zurückgehende Annahme

---

11 Also nach 722/21 v.Chr.; cf. hierzu als „historischen Beleg" 2Kön 17.
12 Dabei wird selten bedacht, was zwischen 722/21 und ca. der Mitte des 4.Jh.s v.Chr. kulturell bei den „Samaritanern" abgelaufen sein soll. - Das Argument, warum das sog. „Samaritanische Schisma" bis etwa zur Mitte des 4.Jh.s v.Chr. stattgefunden haben müsse, ist ein literaturgeschichtliches: gängige ältere Hypothesen (und auch gängig werdende neuere) besagen, daß der Pentateuch-Entstehungsprozeß bis etwa zu dieser Zeit „abgeschlossen" worden wäre. Und diesen hätten die „Samaritaner" ja bekanntlich noch „mitgenommen". Demgegenüber nahm (und nimmt) man für die „kanonischen Sammlungen" der „Propheten" und „Schriften" einen späteren Abschluß an. Und diese Kanonteile „kennten" und „hätten" die „Samaritaner" ja bekanntlich nicht. Diese Annahme ist aber Unsinn und beruht auf Uninformiertheit. Die „Samaritaner" „kannten" und kennen, „hatten" und haben auch Schriften des Propheten-Kanons der *Biblia Hebraica* und sogar einige der „Schriften". (Einige haben sie nicht; aber dies ist wohl nicht immer deshalb so, weil es die Schriften „noch nicht gegeben" hätte, sondern weil die „Samaritaner" sie ablehnten.) Eine Handschrift liegt sogar seit längerem an prominenter Stelle ediert und publiziert vor: cf. J.Macdonald: *The Samaritan Chronicle II*. BZAW 107. Berlin 1969. Demnach müßten diese Kanonteile früher entstanden sein, als selbst konservative Forscher annehmen (die Königsbücher für die Früh-Schisma-Vertreter sogar schon vor den letzten Perioden der „Geschichte Israels", die sie noch beschreiben) oder das „Samaritanische Schisma" müßte später stattgefunden haben. Das allerdings wird von immer mehr Forschern seit einer weiter unten zitierten Grundsatzstudie H.G. Kippenbergs (siehe Anm. 80.) heute angenommen.

Die antisamaritanische Polemik

immer stärker durch, daß das „Samaritanische Schisma" erst im 2.Jh v.Chr. stattgefunden habe. Dies setzt natürlich die Annahme einer ausgesprochen eigenen Traditionsweiterbildung bei „Samaritanern" und „Judäern" (samt ihnen stärker verbundenen „Exilsgruppen") erst seit dieser relativ „späten" Zeit voraus. Die Konsequenzen für die Literaturgeschichte des *TNK*, die hieraus gefolgert werden könnten, müßten gründlich und in Ruhe bedacht werden.

Gerade dies aber geschieht nicht. – Einflußreiche Forscher, die sich in der Zwischenzeit (und mit einem etwa 20jährigen Zögern) der revolutionären Hypothese Kippenbergs (und anderer) anschlossen, übernehmen zwar Kippenbergs „späte" Schisma-Datierung, ziehen aber keine Folgerungen für Hypothesen zur Entstehung der „israelitischen" Literatur (*TNK*). Stattdessen führten sie – im Anschluss an Kippenberg (der diese Folgerungen selbst auch nicht zog[13]) – neue (deutsche) Bezeichnungen für Bevölkerungsgruppen in Samaria zu verschiedenen Zeiten und mit (angeblich) verschiedener kultureller Prägung ein.

Wenn das „Schisma" erst im 2.Jh v.Chr. stattfand, dann kann sich ein Text wie 2Kön 17 nach Meinung der konservativen Exegeten, nach deren Ansicht dieser Text Teil des komplexen „Deuteronomistischen Geschichtswerks" aus dem 6.Jh v.Chr. ist, eben noch nicht auf die uns bekannte und später entstandene Kultgemeinde der Samaritaner beziehen. Und somit spricht man im Blick auf das (wie man den biblischen Texten zufolge annimmt) im 8.Jh v.Chr. entstandene kulturelle „Mischvolk" auch von einem „israelitischen Anteil der samarischen Mischbevölkerung", um sie von den späteren „Samaritanern" ebenso zu unterscheiden[14], wie von der rein „israelitischen" samarischen Bevölkerung vor 722/21 v.Chr. – den „Samariern". Für die Entstehung der „Samaritaner" wird heute gern ein längerer

---

13 Aber Kippenberg ist nicht in erster Linie Alttestamentler sondern Orientalist und Soziologe.
14 Cf. hierzu z.B. R.Albertz: *Religionsgeschichte Israels in alttestamentlicher Zeit*. Bd.2. ATD.E 8/2. Göttingen 1992, S.576-589, bes. S.580f.

Bernd Jørg Diebner

Prozeß angenommen, der dann so etwa um die von Kippenberg für das „Samaritanische Schisma" angenommene Zeit zum Abschluß kam[15].

Dies sind Vermittlungsmodelle, wie sie für eine scholastische, stark der eigenen Tradition verhaftete und von außen kaum falsifizierbare Forschung typisch sind. Kritisch und konsequent wäre hingegen, ältere Annahmen, die unter ganz anderen Voraussetzungen zustande kamen, auf Grund neuerer Materialien oder durch kritischere Prämissen und Beobachtungen erstellte Hypothesen grundsätzlich zu überprüfen und gegebenenfalls zu revidieren. Dies aber geschieht in der Regel der jüngeren „kritischen AT-Forschung" nicht. Und so beleben in der „Umbruchzeit" einer Forschungsdisziplin, wie sie für die „AT"-Forschung seit rund einem Vierteljahrhundert zu beobachten ist, viele hybride Thesengebilde (Annahmen, Meinungen) die massenhaft produzierte wissenschaftliche Literatur und die oft überfüllten Hörsäle.

Ich habe mich nach der etwas schmerzlichen Einsicht, daß die „AT"-Forschung, mit der ich groß wurde, auch bei ihren kritischsten Vertretern wie z.B. M.Noth weithin auf vorwissenschaftlichen (kirchlich-erbaulichen, traditionellen Verwendungszusammenhängen entstammenden) Prämissen und aus ihnen folgenden Meinungen beruht, – neben wenigen anderen Kollegen[16] – zu einem völligen Neuansatz in der Betrachtung des *TNK* entschieden[17]. Aus dieser Sicht werden auch die im folgenden besprochenen *TNK*-Texte beurteilt. Wichtig ist, daß ich

---

15 Cf. z.B. auch H.Donner: *Geschichte des Volkes Israel und seiner Nachbarn in Grundzügen.* Bd.2. ATD.E 4/2. Göttingen 1986, S.435f., der mit einem über Jahrhunderte gleitenden Übergang rechnet.

16 Wie z.B. H.Schult (Heidelberg; der aber seit 1976 nicht mehr publiziert), B.Zuber (Chur) und einige andere, die eine zunehmend kritischere Position vertreten (zu ihnen gehören u.a. der Amsterdamer K.A.Deurloo und der Kopenhagener N.P.Lemche wie auch einige frankophone Forscher/innen).

17 Über die hermeneutischen und methodologischen Grundsätze dieser Betrachtungsweise habe ich seit 1975 viel geschrieben, u.a. in DBAT 10 (1975), S.48-62, und in BDBAT 12. Heidelberg 1991, S.127-137. Ich kann hier nichts entfalten und verweise interessierte Leser auf diese und weitere Literatur.

meine, mit guten Gründen annehmen zu können, daß die *TNK*-Schriften als Literatur (d.h. unbeschadet der Aufnahme und Verarbeitung älterer Traditionen und Texte) aus dem 2.Jh v bis zum 1.Jh n.Chr. stammen, frühestens aber im letzten Drittel des 1.Jh.s v.Chr. (Herodeszeit) in der Textgestalt vorlagen, wie wir sie als hebräischen Konsonantentext für die Zeit vor der frührabbinischen Textkritik (Stichwort „Jamnia") annehmen dürfen (d.h. aber: schon für diese Traditionsstufe bereits durchweg hypothetisch rekonstruieren müssen[18]).

Bei dieser Sicht steht der Annahme nichts im Wege, daß die gesamte „Geschichte Israels"[19] aus späterer Sicht geschildert wird und daß – hermeneutisch gesehen – rezentere Vorgänge (aus dem geschichtlichen Erfahrungshorizont der schreibenden Tradenten) in die Vergangenheit retrojiziert werden[20]. Anders herum formuliert: rezente Geschehnisse (die jeweilige Gegenwart) werden mit Hilfe geschichtlicher Erinnerungen gedeutet[21]. – So wird m.E. das „Samaritanische Schisma"[22] in

---

[18] Unseren wissenschaftlichen BH-Gebrauchs-Texten liegt eine mittelalterliche MS-Tradition zugrunde. Eine ältere MS-Tradition (Qumran-Funde) findet sich (partiell für dort gefundene Schriften) im *apparatus criticus* der BHS.

[19] Wie bei antiker Historiographie üblich; cf. z.B. G.Herzog, in: DBAT 26 (1989/90; ersch. 1992), S.154-161.

[20] Eine Annahme, die grundsätzlich methodologisch legitim ist und von fast allen, also auch von konservativen Forschern für die Interpretation biblischer Texte verwendet wird (etwa von H.W.Wolff).

[21] Das hermeneutische Grundprinzip ist kein anderes als das bei der Aktualisierung alter (oft antiker) Dramenstoffe angewendete Verfahren (cf. z.B. J.Anouilh: *Der Trojanische Krieg findet nicht statt*).

[22] Das nach meiner Ansicht weniger ein „samaritanisches" war denn ein judäisches, weil die Samaritaner viel konservativer waren und sind als das sog. „Orthodoxe (oder: Orthopraxe) Judentum der babylonisch-palästinensischen Tradition (der das uns bekannte moderne Judentum in allen Denominationen verbunden ist). (Schismatische) „Neologismen" sind wohl eher Sache der „Judäer" gewesen, die sich – um zum besseren Verständnis eine cum grano salis hilfreiche Analogie zu bringen – zur samaritanischen (Garizim-) Kultgemeinde in etwa verhalten dürften wie die reformierte (oder mindestens: die lutherische) Kirche zum römischen Katholizismus. – Wir sprechen traditionell aber wesentlich deshalb von einem „Samaritanischen Schisma", weil wir mit den parteilich-wertenden Augen der im *TNK* herrschenden (judäischen) Tradition lesen. Das ist so, wie sich vom Luthertum der vor-ökumenischen Zeit ein Bild der Katholischen Kirche

Bernd Jørg Diebner

2Kön 17 in die Zeit des Königtums verlegt. Einen anderen „Bericht" über das „Schisma" kennt der *TNK* im übrigen auch gar nicht[23]. Damit wird auch gesagt: die abfälligen Samaritaner waren eben „schon immer" so! In die Begriffssprache übersetzt: hier wird ein (Geschichts-) Mythos erzählt. – Aber das „Samaritanische Schisma" spielt m.E. nicht nur bei 2Kön 17 eine Rolle. Es ist – wie ich annehme – das theologische (religiös-politisch-polemische) Hauptthema des *TNK*, das in den einzelnen Abschnitten des dreiteiligen Kanons auf unterschiedliche Weise abgehandelt wird, ja: diese Dreiteiligkeit reflektiert verschiedene Bedürfnisstufen der Behandlung des Themas, die ihren Grund in unterschiedlicher konfessioneller Akzentuierung haben. – Grundsätzlich sollte es hermeneutisch kommunizierbar sein, warum ich im „Israelitischen Schisma" (wie ich es einmal nennen möchte) den wichtigsten Schlüssel zum Verständnis der *TNK*-Polemik, ja vielleicht zum Verständnis des *TNK* unter religionspolitischem Aspekt überhaupt[24] erkenne. Garizim- und Zion-Kultgemeinde sind in der Antike und Spätantike (bis hin zu Justinian [527–565 n.Chr.]) die beiden großen „israelitischen" „Kirchen-Gemeinschaften". Ich ziehe hier Analogien aus der christlichen Kirchen-Geschichte zum Verständnis heran, zumal die Analogie der nach-reformatorischen abendländischen Gemeinschaften: Kirchenpolemik ist seit der Reformationszeit in Westeuropa im wesentlichen katholisch-protestantische Polemik. Vieles erklärt sich aus der nach-reformatorischen, abendländischen Kirchenspaltung.

C) Am Beispiel des gewählten Themas möchte ich verdeutlichen, daß die spätestens für das 1.Jh n.Chr. anzunehmende Gliederung des „Kanons" der Biblia Hebraica in Torah (*tora),* Propheten (*nebj'jm*) und Schriften (*ketubim*) hermeneutisch

---

schildern zu lassen - oder umgekehrt... „Kritisch" (und damit angemessen) können diese Bilder wohl kaum sein. Und wer am „Schisma" verantwortlich ist, weiß auch jede Partei am besten: die anderen nämlich!

23 Wohl aber zahlreiche Überlieferungen, die die Kluft *meiner Meinung nach ebenfalls* reflektieren: darum geht es u.a. im folgenden.

24 Neben diesem gibt es gewiß auch noch andere verständnisfördernde und zum Verständnis nötige Aspekte.

wichtig ist und bei der Textinterpretation berücksichtigt werden sollte.

Wie wird das Zustandekommen des dreiteiligen Kanons *T-N-K* erklärt? „This tripartite division of the Scriptures is simply a matter of historical development and does not, in essence, represent a classification of the books according to topical or stylistic categories"[25]. So lässt sich c.gr.s. die uns allen vertraute Annahme charakterisieren. Ich stimme auch insoweit zu, als auch ich meine: *topical or stylistic categories* spielten bei der kanonischen Differenzierung wohl kaum eine Rolle. Und ich möchte den chronologischen Aspekt auch nicht völlig ausschließen. Die Vertreter dieser Betrachtungsweise könnten sich[26] durchaus auf Analogien berufen (dh: phänomenologisch argumentieren)[27]. Und so meine auch ich, daß die *ketubim* zuletzt versammelt wurden – schon gar in der vorliegenden Anordnung, die bezüglich einzelner Schriften noch bis ins Mittelalter hinein nicht ganz gefestigt war[28]. Aber ich meine, daß der chronologische Aspekt nicht der entscheidende für die kanonische Gliederung der BH sei.

Die „ekklesiologische" Grösse „Israel" wird in jedem Kanon-Teil verschieden definiert. Dies hat ganz wesentlich auch Folgen für die Frage, ob und unter welchen Voraussetzungen die Kultgemeinde vom Garizim (dh: die Samaritaner) aus judäi-

---

25 JE 4, Sp.821.
26 Was mW seltsamerweise gar nicht geschieht!
27 So könnte man auf den Aspekt des *historical development* zur Begründung des zweiteiligen christlichen Kanons von AT und NT verweisen, oder auf den zeitlichen Abstand zwischen BIBEL und (zB) den reformatorischen BEKENNTNISSCHRIFTEN (etwa der Lutherischen Kirche). In diesen Fällen liegt gewiß (zT viel) „Zeit" zwischen der Abfassung und („kanonischen") Versammlung der einzelnen Kanon-Teile (was für die Bekenntnisschriften freilich nur *c.gr.s.* gilt). Der Zeitfaktor mag hermeneutisch wichtig sein (neben anderem: wie der Bruch zwischen verschiedenen Kulturen [auf den Ebenen Ort, Zeit und Sprache] und der Notwendigkeit einer sprachlichen Vermittlung). Aber auch hier gilt: das NT wurde nicht primär deshalb zum AT gesellt, weil seine Schriften „später" sind. Wichtiger ist der hermeneutische Aspekt: das NT interpretiert die nunmehr als AT aufgehobene jüdische Bibel-Tradition.
28 Cf. die Abfolge von Ps, Prov, Hi.

scher Perspektive zu einem „Israel" gehören kann, dessen Kriterien in jedem Teil des „Bibel-Kanons" *T-N-K* letztlich unter judäischer Suprematie definiert werden.

Nach meiner Meinung finden wir in der *Torah* eine (relativ) „ökumenische" Definition „Israels". Diese nicht unpolemische, weite Definition ermöglicht es, daß die *Torah* „Bibel" sowohl der Zions- wie der Garizim-Gemeinde werden konnte. – Demgegenüber wird „Israel" in den *Propheten* „konfessionell" definiert – aber ohne „Exkommunikation" Samariens. – In den *Schriften* hingegen wird „Israel" mE „konfessionalistisch" definiert: exklusiv judäisch (bezogen auf die Zionsgemeinde) und unter polemischer Exkommunikation Samariens.

(...)[29]

2. Zu konkreten Traditionen der konfessionell-judäischen Polemik gegen Samaria im *TNK*.

Wenn wir die verschiedenen Richtungen quantifizieren, in die seitens der *TNK*-Tradenten „letzter Hand" polemisiert wird, so liegt Samarien („der Norden") eindeutig vor anderen ethnisch-kulturellen Grössen wie etwa Edom/Idumäa. Es hat den Anschein, als sei im Blick auf die „biblische Polemik" die Auseinandersetzung mit dem nächstverwandten Samarien der bestimmende, im *TNK* verhandelte Konflikt. – Das hätte eine gewisse, durch kulturgeschichtlicher Analogien belegbare Logik und Plausibilität: von dem, was ihnen am nächsten steht (und mit dem Verwechslung am ehesten möglich wäre – oder eine Irritation des eigenen Identitätsgefühls) grenzen sich – je nach Konfliktebene – die führenden Kreise einer Kultur oder bestimmte Schichten oder die Allgemeinheit am ehesten polemisch ab. Das hier realisierte kulturpolemische Muster ist so „heiß" – allenthalben so akut in unserer Zeit – , daß ich auf jede rezente Aktualisierung im Europa „nach der Wende" – schon gar in diesem Lande – verzichten möchte.

---

[29] Die Abschnitte „Zu den Voraussetzungen dieser Annahmen" und „Zu einer ‚literarkritisch' beobachtbaren Eigenart des Umgangs mit Samarien im *TNK*" mußten leider aus Platzmangel entfallen.

Die antisamaritanische Polemik

Im folgenden beschränke ich mich auf zwei Torah-Texte und drei aus den Propheten (zwei aus den Vorderen, einen aus den Hinteren Propheten), die ich hier allerdings nicht in der „kanonischen Folge" ansprechen möchte sondern in der Abfolge: 2Kön 17; Gen 34; Gen 35,16–20; 1Kön 12 par. 2Chr 10; Hes 37,15–28.

2.1 2.Könige 17: Eine paränetische Diffamierung mit schlechtem Gewissen.

Der entscheidende Textblock des Kapitels, das uns über die „Entstehung der Samaritaner" berichtet, kann wohl in drei Teile gegliedert werden[30]. Dabei scheint die Polemik des mittleren Textstücks (vv24–33) auf einer anderen Ebene zu liegen als die der diese Mitte rahmenden Stücke (vv7–23 resp. 34–41). – Zwischen den beiden Rahmentexten in ihrer tradierten Textgestalt besteht nun bei aller verwandter Polemik gegen den „Norden" eine Diskrepanz. In den Versen (6).18.20.23 wird ISRAEL (-Samarien) „hinweggetan"[31]. In v34a sind die Samaritaner aber (wieder) da. Daß es sich um die *bne Ja'aqov* (- ISRAEL) handeln muß, für die YHWHs Weisungen verbindlich sind[32], macht v34b deutlich. – Das Zwischenstück „erklärt" nun, wer diese Samaritaner sind: nämlich völlig andere (Völker), die sich aber der Landesreligion und dem Gott des Landes c.gr.s. anschließen, damit sie nicht zur Gänze (von Löwen[!][33]) verzehrt – getötet – werden. – Hier wird wohl kräftig und verschiedenschichtig polemisiert. Historisch gesehen dürfte der „Fremdvölkeranteil" auf Grund der assyrischen Umsiedlungspolitik nicht sonderlich groß gewesen sein[34]. Es ist kaum zu

---

30 Nämlich: 2Kön 17,7-23.24-33.34-41.
31 *'ad ascher hessir Jhwh et Jssrael* (v23a).
32 Und sei es nur, weil eines Gottes Rechte in Seinem Lande gelten.
33 Warum „Löwen"? Darüber ließe sich gut spekulieren. ME fielen die Löwen - sofern die „Straf-Legende" einen historischen Kern oder zum mindesten eine geschichtliche Motivierung haben sollte, unter Johannes Hyrkan (I.) mordend über die Samaritaner her. Und hernach mußten diese sich der religiös-kulturellen Dominanz des „Löwen Juda" an- und einpassen - im Rahmen des Hasmonäischen Großreichs; cf. v.a. auch Gen 49,8ff.
34 Cf. hierzu meinen Artikel „Exil, babylonisches". NBL I, Sp.625-632.

erwarten, daß ihre Zahl ausreichte für eine kulturelle Dominanz[35]. Zudem werden diese „Fremdvölker" auf das zentrale Gebot der Torah hin angesprochen, auf die „Furcht YHWHs" (vv26–28.32f.). Das schlechte Gewissen der wohl judäischen Polemiker gegenüber der Nachbarkultur, über die man auf Grund der Kleinräumigkeit gewiß recht gut Bescheid weiß, zeigt sich mE am Zugeständnis, daß diese „Völker" immerhin auch YHWH fürchteten. Der ihnen vom assyrischen König aus dem Exil zugewiesene Priester (cf. v28) ist als Torah-Lehrer (*more*) ausgewiesen. Dieses Indiz verweist uns „innerkanonisch" und die Kanonteile übergreifend ua. auf Gen 12,6 (*elon more*) und damit wieder zentral auf Sichem. Von hier aus liegt die Assoziation zum Gottesbaum in Gen 35,4 (*ha-ela ascher 'im Scheklem*[36]) nicht fern, wo nach den dramatischen Vorgängen von Gen 34 der Gottesbaum entweiht wird, indem dort die *'lhi hncr* im Sinne einer *damnatio memoriae* „bestattet" werden.

In summa: Ich habe aus den verschiedensten – methodischen und historischen – Erwägungen keinen Mut, das Bild von den Samaritanern (sei es für das ausgehende 8.Jh v.Chr., sei es für einen späteren Zeitraum) entscheidend in Kongruenz mit einigen extremen Daten der polemischen Tradition von 2Kön 17 zu entwerfen.

2.2 Gen 34: Ein literarischer Mord mit schlechtem Gewissen.

Die Bestattung der „Götter der Fremde" und die damit vollzogene kultische Verunreinigung (der heiligen Terebinthe) Sichems beschließen den Komplex Gen 33,17 – 35,4, in dessen Mitte die eigenartige Begebenheit von Gen 34 steht.

Viele Exegeten denken bei Gen 34 auch heute noch gern an einen Traditionskern, der „gegen Ende der Väterzeit entstanden sein"[37] könne, auch wenn man den „Verfasser der Gesamter-

---

35 *Nota bene:* zu einer Zeit (Ende 8.Jh v.Chr.), da es „Missionierung" noch nicht gegeben haben dürfte und eine Veränderung kultureller Gegebenheiten eigentlich nur durch grundlegende Wandlung der Bevölkerungsstruktur denkbar ist.
36 Cf. aram. *'elaha'*- „Gott".
37 C.Westermann: *Genesis*. BKAT I,18.19. Neukirchen-Vluyn 1981, S.654.

Die antisamaritanische Polemik

zählung" gern in der zeitlichen Nähe der hypothetischen Quelle „P" sucht, weil man im Text verschiedenes entdeckt, „was auf die Zeit des Exils oder um das Exil schließen läßt"[38]. Doch ist auch eine solche „Spätdatierung" oft durch Annahmen der Forschungsgeschichte bestimmt, von denen man sich nicht freimachen kann. So schreibt *Westermann*: „Vor allem aber ist anzunehmen, daß er [sc.: der „Verfasser der Gesamterzählung"] in eine Zeit hinein spricht, für die das Sich-Vertragen und das Konnubium mit Nichtisraeliten wieder [!] zu einer Versuchung wurde"[39]. Dabei spielt der Terminus *ha-Chini* (Gen 34,2) eine Rolle. Hierin erkennt man den (die) Angehörigen einer vor-Israelitischen Bevölkerung des „Landes" im historischen Sinne. Daß es sich um die (rezentere) Verwendung eines obsoleten Völkernamens aus polemischer Motivation handeln könne – eben zu dem Zwecke, die so Bezeichneten als nicht zu „Israel" gehörig zu charakterisieren –, kommt als methodische Möglichkeit nicht in den Blick.

Es kommt auch nicht als methodische Möglichkeit die Retrojektion in den Blick[40]: recht Rezentes wird als „Mythos" der Vor- oder Frühzeit berichtet und damit – hermeneutisch gesehen – als „grundsätzlich Wichtiges", Fundamentales" präsentiert[41]. – Allerdings verweist allein die Begrifflichkeit des Textes Gen 34 auf einen anderen Text, der sich – wenn auch mit anderer Intention – zentral mit dem gleichen Problem auseinandersetzt, nämlich der Relation von Judäa und Samaria: auf Hes 37.

In Gen 34 geht es um das Ansinnen der obsoleten *Chini*, der Sichemiten („Sichems"), mit den „Söhnen Jakobs" „ein Volk" zu

---

38 Ebd.
39 Ebd.
40 Mit der etwa im Blick auf die Hinteren Propheten auch solche Forscher gern rechnen, denen dies im Blick auf narrative Torah-Traditionen, zumal die „Väter-Überlieferungen", kaum in den Sinn käme.
41 Auf einer ganz anderen Ebene liegt mE die Tatsache, daß sich auch die Samaritaner selbst nicht mit den „Hewwitern" von Gen 34 identifizieren. Auch sie lesen ihre Bibel, die Torah, ja hermeneutisch gesehen mit einem exklusiven „Israel"-Verständnis und verstehen damit jeweils sich selbst als das „Israel" der Tradition, zum mindesten als integrierender Teil der Größe, die je als „Israel" bestimmt wird.

Bernd Jørg Diebner

werden (*li-hejot le-'am echad*; v22). Ein solches Ansinnen sollte stutzig machen. Ich wüßte von keiner Analogie im Alten Orient, wo eine Nation das Angebot gemacht hätte, sich mit einer anderen vereinigen zu wollen. – Stutzig machen sollte auch die im „listigen" Plan der Jakob-Söhne vorgeschobene, aber immerhin erhobene Vorbedingung der „Beschneidung". Alle Hörer und Leser des Textes müssen an das „Bundes-Zeichen" denken, als das die Beschneidung im Kontext[42] zuletzt fungierte. *Chamor* (der „Esel") und *Schekhem* (der „Nacken") beugen sich also einer (vorgeblichen) Vorbedingung der erstrebten Einheit: der Missionierung. Diese Konstruktion erscheint mir zu vorhasmonäischer Zeit kaum denkbar[43].

Die Sichemiten werden im Text zwar beschnitten, aber danach im Beschneidungs-Schmerz umgebracht (cf. v 24)[44]. – Eine wichtige Beobachtung ist, daß der zweite Teil von Gen 34 im Stile einer „Kriegsberichterstattung"[45] gehalten ist[46]. Aber es ist (ab v25) ein „inner-israelitischer" Krieg. Von hier aus könnte man überlegen, welche Auseinandersetzung mit den Samaritanern historisch hinter dieser „narrativen Realisierung" des Konflikts stehen könnte. Im Rahmen meiner Prämissen kann ich freilich wieder nur an die Niedermetzelung der Samaritaner durch Johannes Hyrkan (I.; 135/4–104 v.Chr.) denken[47]. Johannes Hyrkan eroberte Sichem und Garizim und „integrierte" die Samaritaner, auch wenn es ihm nicht gelang,

---

42 Cf. Gen 17; 21,4.
43 In der Tat erkenne ich hier einen Reflex der kriegerischen Vorgänge zur Zeit Johannes Hyrkans I., der Samarien zwar eroberte und der judäischen Herrschaft unterstellte, die Samaritaner aber *nicht* (zum Zion) „bekehren" konnte (cf. hierzu mein MS zu Gen 38).
44 Vielleicht sollte man bemerken, daß nur die Männer umgebracht werden. Die identitäts-befördernden Frauen aber bleiben (cf. v29) am Leben. Da die Beschneidung als geschehen vorzustellen ist, gehören die Nachgeborenen dieser Frauen (implizit) zum *qehal Jissra'el*.
45 Cf. die Motive Kampf, Tötung der Männer, Raub der Frauen und Kinder, Beute von Tieren und Sachwerten (mit zahlreichen Parallelen in der BH).
46 Cf. hierzu ua. Westermann: l.c., S.661, der mit seinem Begriff „Völkerkrieg" freilich auch hier im Rahmen seines Musters denkt.
47 Cf. zB P.Schäfer: *Geschichte der Juden in der Antike*. (1.Aufl.) Stuttgart - Neukirchen-Vluyn 1983, S.82.

Die antisamaritanische Polemik

sie in dem Sinne zu „judaisieren" (mit ihnen „ein Volk" zu werden)[48], daß er sie zum Zion „bekehrte". *Diesen* „Wunsch" hatten die Samaritaner wohl damals wirklich nicht gehabt und auch später nie[49].

Dieser Interpretation muß das Erzählungsmotiv nicht widersprechen, nach dem die Initiative zur „Vereinigung" von den „Hewwitern" (also den obsolet verfremdeten Samaritanern) ausging. Es ist ein verbreitetes Motiv der Legitimation imperialer Absichten, daß die Initiative zur Vereinnahmung von den Unterlegenen ausgegangen sei[50]. So hat u.a. nicht zuletzt die UdSSR ihre Herrschaft über die osteuropäischen Völker legitimiert[51]. Schließlich geht die Darstellung der Vorgänge (wohl) auf judäische Tradenten zurück. – Immerhin bleibt in dieser antik-jüdischen Eroberungstradition dem „Stammvater" ein schlechtes Gewissen.[52] Das ist schon bemerkenswert...[53]

2.3 Hes 37,15–28: Eine „positive" Lösung des Problems von Gen 34.

In dieser vielerörterten Tradition kündet der *devar-Jhwh* (v15) an: *we-ʿassiti otam le-goj echad* (v22). Die Zukunft wird ISRAEL und JUDA unter „einem König" in einem 'ungeteilten Königreiche' (ebd) vereinen. Der *echad roʿe* wird *ʿavdi Dawid melekh* (v24) sein. Als „polemisch" muß dieser hoffnungsvolle Text mE deshalb von den Samaritanern wahrgenommen werden (sofern sie ihn überhaupt jemals wahrnahmen), weil die „Wiedervereinigung" des geteilten Volkes nach der „Aufersteh-

---

48 Wie es ihm bei den Edomitern (Idumäern), den Ituräern nordöstlich von Galiläa und anderen unterworfenen Völkerschaften gelang.
49 Cf. hierzu die Worte der „Stämme Israels" zum Judäerkönig David: „Siehe, wir sind dein Gebein und dein Fleisch...Und YHWH hat zu dir gesprochen: 'Du sollst Mein Volk Israel weiden, und du sollst Fürst sein über Israel" (2Sam 5,1f.).
50 Cf. hierzu im TNK die zuvor zitierte vergleichbare Tradition in 2Sam 5,1-5 par. 1Chr 11,1-3. Auch hier tragen die Sprecher ISRAELs ihre „Beitrittswünsche" (unter Davids Königschaft) vor.
51 Und die „Schutzmacht USA" steht darin kaum zurück.
52 cf. v30
53 Cf. zu Gen 34 meine Studie: „Gen 34 und Dinas Rolle bei der Definition ‚Israels' ". DBAT 19 (1984), S.59-75.

Bernd Jørg Diebner

ung" und „im Lande" (cf. vv1-14.21) unter judäischen Bedingungen (*Dawid*) vorgestellt wird.

Hes 37 gehört mE zu den (religionspolitisch) wichtigsten Texten der BH. Das sei angemerkt, weil hier eine ausführliche Behandlung nicht möglich ist[54].

2.4 Gen 35,16-20: Die polemische Unterordnung der Königstradition ISRAELs.

Das Thema „(einziger) Hirt" und „(einziges) Königtum" – „ein König" – in „Israel" führt zu einem Text, in dem dies ebenfalls Gegenstand einer „Klärung" ist[55]. – Nach der Ausgrenzung der „Sichemiten" und der Verscharrung der „Götter der Fremde" zu Sichem wird Jakob in „Israel" umbenannt (cf. Gen 35,10[56]). Ihm wird verheißen:

umelakhim mechalazekha jeze'u
– und Könige werden aus deiner Lende hervorgehen (v11[57]).

---

54 Dieser Text ist mE (natürlich) sehr „spät". Inzwischen halten auch andere AT.ler Hes wegen seiner „proto-apokalyptischen" Züge und aus weiteren Gründen für recht „jung". - ME setzt das Buch Hes bereits die Auferstehungs-Hoffnung voraus (cf. Hes 37,1-14). Es hat mE wenig Wahrscheinlichkeit anzunehmen, daß diese Schilderung der „Wiederbelebung" „Israels" der Vorstellung einer Auferstehungs-Hoffnung gegenüber sekundär sein sollte: nur weil man Hes vor-kritisch auf Grund der in der Tradition selbst gegebenen Rahmendaten ins 6.Jh v.Chr. datiert - in eine Zeit, in der es in der Tat eine Auferstehungs-Hoffnung in „Israel" noch nicht gegeben haben dürfte. - Das Umgekehrte dürfte realistischer und wahrscheinlicher sein: hier wird die bereits als lebendig vorzustellende Auferstehungs-Hoffnung in *der* Weise geschildert, wie sie wohl als „primär" vorzustellen ist, als Auferstehung des „Kollektivs", des Volkes, und nicht des (vom Volke losgelösten oder ablösbaren) Individuums. Letztere Vorstellung setzt wohl u. a. die Rezeption einer antiken Individualismus-Theorie und eine kritische Auflösung der traditionellen „Israel"-Ekklesiologie voraus.

55 Cf. hierzu meine Studie: „Rachels Niederkunft bei Betlehem und die judäische Vereinnahmung der israelitischen Königstradition" (Teil I). DBAT 26 (1989/90; erschienen 1992), S.48-57.

56 Wie schon einmal unter anderen Bedingungen im Zusammenhang mit seinem (mutlosen) Versöhnungs-Zugang auf den „Bruder" Esau-Edom in Gen 32,29.

57 Cf. schon Gen 17,6.

Die antisamaritanische Polemik

Nun gibt es in „ganz Israel" mindestens zwei „messianische" Königstraditionen[58]: die an „Benjamin" gebundene samaritanische[59] und die an „David", den Efratiter/Betlehemiter gebundene judäische[60]. (Das ist verständlich, weil ISRAEL und JUDA ja vor ihrer Vereinigung[61] zwei Staaten mit eigenen Traditionen waren.) Welche ist nun die „wahre(re)", legitime(re), „verheißungsvoll(er)e" in einem „vereinten Israel"? Diese Frage wird von der *TNK* und auch Torah beherrschenden Tradition, der judäischen, beantwortet.

In Gen 35,16ff. wird dieses Problem für die Torah geklärt. Es ist der auf die Verheißungen im Zusammenhang mit der „Umbenennung" Jakobs in „Israel" und Jakobs anschließenden „Kultakt" folgende Text. Und diese „Klärung" ist folgerichtig. – Die Legitimität der Nordreichs-Königstradition ist unbestreitbar[62]. (Selbst die Propheten können das nicht verleugnen.) Anders wäre die Torah für die Samaritaner kaum akzeptabel. Es muß nur die Priorität geklärt werden. Und so wird der „Stammvater" Sauls, Benjamin, vor den Toren der judäischen

---

58   Es gibt noch weitere: die hasmonäische, die sich mit der Zeit ebenfalls „etablieren" konnte (und bei der man einmal untersuchen sollte, welche Relation zur davidischen sie [bekommen] hat), sowie die herodianische, die zu ihrer Zeit die Macht hatte, sich zu etablieren (und von der wir wissen, daß ihr Hauptrepräsentant sich als „Davidsohn" legitimierte; cf. A.Schalit: *König Herodes. Der Mann und sein Werk.* SJ 4. Berlin 1969, bes. S.475; cf. auch meine Skizze: „Vorläufige Gedanken zur Interpretation von Gen 38" (MS Juni 1992, 11 S.).
59   Cf. „Saul", den Benjaminiten, und 1Sam 9ff.
60   Cf. 1Sam 16ff.
61   ME erstmalig als persische Provinz (Hyparchie) in der Satrapie Transeuphrat, wobei möglicherweise im 5.Jh eine „Reichsteilung" stattfand. Über die Verwaltungsstrukturen zu neubabylonischer und persischer Zeit scheint wenig Genaues bekannt zu sein; cf. H.Donner: *Geschichte des Volkes Israel und seiner Nachbarn in Grundzügen.* Bd.2. ATD.E 4/2. (1.Aufl.) Göttingen 1986, S.402.421; cf. auch verschiedene Aufsätze in der Zeitschrift *Transeuphratène 1* (1989) - 5 (1992). - Weitere „Vereinigungen" gab es unter den Hasmonäern (seit Johannes Hyrkan I.) und unter der Herodes-Dynastie. - Das „Davidisch-Salomonische Großreich" halte ich für einen (Ursprungs- und Legitimations-)Mythos; cf. schon B.Diebner - H.Schult: „Thesen zu nachexilischen Entwürfen der frühen Geschichte Israels im Alten Testament". DBAT 10 (1975), S.41-47.
62   Cf. 1Sam 24,7.11; 26,9.11.16.23; 2Sam 1,14.16.

Bernd Jørg Diebner

Königsstadt Betlehem geboren: *kivrat–ha-arez lavo' Efratah* (v16) – sozusagen in einem militärischen Sicherheitsabstand davon[63].

Mit der Terminologie ("Namengebung") *Ben–oni* (v18) wird mE auf die "Verwerfung Sauls" angespielt[64] und auf die pejorisierende Bezeichnung des ISRAELitischen Zentralheiligtums[65] durch die "federführende" judäische Tradition in den Propheten als *Bet awen*[66].

3.5 1Kön 12 par. 2Chr 10: "Reichsteilung"
mit schlechtem Gewissen.

Hier wird in einem Textzusammenhang, der schon c.11,26ff. beginnt, eine "Reichsteilung" beschrieben, die mE nie stattfand – jedenfalls nicht im 10.Jh v.Chr.. – Die "zwei goldenen Kälber" (trotz des Terminus sc. Stiere; *schne 'agle sahav*; c.12,28) verbinden den Text über *Bet awen – Bet el* mit den Samuel-Geschichten, aber auch mit Gen 35,16ff.[67] – Doch auch in der eigenartigen Verbindung von JUDA&BENJAMIN in 1Kön 12 par. 2Ch 10 verweist die "Reichsteilung" auf Gen 35,16ff. Gern leitet man aus der stereotypen Verbindung von JUDA&BENJAMIN in 1Kön 12 ab, daß "Benjamin" ein "Südstaat" sei[68]. Dabei besagt die Tradition, daß die *Zehn Stämme* an Jerobeam fallen sollten und nur der *Eine Stamm* (JUDA) beim Hause

---

63 Das genaue Maß ist schwer zu definieren; evtl. eine Stadie oder die Entfernung von der Reichweite eines Pfeilschusses. Manche nehmen weniger an (100 Ellen) oder mehr (bis zum Horizont).
64 Cf. hierzu *awen* im zentralen Begründungstext der "Verwerfung Sauls", der poetischen Formel 1Sam 15,22f. in v23: *we-awen u-terafim hafzar*.
65 Dies ist sc. der Garizim, mit dem die Samaritaner ja auch "Betel" identifizieren und nicht irgendein Kaff abseits, bei dem keinerlei archäologische Spuren auf die mögliche Funktion der Ortslage als Staatsheiligtum ISRAELs hindeuten. Hier liegt mE eine polemische Dislozierung vor.
66 Cf. Jos 7,2; 18,12; 1Sam 13,5; 14,23 (im Kontext der Saul-Erzählungen!); Hos 4,15; 5,8; 10,5 (die "Kälber" [*'egalot*] von Bet Awän, um das sich die "Einwohnerschaft von Samarien" [*schekhan Schomron*] sorgt).
67 Und natürlich mit Ex 32!
68 So noch zuletzt in seiner Amsterdamer Dissertation J.W.Mazurel: *De vraag naar de verloren broeder. Terugkeer en herstel in de boeken Jeremia en Ezechiël*. Amsterdam 1992.

David bliebe⁶⁹. Wir dürfen hier nicht gemäß Adam Riese nachzählen. In „heiliger Arithmetik" ergeben die „vollkommenen" Zahlen 10 und 1 die weitere „vollkommene" Zahl 12. Wäre auch „Benjamin" an Jerobeam gefallen, so machte dessen Anteil vermutlich auch (nur) Zehn Stämme aus. Die 11 ist eine ergänzungsbedürftige Zahl. Die 2 steht für Zwietracht. So sind JUDA&BENJAMIN *Ein Stamm* – „Benjamin" gehört zu JUDA, weil die legitime Königstradition des Nordens an den Süden (und das „Haus David") gekoppelt werden muß[70]. Konsequenterweise begegnet „Benjamin" dann im folgenden in der Darstellung der Geschichte JUDAs nicht mehr, sieht man von einer Notiz in 1Kön 15,22b ab[71]. Dies führt mich dazu anzunehmen, daß die wichtige Tradition 1Kön 12 im Sinne der konfessionell-judäischen Sicht rezipiert und literarisch überarbeitet wurde[72]. Für die (exklusiv-judäische) Sicht der Chronik in den *ketubim* gehören JUDA&BENJAMIN unlösbar zusammen.

3. Zur integrierenden Funktion von 1Kön 12.

Der Text 1Kön 12 bindet mE die zuvor erwähnten Überlieferungen einer konfessionellen Polemik gegen Samarien aus judäischer Sicht zusammen:
A)   Die „Einheit" ist zerbrochen (2Kön 17), kommt nur polemisch (aber rituell gültig) zustande (Gen 34), ist in der Theorie (Ideologie) gegeben (Gen 35; 1Kön 12) oder wird für die Zukunft erwartet (Hes 37). Und sie steht stets unter judäischer Suprematie.

---

69   Cf. 1Kön 11,31f.35f.
70   Ich habe große Probleme, als historischen Hintergrund für die Erwähnungen von „Juda und Benjamin" Grenzverschiebungen und territoriale Veränderungen anzunehmen. Hier handelt es sich wohl primär um eine ideologische Vereinnahmung.
71   Hier mag Einfluß der chronistischen Asa-Tradition vorliegen.
72   Zum hier angenommenen Bearbeitungsmuster cf. unter literarkritischer Sicht meine Studie: „Überlegungen zum 'Brief des Elia' (2Chr 21,12-15)" DBAT 23 (1986/87), S.66-97.

B) Mit dem Kalb, den Kälbern (*'egel 'agalim* [73]) wird auf *Bet el* angespielt, also auf „*Bet awen*" (cf. Gen 35,18) und auf *masekha schnem 'agalim* (2Kön 17,16).

C) Es wird der Vorrang in den Herrschaftsverhältnissen geklärt: „David" beherrschte auch ISRAEL (1Kön 12), ist der IS-RAELitischen Königstradition vorgeordnet (Gen 35) und soll wieder „Gesamt-Israel" beherrschen (Hes 37).

D) „Benjamin" (mit seiner ISRAELitischen „Messias"-Tradition) gehört zu JUDA (1Kön 12), ist JUDA „hörig" (Gen 35).

4. Zusammenfassung der kanonischen Differenzierung in der konfessionellen Polemik gegen Samarien im *TNK* und Ausblick.

Hier wurden nur einige wichtige Texte zum spannungsvollen Verhältnis zwischen JUD(Ä)A und ISRAEL (Samarien) angesprochen. Von einer erschöpfenden Behandlung kann keine Rede sein. – Das Verhältnis der beiden benachbarten und eng verwandten Kulturen war wechselhaft. Einiges davon spiegelt sich in der polemischen *TNK*-Tradition wi(e)der. – Letztlich setzt sich im Judentum (und auf der anderen Seite auch bei den Samaritanern) der Konfessionalismus durch (dh: die exklusive ekklesiologische „Israel"-Definition der Schriften). Von einer wirklichen „Gleichberechtigung" JUDAs und ISRAELs kann mE im *TNK* nicht gesprochen werden:

A) Die Torah ist die „Bibel" „beider Israel". Deshalb ist der „Norden" (ISRAEL, Samarien) unbestreitbar „da", wenn auch nicht fraglos und unproblematisch. Bereits im Buch von den Anfängen (*bereschit*) wird das spannungsvolle Verhältnis von „Nord" und „Süd" deutlich. – Mal wird ISRAEL ausgegrenzt und sein Kultzentrum polemisch „entweiht" (cf. Gen 34f.). Dann aber wird es wieder eingegrenzt[74]: die Brüder finden den „verlorenen Sohn" Josef in reputierlichen Verhältnissen als Vezir (Vizekönig) des ägyptischen Pharao wieder (cf. Gen 37ff.). Seine Söhne werden vom Stammvater Jakob „adoptiert". (Aber

---

73 Abschwächend für den „(Ba'als-)Stier" *schor*.
74 Allerdings ohne Kultzentrum und im „Exil".

Die antisamaritanische Polemik

auch diese Eingliederung geschieht nicht ohne Wahrung der judäischen Priorität[75].) – Dieser „Traditionsstand" ist nötig; sonst hätten die Samaritaner, die sich als „Haus Josef" verstehen, kaum die Torah als „Bibel" akzeptieren können. Hierin darf mE kein „später" wieder „verlorener" Stand gesehen werden: die (Wieder-)Eingliederung „Josefs" darf nicht in einem historisierenden Mißverständnis des narrativen Duktus von Torah und Propheten als eine „frühere" Stufe „Israels" verstanden werden. Am Ende der Torah steht „Gesamt-Israel" vor den Toren des „Verheißenen Landes". Es geht um den Gewinn (Besitz) des Landes. Und es geht um das weitere „Leben" des Gesamt-Volkes aus beiden Teilen. Das entscheidet sich am Torah-Gehorsam[76]. Nicht aber geht es hier wie in den Hinteren Propheten um die Hoffnung auf eine „Wiederauffindung" des (sc.: in der Golah nach 722/21 v.Chr.) „verlorenen Bruders". – So repräsentiert die Torah – bei allem „Zwist" zwischen den „Brüdern" – den weitesten, umfassendsten „Kirchenbegriff". Dem muß nicht eine entsprechende Realität zugeordnet sein. Eine wirkliche „Einheit" von JUD(Ä)A und Samarien gab es wohl auch zu Zeiten einer politisch erzwungener Einheit unter judäischer Herrschaft nicht.

B) In den Vorderen Propheten ist ISRAEL „didaktisch" „verloren", so wie am Ende auch JUDA „verloren" geht. – Dem katastrophalen Ende des narrativen Duktus der Vorderen Propheten stellen die Hinteren ihre bedingte Hoffnung auf „Restitution" entgegen. ISRAEL ist grundsätzlich mit einbezogen, wird also nicht als letztlich „verloren" betrachtet. Auch ISRAEL kann umkehren: aber zu erschwerten – judäischen – Bedingungen. Zum Verständnis dieser Sicht als einer „konfessionellen" ziehe ich gern Analogien aus dem Spektrum der christlichen Gemein-

---

75 Cf. die Umänderung in der Rangfolge der „Brüder": von „Ruben" auf „Juda"; cf. Gen 37,26 (unmittelbar vor Gen 38!) und die Kritik der „Brüder" an Josephs „Traum vom Königtum" in „Israel" (cf. Gen 37,3-11).
76 Cf. Dtn 28 - 30.

Bernd Jørg Diebner

schaften mit ihren Schismen und Verketzerungen resp. ökumenischen Annäherungsbemühungen heran[77].

C) Letztlich lief es aber zwischen JUDA und Samarien auf Trennung hinaus und auf den je exklusiven Anspruch, „(ganz) Israel" (*pars pro toto*) zu repräsentieren, der sowohl von den Judäern wie von den Samaritanern erhoben wurde (und noch wird). Die irreversible Trennung (das „Schisma") wird wohl in den Schriften von Chr und Esr/Neh reflektiert. Hier sind die Samaritaner die „Feinde Israels"[78]. Diese Trennung wird nicht mehr überwunden. Sie wird aber wohl erst (frühestens) seit dem 2.Jh v.Chr. vollzogen[79]. Somit spiegelt die Komplexität der herangezogenen Texte wohl die schwierige Situation in und um „Israels" Definition in (religions-)politischer Sicht zwischen der zweiten Hälfte des 2.Jh.s v.Chr. und dem 1.Jh n.Chr. (Gen 34 bis Esr/Neh).

D) Die These von der „kanonischen Differenzierung" der antisamaritanischen Polemik im *TNK* könnte neues Licht auf einige Streitfragen der Samaritanologen werfen. Hier möchte ich mich aber mangels Kompetenz nicht in die Sachdiskussion mischen. – Meine Auffassung von der „ökumenischsten" Defini-

---

77 Hier dürfte es auch eine Tradition seit dem vor-christlichen „Israel" geben.

78 Die auffällige Parallele von Esr 4,2 zu Gen 34,9f.21f. sei hier nur angemerkt.

79 Hier bin ich noch etwas skeptischer als *Kippenberg*. Allerdings kann ich mir auch schwer die Bedingungen für eine ekklesiologische „Einheit" von JUDA und ISRAEL im Sinne eines geistlichen „Israel" für die Zeit davor vorstellen, die nicht die Mythen der „Zwölf Stämme" oder des „Davidisch-Salomonischen Großreichs" bemüht. Cf. hierzu aber schon B.Diebner - H.Schult: „Thesen zu nachexilischen Entwürfen der frühen Geschichte Israels". DBAT 10 (1975), S.41-47. Deshalb arbeite ich im Blick auf diese „Einheit" mit einem *argumentum e silentio*. ME entstand das „Israel", das maßgebend die Konturen des TNK prägte, seit dem mesopotamischen „Exil" während des 6. und 5.Jh.s v.Chr., (und auch durch spätere Prägungen, zumal seit hellenistischer Zeit). Hier wären Kontakte zu den Nachkommen der nächstverwandten exilierten Samaritaner denkbar. Die Entfernung von der Heimat läßt Gemeinsamkeiten über Trennendes stellen. Nach diesem anthropologischen Muster könnte ich mir die Entstehung des Gedankens von dem *Einen Israel* der beiden YHWH verehrenden Völker ISRAEL und JUDA vorstellen; so erstmalig in DBAT 22 (1985; erschienen 1986), S.71(ff.) Anm.3.

Die antisamaritanische Polemik

tion „Israels" in der Torah gründet ua. auch in der Beobachtung, daß zwischen Samaritanischer und Jerusalemer Kultgemeinde konfessionell strittige Daten nicht explizit erwähnt, sondern bestenfalls camoufliert werden[80]. − Dies betrifft das „zentrale Heiligtum" (den *maqom*) wie Feste und Feiertage, Riten uam. So könnte auch die Definition der legitimen Jerusalemer (Hohe-) Priesterschaft auf die Zadokiden in den Propheten (seit 2Sam 8,17) den Streit um ein etwaiges zadokidisches Hohepriestertum am Garizim seit der Zeit Sanballats III. (letztes Drittel des 4.Jh.s v.Chr.) zugunsten *Kippenbergs* entscheiden[81].

Daß es bei einer Auswahl und Versammlung religiös-normativen Schrifttums um polemische Definitionen nach konfessionellen Kriterien geht, verwundert uns im allgemeinen nicht. Im Blick auf den *TNK* angewandt, mag uns dieses Modell befremden. Die hier referierte Annahme schließt aber nicht den „ursprünglich" erbaulichen Charakter von großen Teilen des versammelten Traditionsguts aus, macht auch nicht die Hoffnungen „Israels" und die von ihm tradierten „Verheißungen" gegenstandslos und schließt schon gar nicht aus, daß wir − durch manche Gräben von den angenommenen polemischen Situationen des vor-christlichen Judentums getrennt − in den Überlieferungen Gottes Wort als stärker denn menschlicher Parteienstreit entdecken. Doch auch diesbezüglich fällt mE vom *TNK* manch kritisches Licht auf unsere heutigen polemischen Definitionen. Zu den Besonderheiten und Merk-Würdigkeiten der *TNK*-Traditionen gehört, daß bei polemischen Schilderungen der im Streit Obsiegende die Walstatt oft mit schlechtem

---

80   Daraus darf natürlich keine (dazu noch: frühe) „israelitische" Religionsform (re-)konstruiert werden, wie dies von einigen Forschern (zumal der *Westermann*-Schule) unternommen wurde. Damit beschriebe man noch nicht einmal zutreffend den größtmöglichen gemeinsamen kulturellen Nenner der beiden Kultgemeinden.
81   Cf. hierzu H.G. Kippenberg: *Garizim und Synagoge. Traditionsgeschichtliche Untersuchungen zur samaritanischen Religion der aramäischen Periode*. RGVV 30. Berlin - New York 1971, bes. S.65f.; N.Schur: History of the Samaritans. BEATAJ 18. Frankfurt/M. 1989, S.36; M.Mor: „The Persian, Hellenistic and Hasmonean Period", in: A.D.Crown (Hrsg.): *The Samaritans*. Tübingen 1989, S.4ff.

Bernd Jørg Diebner

Gewissen verläßt. Das relativiert „das Recht des Siegers" und kann für uns Rezipienten ein Anstoß zum Umdenken sein.

5. Nachwort.

Nichts gibt Anlaß zu der Vermutung, daß die hier behandelten Polemiken „rassistisch" motiviert sein könnten[82]. Das erspürte „schlechte Gewissen" schließt eine derartige Annahme auch geradezu aus. Ich glaube, *das* verbindet die Rassisten jeglicher Couleur: sie haben im Blick auf ihr Denken, Schreiben und Handeln nie ein „schlechtes Gewissen". Tag für Tag ausgemergelte Gestalten sehen und sie auch noch schikanieren müssen, Tote mit dem Stiefel zur Seite schubsen: da kann einem schon einmal etwas mulmig bei werden. Aber in solchen Fällen gilt es, „anständig"[83] zu bleiben und dem mörderischen Rassismus bedingungslos, stiefelhart und ohne Knieerweichung zu dienen.

Vielleicht ließe sich dank dieses Kriteriums noch bei den Fensterzerschmeißern und Zündelmördern unterscheiden, wer „nicht eigentlich" dazugehört, sondern wodurch und durch wen auch immer motivierter Mitläufer ist: am schlechten Gewissen hernach. Das könnte der erste Schritt zur *contritio* sein...

---

82   Wieweit man dies im Blick auf hier nicht behandelte Polemiken gegen „Fremdvölker" im eigentlichen Sinne annehmen darf, wurde hier nicht betrachtet. Aber ich meine, daß eine Prüfung des Materials nicht zu einem „positiven" (wie bei klinischen Untersuchungen: auch hier das - qualitativ gesehen - „Negative"!) käme.

83   So die Ermunterung Heinrich Himmlers.

An Philemon

Eine Anmerkung zur Wirkungsgeschichte
Der Philemonbrief gehört durch seine Wirkungsgeschichte in die Reihe der biblischen Texte, die es sich zu untersuchen lohnt, wenn wir biblisch legitimierten Rassismus aufdecken wollen. Dies sei an einem Beispiel aus den USA gezeigt. Als im zweiten Drittel des 19.Jahrhunderts die Sklavenmission auf den Plantagen richtig in Gang kam, trafen zwei „Exegesen" der Schrift aufeinander: Die schwarzen Sklavinnen und Sklaven verbanden das „Heilige Buch" mit den Grundlagen ihrer afrikanischen Religion, aber auch mit ihren aktuellen sozialen und persönlichen Bedürfnissen. „Aus den biblischen Geschichten, Psalmen und Wundererzählungen schöpften sie die Überzeugung und die Zuversicht, daß für sie ein besseres Leben möglich sei – in dieser Welt und, mit noch stärkerer Gewißheit, in der danach."[1]
Dagegen versuchten Prediger wie der „berühmte" Presbyterianer Charles Colcock Jones, „... das Vertrauen der Sklavenhalter zu gewinnen, indem sie mit Nachdruck behaupteten, es wäre besser, den Sklaven durch das Evangelium als durch Drohung mit der Peitsche Gehorsam beizubringen. So wurde die Mission auf den Plantagen ... zum Werkzeug einer sozialen Kontrolle."[2] *Jones dürfte jenes Vertrauen um so leichter errungen haben, als er selbst Sklaven hielt, denen er wohl nicht nur mittels seines „Catechism for Colored Persons" den Gehor-*

---

1 G. S. Wilmore, Black Religion and Black Radicalism. An Interpretation of the Religious History of Afro-American People, 2. Auflage Maryknoll / New York 1983, S.7. (Übers.: Silvia Wagner).
2 Th. Witvliet, Befreiungstheologie in der Dritten Welt. Eine Einführung, Hamburg 1986, S.56.

*sam gegenüber ihrem Herren eintrichterte.*³ *Allerdings sprach er im „Zehnten Bericht der Gesellschaft zur religiösen Unterweisung der Neger" in Liberty-County, Georgia, auch von bezeichnender Opposition, die hier als Vorwort zu aktueller kritischer Exegese angeführt sei: „Ich predigte vor einer großen Gemeinde über den Brief an Philemon; und als ich Treue und Gehorsam als christliche Tugenden von Sklaven hervorhob und unter Berufung auf die Autorität des Paulus das Weglaufen verdammte, erhob sich absichtlich die Hälfte meiner Zuhörerschaft und ging miteinander weg; und die, die verblieben waren, blickten alles andere als zufrieden mit dem Prediger und seiner Lehre drein. Nachdem ich die Gemeinde entlassen hatte, herrschte kein geringer Aufruhr unter ihnen. Einige erklärten feierlich, daß es keinen solchen Brief in der Bibel gäbe; andere, daß dies nicht das Evangelium sei; wieder andere, daß ich predigte, um den Herren zu gefallen, und weitere, daß sie es vorzögen, mich nicht mehr predigen zu hören."*⁴

Silvia Wagner

---

3   Ein Auszug aus dem Katechismus und Nachweise finden sich ebd., S. 57 bzw. S. 77.
4. Zit. nach Wilmore, a.a.O., S.9. (Übers.: S. W.).

An Philemon

Der Text

1 Paulus, Gefangener des Messias Jesus,
und Timotheos, der Bruder,
an Philemon, den Geliebten und Mitarbeiter,
2 und an Apphia, die Schwester,
und an Archippos, unseren Mitstreiter,
und an die Ekklesia deines Hauses.
3 Gnade euch und Friede
von Gott unserem Vater und dem Herren Jesus Messias.
4 Ich danke meinem Gott allezeit,
wenn ich deiner in meinen Gebeten gedenke,
5 da ich höre deine Liebe und das Vertrauen,
das du zum Herren Jesus und auf alle Heiligen hin hast,
6 damit die Gemeinsamkeit deines Vertrauens wirksam wird
in Erkenntnis alles Guten, das in uns auf den Messias hin
 ist.
7 Denn viel Freude und Ermutigung hatte ich wegen deiner
 Liebe,
weil das Innerste der Heiligen sich beruhigt durch dich,
 Bruder.
8 Daher,
obwohl ich große Offenheit im Messias habe,
dir das Pflichtgemäße aufzutragen,
9 ermutige ich dich mehr wegen der Liebe,
da ich so beschaffen bin wie ein alter Paulus,
jetzt aber auch ein Gefangener des Messias Jesus,
ich ermutige dich um meines Kindes willen,
10 das ich in meiner Gefangenschaft gezeugt habe,
Onesimos, Nützlich,
11 der einmal dir unbrauchbar,
jetzt aber sowohl dir als auch mir brauchbar,
12 den ich dir wieder schicke,
ihn, der mein Innerstes ist.
13 Den wollte ich für mich selbst behalten,
damit er anstatt deiner Dienst tue in der Gefangenschaft der Guten
 Botschaft.
14 Ohne deine Meinung wollte ich nichts machen,
damit nicht dein Gutes wie unter Nötigung sei, sondern
 bereitwillig.
15 Denn vielleicht wurde er deswegen für eine Stunde getrennt,
daß du ihn als Lebenszeitlichen weghast,
16 nicht mehr wie einen Sklaven
sondern mehr als einen Sklaven:

einen geliebten Bruder
am meisten mir,
um wieviel mehr aber dir sowohl im Fleisch als auch im Herrn.
17 Wenn du nun mich als Genossen hast,
nimm ihn auf wie mich.
18 Wenn er dich irgendwie ungesetzlich beeinträchtigt hat
oder Schulden hat,
setz' es mir auf die Rechnung.
19 Ich, Paulus, schreibe mit meiner Hand:
Ich werde bezahlen.
Damit ich dir nicht sage,
daß du auch dich selbst noch dazu mir schuldest.
20 Ja, Bruder,
ich möchte von dir im Herren Nutzen haben.
Bring' mein Innerstes zur Ruhe im Messias.
21 Mich auf deine Hörerschaft verlassend, habe ich dir geschrieben,
in der Erkenntnis: Du wirst über das hinaus, was ich sage, was tun.
22 Zugleich aber bereite mir eine Bewirtung,
denn ich hoffe, daß ich euch durch eure Gebete geschenkt werde.
23 Es grüßt dich Epaphras,
mein Mitgefangener im Messias Jesus,
24 Markus, Aristarchos, Demas, Lukas,
meine Mitarbeiter.
25 Die Gnade des Herren Jesus Messias mit eurem Geist.

Die Sache, um die es in diesem kleinen Brief geht, ist folgende: Paulus ist inhaftiert. Eine der kleinen messianischen Gemeinden, hier wohl eine, die sich im Haus eines gewissen Philemon versammelte, hat Paulus eine materielle Unterstützung zukommen lassen. Der Überbringer oder unter den Überbringern war ein gewisser Onesimus, ein Sklave des Philemon. Während seines Aufenthalts bei Paulus wird er von Paulus für die messianische Sache gewonnen. Der schickt ihn zu seinem Herrn zurück mit der Empfehlung, den Sklaven hinfort als Bruder anzuerkennen. Gleichzeitig verpflichtet er sich, für einen eventuellen Schaden, der dem Philemon durch die Abwesenheit des Sklaven entstanden sein könnte, aufzukommen.

An Philemon

Der Brief, vor allem die Empfehlung des Paulus, erregt, gelinde gesagt, Ärger – bei uns. Wir sind erstaunt, daß derjenige, der in all seinen Briefen mehr als genug von Befreiung redet und dabei auch die Befreiung aus der Sklaverei Ägyptens im Sinn hat, Sklaverei als gegeben hinzunehmen und sie nur mit einer Ermahnung zur Brüderlichkeit lindern zu wollen scheint. Auch die gängigen Auslegungen ergeben kaum ein anderes Bild. Im Grunde ist der Brief als völlig belanglos anzusehen.

Nun habe ich von meinem Lehrer Kleijs H. Kroon gelernt, daß dieses Bild von Paulus in dieser Frage völlig verkehrt ist. Er schreibt: „Die radikal soziale Art, in der Paulus ... in den messianischen Gemeinschaften Sklaven zu alltäglichen Brüdern ihrer Herren und Meister (den freien Bürgern) erklärte, kann man denn auch eher in nuce revolutionär als evolutionär oder reformistisch nennen."[5] Er meint weiter, daß „ein Durchbrechen dieser Grenzen zwischen Juden und Griechen eine der gefährlichsten Bedrohungen des gesellschaftlichen Status quo bedeutete, die damals von den Herrschenden noch mehr gefürchtet wurde als in unserer Zeit eine Sozialisierung der wichtigsten Produktionsmittel" (ebd.).

Diese Behauptungen scheinen allem zu widersprechen, was wir aus den Briefen des Paulus zur Sklavenfrage erfahren. Für mich waren und sind diese Thesen Kroons Anreiz, paulinische Texte gegen den Strich zu lesen, also auch solch einen Text wie den Philemonbrief als befreiend und wegweisend für unsere Praxis zumindest zu hören. Das soll im folgenden geschehen. Bevor wir jedoch das tun, muß zuerst noch etwas über die damalige Institution der Sklaverei gesagt werden. Das kann hier nur äußerst knapp und skizzenhaft geschehen. Wir konzentrieren uns dabei ganz auf die Zeit, in der Paulus lebte.

Sklaven und Herren

Grundsätzlich gilt: Ein Sklave ist Eigentum eines anderen, fast also Sache wie jedes andere mobile oder immobile Besitztum

---

5. TuK Nr. 5/79, S.22.

Gerhard Jankowski

auch; er hat den Rechtsstand eines Unfreien und nur ganz begrenzte Sonderrechte.

So einfach eine solche Definition des Sklaveseins sich anhört, so kompliziert ist der Status der Sklaven innerhalb der Gesellschaft. Sklaven werden zu Arbeiten in den Bergwerken, in den großen Agrarbetrieben und in den Manufakturen eingesetzt; Sklaven arbeiten aber auch als Wirtschafter, Sekretäre und Erzieher in den Häusern der reichen städtischen Familien, und eine nicht geringe Zahl von ihnen wiederum sind in den Palästen der herrschenden Eliten oder in den Machtzentralen des Imperiums eingesetzt. Rechtlich haben alle diese Sklaven denselben Status, aber die sozialen und wirtschaftlichen Unterschiede zwischen den verschiedenen Gruppen sind enorm. Die Bergwerkssklaven haben den sicheren Tod vor Augen; die Haussklaven können damit rechnen, irgendwann freigelassen zu werden, und die Luxussklaven haben den Zeitpunkt ihrer Freilassung z.T. selbst bestimmen können. Gerade die Haussklaven haben einen höheren sozialen Status als die freien Tagelöhner. Denn sie sind sozial bestens abgesichert, während die freien Arbeiter immer am Existenzminimum leben. Sie sind es, die damals *ptoochoi*, Bettler, genannt wurden. Die Haussklaven dagegen erhalten zum Wirtschaften und zur Verwaltung, manchmal auch zur freien Verfügung Geld oder anderen Besitz zugesprochen, das sogenannte peculium. Damit haben sie die Möglichkeit, auch für sich selbst Besitz zu erwirtschaften und damit wiederum ihren Freikauf zu ermöglichen. Manche von denen, die sich freikauften oder freigelassen wurden, waren wohlhabende und einflußreiche Leute, und nicht wenige von ihnen oder ihre direkten Nachkommen haben die römische Ämterlaufbahn durchlaufen.

Wir können davon ausgehen, daß die Sklaven, von denen in den paulinischen Briefen die Rede ist, ausnahmslos zu den Haussklaven gehört haben. Von daher mag der Rat des Paulus an die Sklaven, in ihrem Status zu bleiben, sogar vernünftig erscheinen. Denn so blieben sie zumindest sozial abgesichert.

An Philemon

Nun sollte man auf keinen Fall von der Stellung der Haussklaven her das ganze Sklaventum schon fast verklärend betrachten. Die römisch-hellenistische Gesellschaft war eine Sklavenhaltergesellschaft. Das Heer der praktisch zum Tode verurteilten Bergwerkssklaven war wesentlich größer als die Zahl der Haussklaven in den Städten. Sie alle aber wurden gebraucht, weil mit dem Aufstieg Roms zur Weltmacht die besitzenden und herrschenden Schichten es nicht nötig hatten zu arbeiten, sondern eben arbeiten ließen. Auch wenn sie dabei mit dem Sklavenmaterial z.T. sehr pfleglich umgingen, weil sie es ja brauchten, war und blieb die Sklaverei eine menschenverachtende Einrichtung.

Die Masse der Sklaven wurde in den römischen Eroberungskriegen gemacht. Nicht nur die Kriegsgefangenen, sondern die Bevölkerung ganzer Gegenden, vor allem im Osten des Imperiums, wurden versklavt und in das italienische Mutterland verbracht. Dabei wurde keine Rücksicht auf familiäre Bindungen genommen. Später jedoch, als die Eroberungskriege eingestellt wurden, waren die Familien der Sklaven wieder von Interesse: Es wurde die Aufzucht von Sklaven propagiert und angeordnet, da diese Aufzucht billiger war als der Erwerb von erwachsenen Sklaven.

Sklaven waren allein schon durch die Namen, die man ihnen gab, gekennzeichnet. Jeder männliche Sklave, ob jung oder alt, wurde Junge, pais, genannt. Er war und blieb eben immer der Boy. Man gab Sklaven Namen nach ihrer Hautfarbe wie Niger, Schwarzer. Andere Namen sollten einen Sklaven charakterisieren oder wohl auch diffamieren. Onesimus, Nützlich, ist ein solch typischer Sklavenname. Wurden aus Sklaven Freigelassene, so behielten sie meistens ihren Sklavennamen als Kognomen bei.

Daß man sehr wohl von einer Sklavenhaltergesellschaft sprechen kann und muß, ergibt sich allein schon aus dem Zahlenverhältnis zwischen Freien und Sklaven. Dieses Verhältnis betrug eins zu zwanzig, es kamen also auf einen freien Bürger zwanzig Sklaven. In den großen Städten und in ihrer Nähe muß es geradezu von Sklaven gewimmelt haben, während im Osten des Imperiums die ländlichen Gegenden immer mehr entvölkert wurden. Dem gewiß unverdächtigen Theodor Mommsen ist zuzustimmen, wenn er in seiner Römischen Geschichte sagt: „... Überall, wo das Kapitalistenregiment im Sklavenstaat sich vollständig entwickelte, hat es Gottes schöne Welt in gleicher Weise vernichtet."[6]

Es ist daher kein Wunder, daß das Volk, zu dessen wichtigsten Glaubens- und Hoffnungssätzen die Erfahrung von Befreiung aus dem Sklavenhaus Ägypten gehörte, die römisch-hellenistische Gesellschaft als große Wiederholung dieses Sklavenhauses erlebte. Und daß die Herrschenden nicht bereit waren, das Sklavenhaus aufzugeben, anderseits aber sehr wohl wußten, welche Gefahr ihnen jederzeit von den Sklaven drohte, war an der drakonischen Todesstrafe für entlaufene Sklaven und Rebellen zu erkennen. Die wurden gekreuzigt, was abschreckende Wirkung haben sollte.

Hoffnung für eine befreite Menschheit

Nun gab es innerhalb des Volkes Israel eine kleine Gruppe, die behauptete, daß einer von ihnen, der von den Herrschenden gekreuzigt worden war, mit seinem Tod die Versöhnung zwischen dem Volk Israel und den anderen Völkern, zwischen den verfeindeten und versklavten Völkern vollzogen habe. Diese Behauptung, die im Grunde eine unmögliche Hoffnung beinhaltete, wurde nicht nur propagiert, sie wurde praktiziert in den messianischen Gemeinden. Hier lebten Juden und Nichtjuden zusammen. Sie hielten fest an den Hoffnungen Israels auf Befreiung und Erlösung aus dem großen Sklavenhaus. Durch das Zusammenleben zeigten sie, daß die durch den gekreuzigten Messias vollzogene Versöhnung keine leblose Idee war. Sie verkörperten geradezu diese Versöhnung, ließen sie leibhaftig werden. Keimzellen einer befreiten Menschheit kann man in ihnen sehen.

---

6. Zitiert nach der dtv-Ausgabe Bd. 5, S. 197.

An Philemon

Versöhnung bedeutete nun nicht Harmonisierung der Gegensätze. Juden blieben in den messianischen Gemeinden Juden, Nichtjuden Nichtjuden, Sklaven Sklaven. Aber alle waren jetzt Söhne (und Töchter) Abrahams und so untereinander Brüder (und Schwestern). Alle nahmen sie die Verheißungen an Israel und die damit verbundenen Hoffnungen auf. Sie versuchten auch, nach der Weisung zu leben, die Israel gegeben war. Paulus war der Meinung, daß auch die Nichtjuden in der messianischen Gemeinde die befreiende Weisung, die Thora, zu beachten hatten, gerade auch in den ganz praktischen Fragen des Zusammenlebens. Eine dieser Fragen war die Sklaverei. Wie war mit Sklaven in der messianischen Gemeinde umzugehen? Darauf versucht Paulus im Brief an Philemon eine Antwort zu geben.

Der Sklave Onesimus

Warum wird die Sklaverei im ganz konkreten Fall des Sklaven Onesimus zum Problem? Da ist zunächst dessen Besitzer, Philemon. Er gehört zu einer messianischen Gemeinde, die sich in seinem Haus trifft. Philemon ist, wenn auch nicht reich, so doch wohlhabend. Er hat Paulus materiell unterstützt und, wie der schreibt, auch „das Innerste der Heiligen aufatmen lassen" (7); d. h., daß durch ihn auch andere, die zu den Heiligen – das ist bei Paulus immer eine Umschreibung für die Zugehörigkeit zu Israel – gehören, Hilfe erfahren haben. Philemon ist wohl kein Jude. Wahrscheinlich ist er aber einer der vielen seiner Schicht, die Kontakte zum Judentum hatten, mit ihm sympathisierten und den Status eines Gottesfürchtigen (*sebomenos*) erhalten hatten. Der ermöglichte es ihm, z.B. auch an den Gottesdiensten der Synagoge teilnehmen zu können. Er hat sich dann der messianischen Gemeinde in seiner Stadt angeschlossen. In dieser Gemeinschaft konnte er ohne Vorbedingungen an den Verheißungen Israels partizipieren, ohne Jude werden zu müssen.

Ihm gehört der Sklave, dem er oder andere den Namen Nützlich, Onesimus, gegeben haben. Im Haus des Philemon scheint er auch als Sklave keine besondere Stellung gehabt zu haben.

Gerhard Jankowski

Die spätere Subskriptio unter den Brief nennt ihn einen oiketos, einen Haussklaven. Mit einem Wortspiel um seinen Sklavennamen deutet Paulus an, daß er im Haus des Philemon mehr oder weniger unbrauchbar war, einer der Haussklaven ohne besondere Aufgabe eben. Der wird nun von Philemon zu Paulus geschickt, um sich bei dem wenigstens als „nützlich" zu zeigen, indem er ihn versorgt, zumal sich Paulus als alt und somit wohl als hilfsbedürftig zu erkennen gibt (9–11). Hier nimmt er noch einmal das Wortspiel um den Namen auf: „er ist jetzt sowohl mir als dir brauchbar".

Seit eh und je gilt nun, daß dieser Sklave dem Philemon entflohen ist und bei Paulus Zuflucht gefunden hat, der ihn zum Christentum bekehrt und dann zu seinem Herrn zurückschickt. Nirgendwo ist jedoch auch nur andeutungsweise von einer Flucht die Rede. Die ist eine abenteuerliche Spekulation. Denn es ist kaum vorstellbar, daß ein entflohener Sklave, dem ja die Kreuzigungsstrafe droht, sich ausgerechnet dorthin „rettet", wo er mit Sicherheit gefaßt wird: Paulus ist ja inhaftiert in einem römischen Gefängnis oder Verwaltungsgebäude, in dem römische Beamte ein- und ausgehen. So dumm kann auch Onesimus nicht gewesen sein, daß er ausgerechnet an einen solchen Ort flieht. Gehen wir also davon aus, daß Onesimus mit einem Auftrag seines Herrn zu Paulus geschickt worden war.

Nun passiert etwas mit diesem Onesimus während seines Dienstes bei Paulus. Wir hören, daß er von Paulus als dessen Kind „gezeugt" wurde. Mit diesem Ausdruck gibt Paulus zu erkennen, daß er, der Rabbi, der Lehrer, den Onesimus zu seinem Schüler annimmt. „Die Weisen sagen: Wenn einer den Sohn eines anderen Thora lehrt, so rechnet es ihm die Schrift so an, als ob er ihn gezeugt hätte."[7] Der Sklave Onesimus ein messianischer Schüler des messianischen Lehrers Paulus also. Was ändert sich für den? Zunächst einmal nichts. Er bleibt weiter Skla-

---

7. San 19b, zitiert nach H.L.Strack-P.Billerbeck, Kommentar zum Neuen Testament aus Talmud und Midrasch, Bd. III [6]1975, hg.v. J.Jeremias u.a., S. 339.

An Philemon

ve – und Paulus bezeichnet ihn ausdrücklich als solchen (16, zweimal *doulos*). Aber er ist jetzt auch Bruder, d. h. einer der Söhne Israels, wie auch sein Herr Philemon Bruder ist. Und da ändert sich nun etwas erheblich.

... damit du ihn weghast

Paulus schickt den Onesimus zu Philemon zurück. Mit einer Ermutigung. Diese Ermutigung nun greift auf das zurück, was in der Thora über Sklaven und den Umgang mit ihnen gesagt ist.

Auch das aus der Sklaverei befreite Volk kannte die Sklaverei, weil eben Israel kein besonderes Volk, sondern ein ganz normales Volk wie die anderen Völker auch war. Aber ihm war in der Thora gesagt, wie mit Sklaven zu verfahren war. Zunächst einmal wurde unterschieden zwischen hebräischen und kanaanitischen Sklaven. Hebräische Sklaven, das sind Juden, die sich aus Not heraus anderen Juden für eine Zeit verkaufen; sie sind meistens also Schuldsklaven. Diese Sklaven sind grundsätzlich nach sechs Jahren freizulassen, es sei denn, sie erklären sich bereit, weiter freiwillig und lebenslang zu dienen.

Die kanaanitischen Sklaven sind immer Nichtjuden. Sie können wie Besitz erworben und behandelt werden. Hier kommen sich die halachischen Bestimmungen und das römische Recht sehr nahe, aber es wird auch deutlich, daß sich jüdische Sklavenbesitzer verhältnismäßig human gegenüber ihren Sklaven verhielten, denn auch dafür gab es eindeutige Vorschriften der Thora.

Auf einige Gebote der Thora bezieht sich Paulus in seinen Ermutigungen an Philemon. Und er sagt das auch, wenn er schreibt: „... mit viel Freimut im Messias, dir das Pflichtgemäße aufzutragen" (8). Das Pflichtgemäße, to aneekon, ist die unbedingte Einhaltung des in der Thora Gebotenen. Was bedeutet das für Philemon (und für Onesimus)? Da Philemon von Paulus hört, daß Onesimus wie er Bruder ist, also wie er zu Israel gehört, müßte er jetzt den Onesimus als hebräischen Sklaven behandeln. Er hätte ihn nach sechs Jahren freizulassen. Denn es heißt in Ex 21,2:

Wenn du einen hebräischen Sklaven erwirbst,
sechs Jahre soll er dir dienen,
aber im siebenten Jahr geht er in die Freilassung, umsonst.

Dazu sagt die Mischna im Traktat Kidduschin 1,2:

Ein hebräischer Sklave ... erwirbt sich selbst durch die Jahre, durch das Jobeljahr und durch Verminderung des Kaufgeldes ... Der (am Ohr) durchstochene (Sklave) erwirbt sich selbst durch das Jobeljahr und durch den Tod des Herrn.

Ich zitiere diesen Passus aus der Mischnah, weil m. E. Paulus genau auf diesen Fall in seiner Ermutigung eingeht. Die Mischna legt Ex 21, 5–6 aus. Dort heißt es:

Spricht aber der Sklave:
Ich liebe meinen Herrn ..., ich will nicht in die Freilassung
 gehen,
dann lasse ihn sein Herr vor das Gottesgericht treten,
und lasse ihn dann treten an die Tür oder den Pfosten,
da durchbohre sein Herr ihm das Ohr mit dem Pfriem,
und nun diene er ihm auf Lebenszeit.

Gemeint ist, daß ein hebräischer Sklave freiwillig auf Lebenszeit in ein abhängiges Dienstverhältnis treten kann, was sicher auch eine dauernde soziale Absicherung bedeutete. Aber selbst dieses lebenszeitliche Dienstverhältnis endet der Mischnah zufolge mit dem Jobeljahr, auf jeden Fall aber mit dem Tod des Herrn.

Wir folgern: Im Grunde hätte Philemon den Onesimus als hebräischen Sklaven zu behandeln. Das wäre seine Pflicht gemäß der Thora, die auch im Messias, also in der messianischen Gemeinde, gilt. Die Folge wäre ziemlich automatisch die Freilassung. Diese Pflicht aber möchte der Paulus dem Philemon nicht aufdrängen. Wegen der Liebe – auch das ist bei Paulus fast immer abgekürzte Rede für den Umgang miteinander in der messianischen Gemeinde, der unter dem Gebot der Nächstenliebe stand –, wegen der Liebe also ermutigt er den Philemon zur frei- und bereitwilligen Beachtung des Gebotenen. Das ist durchaus überlegt gedacht und gesagt. Wäre Philemon Jude gewesen, träfe für ihn das Pflichtgemäße zu, und das ohne Wenn und Aber. Als Nichtjude aber wird er eingeladen, das in

An Philemon

der Thora Gebotene zu befolgen. Dazu sollte es ihm wenigstens ansatzweise erklärt werden. Und genau das versucht Paulus. Er schreibt:

> Ohne Deine Meinung wollte ich nichts machen,
> damit nicht dein Gutes wie unter Nötigung sei, sondern bereitwillig.
> Denn vielleicht wurde er deswegen für eine Stunde getrennt,
> daß du ihn als Lebenszeitlichen weghast,
> nicht mehr wie einen Sklaven,
> sondern mehr als einen Sklaven:
> einen geliebten Bruder ... (14–16)

Daß du ihn als Lebenszeitlichen weghast, hinna aioonion auton apecheeis, das ist keine Formulierung aus sprachlichem Unvermögen, das weist sehr präzise auf das Gebot des freiwilligen lebenszeitlichen Dienstes aus Ex 21, 5–6 hin. Philemon wird den Onesimus danach lebenszeitlich haben, auf immer, aber er wird ihn auch weghaben, er wird ihn nicht mehr wie einen Sklaven haben. Und genau das sagt denn auch Paulus im nächsten Satz. Mit dem Verb weghaben kann man das Ganze gar nicht besser auslegen. Aber es fehlt ja noch die Begründung. Die ist nun einfach. Onesimus ist eben mehr als ein Sklave, er ist ein geliebter Bruder, einer aus Israel, und deswegen nicht auf Dauer zu versklaven. Und daß er nun ein Bruder aus Israel ist, das deutet Paulus durch die Formulierung an: im Fleisch wie auch im Herrn. Fleisch ist wieder abgekürzte Redeweise; es steht für die wirkliche Einheit zwischen Juden und Nichtjuden in der messianischen Ekklesia, die der Anfang eines erweiterten Israel ist. Ganz und gar ist Onesimus also ein Bruder aus Israel, wie ja Philemon auch.

Paulus ermutigt also den Philemon, mit dem Sklaven Onesimus nach den Geboten der Thora umzugehen. Wenn er wieder bei ihm ist, soll er ihn als hebräischen Sklaven anerkennen – mit den daraus folgenden Konsequenzen.

Paulus hätte seinen neuen Schüler liebend gerne bei sich behalten. Auch dafür hätte er gute Gründe aus der Thora gehabt. Denn in Dtn 23, 16f. heißt es:

> Einen Sklaven, der sich von seinem Herrn zu dir weg rettet, sollst du nicht seinem Herrn überliefern,

> bei dir sitze er, in deinem Innern, an dem Ort, den er wählt,
> in einem deiner Tore, wo ihm gut dünkt.

Es mag sein, daß fast alle Ausleger von dieser Stelle her eine Flucht des Onesimus zu Paulus konstruieren. Die Weisen Israels haben dieses Gebot jedoch anders ausgelegt. Für sie war der „Sklave", der sich da rettet, einer, der fremden Göttern versklavt war und hin zum lebendigen Gott Israels sich rettet.[8] Genau so einer ist ja Onesimus, ein Nichtjude, der Schüler des Paulus geworden ist und lernen will vom lebendigen Gott Israels. Und das kann er auch in der Ekklesia zusammen mit Philemon.

Der wird nun in Schwierigkeiten gekommen sein. Denn praktisch bedeutet die Ermutigung des Paulus, sich gegen geltendes römisches Recht zu stellen, und faktisch war die Ermutigung nichts anderes als eine Aufforderung zur Freilassung des Sklaven. Dennoch: Auch Paulus hält sich zunächst noch an das römische Recht. Da ist seine Verpflichtung, eventuelle Schulden oder unrechtmäßige Beeinträchtigungen, die durch die vielleicht längere Abwesenheit dem Philemon entstanden sind, zu übernehmen (18–19). Hier geht es wohl um das peculium, diesen Verfügungsfonds, der dem Onesimus mitgegeben worden war. Der war abzurechnen, weil Onesimus den bekommen hatte, als er noch nach römischem Recht Sklave des Philemon war. Paulus bleibt da sehr korrekt.

Folgen

Und Philemon? Wir wissen nicht, ob er die Ermutigung des Paulus angenommen und dann auch befolgt hat. Paulus verläßt sich jedenfalls darauf, daß der andere die Ermutigung nicht nur hört, sondern sie auch tut (21). Vielleicht hat er ihr ja entsprochen und den Onesimus „lebenszeitlich weggehabt als geliebten Bruder". Vielleicht hat der sich nicht nur nützlich gemacht beim herrlichen Mahl, das so zentral war für die messianische Gemeinde, sondern auch wirklich am Tisch gesessen neben seinem Bruder Philemon. Vielleicht ist er tatsächlich spä-

---

8. So z. B. in einer Baraita zu Gittin 45 a.

An Philemon

ter Bischof geworden, wie es die fromme Legende weiß. Nehmen wir das alles einmal an. Nehmen wir auch an, daß es noch andere Philemons in den verschiedenen Gemeinden gab, die ihre Nützlichen nach den Geboten der Thora annahmen und sich so mit den Sklaven versöhnten. Nehmen wir also an, daß in der Sklavenfrage exakt nach der Ermutigung des Paulus vorgegangen wurde, weil man noch auf die Thora hörte und sie befolgte, auch wenn man kein Jude war. Wenn so verfahren wurde in der messianischen Ekklesia, dann war das in der Tat „in nuce revolutionär" und konnte die Sklavenhaltergesellschaft zumindest gefährlich aushöhlen. Aber es waren sicher sehr wenige, die so verfuhren, zumal die Sklavenfrage damals gar keine Frage war, zumindest nicht für Nichtjuden. Und als sich dann Ekklesia und Synagoge trennten, da galt die Thora in der Ekklesia nichts mehr, und aus der geschwisterlichen Liebe untereinander mit radikalen Konsequenzen wurde dann in der Tat so etwas wie ein Liebespatriarchalismus. Und die Sklaverei blieb und wurde gerechtfertigt, auch und gerade theologisch. Nicht nur bis zur Abschaffung der Sklaverei in den USA, sondern auf subtilere Art bis heute, wo ganze Völker versklavt sind.

In der dritten Auflage der RGG lese ich im Artikel „Philemonbrief": „Der Brief, der indirekt auch die Stellungnahme des Paulus zur Sklavenfrage bekundet, ist vor allem ein Zeugnis für den Menschen Paulus. Es ist ein überaus liebenswürdiges Billett, nicht ohne Humor und Brüderlichkeit für den Sklaven ..." Das ist mehr als zynisch. Damit ist nun nicht einmal mehr reformistische Politik zu machen. Messianische Praxis wird so zur Karikatur. Es täte der heutigen Gemeinde gut, wenn es in ihr wieder gute Hörer der Thora und der befreienden Botschaft des Messias gäbe, auf die Verlaß ist, daß sie auch das Notwendige tun.

Ich bin gesandt nur zu den verlorenen Schafen des Hauses Israel · Matthäus 15,24

I

Die Auslegung der Perikope Mt 15,21–28 kann natürlich unter verschiedenen Gesichtspunkten angegangen werden. Im Rahmen der Frage nach dem Verhältnis von Bibel und Rassismus/ Nationalismus möchte ich versuchen, auf eine Konzeption des Verhältnisses von Israel und den Völkern/Heiden (Gojim) aufmerksam zu machen, die in diesem Text erkennbar wird.

Dabei werden die Zerstückelungsmethoden der historisch-kritischen Methode (mit-)angewandt, da m.E. der Text nur dann seine spezifische Prägung in dieser Hinsicht enthüllt, wenn er sowohl im synoptischen Vergleich (mit Mk 7,24–31) als auch im Bezug zu anderen NT-Stellen mit einer ähnlich gelagerten Thematik (etwa Mt 10,5–15 par) und vor allem in seiner Zitation der hebräischen Bibel gehört und gelesen wird.

Die ersten Hinweise auf die Absicht der Tradition, aus der der Matthäus-Text stammt, ergeben sich bei einer Gegenüberstellung mit der entsprechenden Markus-Fassung der Geschichte. Die Markus-Version ist dabei als kürzere sowohl um die hier entscheidenden Stichpunkte als auch um eine wichtige Pointe der Matthäus-Version gebracht, sie erscheint als glättende Nacherzählung einer eigentlich unverstandenen Geschichte, der es nur noch um den Glauben der Frau und um das Mirakel der Heilung geht. Historisch ist kaum vorstellbar, daß diese abstrakte Markus-Fassung früher umlief und von irgendwelchen HörerInnen um das Thema Israel und die „Heidenvölker" angereichert wurde. Wahrscheinlicher ist da schon der umgekehrte Weg, daß eine Gemeinde, die für das Thema „Israel und die Heidenvölker" weder Ohren noch Interesse hatte, einfach wegließ, was sie nicht verstand und was ihr deshalb nur noch als unnötige Härte und Widerborstigkeit des Herrn erschien.

Martin Kick

Überlieferungsgeschichtlich erstaunlich ist an diesem Prozeß eigentlich nur, daß sich die frühere Variante bei Matthäus hat halten können, obwohl der darin vorgeschlagene Weg des Verhältnisses von Synagoge und Kirche sich nicht durchsetzte und die Gruppen, die solche Visionen entworfen hatten, wohl ziemlich rasch an Bedeutung verloren.

II

Der synoptische Vergleich Matthäus/Markus verweist zunächst auf das bei Markus fehlende Stichwort „Kanaan". Eine „kanaanäische Frau" ist im Kontext der hebräischen Bibel (in der im Gegensatz zum Neuen Testament das Stichwort „Kanaan" geläufig ist) immer zu sehen innerhalb einer langen Tradition der Auseinandersetzung Israels mit kanaanäischem Kult und Religion, die sich aus dem Kontakt mit den vor den Stämmen Israels im Land Kanaan lebenden EinwohnerInnen ergaben. Zur Geschichte der kanaanäischen Bevölkerung schreibt das „Jüdische Lexikon" Bd. III, Sp 576f: „... wurden sie von den israelischen Stämmen allmählich teils ausgerottet, teils absorbiert; die anbefohlene gänzliche Ausrottung wurde nie ausgeführt. Durch David wurde ihre Macht für immer gebrochen; seit Salomo verschwinden sie aus der Geschichte. Nur im Norden des Landes, in Galiläa, blieben sie in größeren Massen erhalten und bildeten einen Bestandteil der später dort wohnenden Samaritaner."

„KanaanäerInnen" stehen in der hebräischen Bibel für die die Treue Israels zu JHWH stets gefährdende „heidnische Gefahr" und ihre Erwähnung wird auch in Mt 15,22 nur vor diesem Hintergrund sinnvoll. Denn daß Jesus eine leibhaftige „kanaanäische Frau" entgegentrat, ist historisch ausgeschlossen.

Zum zweiten schwingt im Stichwort „Kanaan" aber neben der Gefährdung Israels auch die Verheißung mit, die JHWH mit der Besiedlung des Landes gab. In Dtn 11,12 wird Kanaan als das Land bezeichnet, „auf das der Herr, dein Gott, achtat" das ganze Jahr über und das wegen der Liebe JHWHs zum Land immer fruchtbar ist.

Matthäus 15, 24

Die Verheißung des Landes erinnert dabei immer an das Angewiesensein Israels auf JHWH, denn das Land gehört JHWH, und die Israeliten sind nur „Fremdlinge und Beisassen" bei ihm (Lev 25,23).

Das alles zusammen heißt: Mit der historisch undenkbaren (das heißt: nur „sachlich" begründbaren) Erwähnung der kanaanäischen Frau weist der Text diejenigen, die Ohren haben, zu hören, daraufhin, worum es im folgenden geht: Um die Verheißungen JHWHs, um die Gefährdung und Treue Israels und um das Leben im Land. Wenn Markus dieses Stichwort zur syrophönizischen Frau „korrigiert", wird gleich zu Beginn zumindest eine wichtige Ebene der Geschichte ausgeblendet.

Der zweite deutliche Unterschied zwischen Matthäus und Markus findet sich in der ersten Antwort Jesu an die Frau: „Ich bin nur gesandt zu den verlorenen Schafen des Hauses Israel". Lohmeyer (Das Evangelium des Matthäus) verweist darauf, daß die Formel „Ich bin nicht gesandt" Jesus in die Reihe der Propheten stellt (vgl. Mt 23,27). Die „verlorenen Schafe des Hauses Israel" verweisen auf Ez 34, wo es um das Versagen der Führer Israels geht, die den Schwachen nicht zu ihrem Recht verhelfen (wollen oder können).

Den hirtenlosen Schafen, die hilflos umherirren, wird Gott nach Ez 34 einen eschatologischen Hirten erwecken, „der sie weiden soll, nämlich meinen Knecht David" (Ez 34,23). Gott selbst will so zu einer Wiederherstellung aller Dinge und dem Ende von Gewalt und Unrecht beitragen, welche die Schafe erdulden müssen:

> „Ich will das Verlorene wieder suchen und das Verirrte zurückbringen und das Verwundete verbinden und das Schwache stärken ..."
> (Ez 34,16)

Daß bei Matthäus tatsächlich das Thema der eschatologischen Verheißungen Gottes und des verheißenen „Hirten" angesprochen ist, zeigt sich schon in der ersten Anrede der Frau, die Jesus als „Sohn Davids" anspricht (vgl. Ez 34,23). das heißt: Die ur-heidnische Frau lebt näher an den prophetisch-eschatologischen Traditionen, die dem Matthäus-Text wichtig sind, als die

Martin Kick

Überlieferer des Markus-Textes, die konsequent alles wegließen, was sie nicht (mehr) verstanden.

Der Hintergrund der Matthäus-Tradition wird so gerade am Unterschied zum Markus-Text deutlich: Die Gruppe, in der Mt 15,21-28 verstanden werden konnte, sah Jesus als den in Ez 34 verheißenen prophetisch-eschatologischen Hirten, der gekommen ist, weil die anderen Hirten Israels versagt haben, und dessen Aufgabe es jetzt ist, „die verlorenen Schafe des Hauses Israel" zu retten. Will diese Gruppe ihre eschatologische Hoffnung nicht preisgeben, muß sie sich an die Tradition halten und gerät damit in einen konkret-praktischen Widerspruch: Wenn nämlich Mitglieder zu ihr stoßen, an die zunächst nicht gedacht war, wenn also „Kanaan" an die Tür der Synagoge klopft, und alle Erfahrung lehrt, daß das der Anfang vom Ende der Treue Israels war und deshalb die eschatologische Erfüllung gefährdet, um die es gerade geht.

Zur Präzisierung der Vorstellungen dieser Gruppe ist es sinnvoll, sich die zweite Stelle im NT anzusehen, die das Stichwort von den „verlorenen Schafen Israels" kennt, die Jüngeraussendung Mt 10,5-15 par. Wieder ist zunächst auffällig, daß die Parallelen bei Mk 6,7-13/Lk 9,1-6 dieses Stichwort weglassen, den Israel-Aspekt also ausblenden.

Mt 10,5-15 zeichnet das Bild einer akopalyptischen Gemeinde in Israel, die weiß, daß das Himmelreich nahe herbeigekommen ist und die daraus den Schluß gezogen hat, ihr Leben völlig umzukrempeln. Grundregel des neuen Lebens ist: „Umsonst habt ihr es empfangen, umsonst gebt ihr es her" (V. 8). Besitzlosigkeit, Heilsverheißung bei gleichzeitiger scharfer Gerichtsandrohung gegen die Verstockten und ein ständiges Leben auf der Flucht etwa das also, was Theißen (Soziologie der Jesusbewegung) als „Wanderradikalismus" beschreibt.

Wobei – und das erscheint mir wichtig – dieser Radikalismus keine gnostische Abkehr vom „Leib" nach sich zieht, sondern sehr realistisch und pragmatisch bleibt: Für die materielle Reproduktion der Umherschweifenden haben die festsitzenden Gemeindeglieder zu sorgen, denn „der Arbeiter ist seiner Speise wert". Genau diese pragmatisch-eschatologische (kurz: apokalyptische) Haltung findet sich auch bei Mt 15,21–28.

Vor diesem Hintergrund wird nun die Komposition des Gespräches verständlich: Eine „heidnische" Frau, die der prophetisch-eschatologischen Gemeinde „ideologisch" nahesteht, kommt zu Jesus, und es stellt sich die „Bündnisfrage", die nun gelöst werden soll,

a) ohne die Tradition zu verraten und

b) ohne durch dogmatische Starrköpfigkeit den „Glauben" der Frau abzuwerten und die Frau auszuschließen.

So gesehen, ist die Szene präzise und mit äußerster ökonomischer Sorgfalt komponiert. Kein Wort zuviel und keines zuwenig. Der Fortschritt (für die Frau, deren Tochter geheilt wird, wie für Jesus, dessen Treue vor unpragmatischer Verhärtung bewahrt bleibt) ergibt sich ausschließlich daraus, daß keineR von beiden vorschnell nachgibt.

Der Dialog der Tradition mit der Realität wird von der Realität angestoßen; es ist die Frau, die Jesus bedrängt, und nicht Jesus, der der Frau „missionarisch" auf die Sprünge helfen will.

Und die Frau weiß, daß Jesus ihr nur helfen kann, wenn er tut, was er zu tun hat: Nämlich die verlorenen Schafe Israels zu weiden. Hier kommt es zu keinerlei Enterbungslehre, sondern die Frau bestätigt den Auftrag Jesu, wenn sie nach der zunächst abweisend klingenden Antwort Jesu (die aber in Wirklichkeit und für ihre Ohren deutlich nur eine Bescheibung seiner Aufgabe ist) vor ihm auf die Knie fällt und so zu erkennen gibt, daß sie weiß, daß er gerade deshalb ihr helfen kann, weil er zu den verlorenen Schafen des Hauses Israels geschickt ist. Nur wenn er diese Aufgabe erfüllt, macht es einen Sinn, ihn zu bitten: „Herr, hilf mir!", denn an der Erfüllung dieser Aufgabe ist der gute Hirte ja gerade zu erkennen.

Auch im weiteren Verlauf des Dialogs erweisen sich Jesus und die Frau als ungemein genaue ZuhörerInnen, die gemeinsam um eine Lösung ringen.

Martin Kick

„Hunde" wird von Fall zu Fall als Bild für „Heiden" verwendet, könnte hier also nochmals ein Hinweis auf das eigentliche Thema „Israel und die Heidenvölker" sein. Jedenfalls bleibt Jesus in der Matthäus-Fassung dabei, daß es seine Aufgabe ist, „den Kindern (Israels) ihr Brot zu geben".

Die Markus-Version mildert die scheinbare Härte des Wortes, indem sie Jesus im Sinne eines nur aufschiebenden Nacheinanders sagen läßt: „Laßt *zuvor* die Kinder satt werden." Mit dieser Auflösung in ein einfaches „Zuerst die Kinder, dann die Hunde" wäre aber nach Auffassung des Matthäus-Textes für das eigentliche Problem, nämlich die Treue gegenüber den Verheißungen, nichts gewonnen. Deshalb bleibt es hier bei einer *sachlichen* Reihenfolge: Aufgabe des eschatologisch-prophetischen Davidssohns ist es, die Schafe Israels zu weiden. Und erst, indem die „Heidin" dies ausdrücklich anerkennt, indem sie im Bild von den Hunden dann von den Brosamen redet, die für sie abfallen, öffnet sich auch für sie der Zugang zur eschatologischen Verheißung: Jetzt wird auch für sie und ihre Tochter das Verwundete verbunden und das Verlorene wiedergefunden.

III

Der Matthäus-Text beschreibt so m.E. ein Miteinander von Synagoge und Gemeinde aus den Heidenvölkern, das dem tatsächlichen Verlauf der Geschichte und der Auslegungsgeschichte dieses Textes diametral widerspricht. Bei Matthäus geht es gerade nicht um eine Ablösung Israels, hier wird auch kein abstrakter „Glaube" zum Grund für die Hereinnahme der Heidin in die Verheißung, sondern hier wird eine (real praktizierte oder erhoffte?) pragmatische Möglichkeit des Dialogs beschrieben, der nur auf der Grundlage der Treue Israels zu JHWH und seinen Verheißungen sowie der Treue JHWHs zu Israel möglich ist.

Der befremdende Blick auf die „fremde Frau" in Proverbien 7

Der Blick auf die fremden Frauen, sei es von Männern oder von Frauen, die der dominanten Schicht angehören, ist in der Regel von der Erfahrung der Geschlechterdifferenz und deren Ideologisierung in der eigenen Gesellschaft geprägt. Diese These soll im folgenden zunächst durch Beispiele aus der Geschichte des Blicks der europäischen Dominanzkultur auf die „fremden Frauen" anderer Kontinente veranschaulicht werden, bevor der biblische Text Prov 7 in den Blick tritt.

1. Zum Kontext: Einige Anmerkungen zum Blick auf die „fremde Frau" in der Neuzeit

Farideh Akashe-Böhme unterscheidet für die Zeitspanne seit Beginn der Aufklärung drei verschiedene Phasen mit drei unterschiedlichen Blickweisen der europäischen Männer auf die fremden Frauen anderer Kontinente. Ausgangspunkt für die dabei produzierten Bilder von der „fremden Frau" in jeder dieser Epochen ist ihrer Meinung nach, daß die im Zuge der Aufklärung von der als männlich verstandenen Kultur abgespaltene Natur auf die Frauen projiziert wird. Diese weibliche Natur soll dann allerdings in dem für die europäische Frau des Bürgertums vorgesehenen Erziehungsprojekt, wie es z.B. in klassischer Weise in Rousseaus Roman „Emile oder über die Erziehung" dargestellt wird, in der Weise kultiviert werden, daß sie ihre natürlichen Kompetenzen veredelt und zu einer sittlichen, fürsorglichen und liebenden Ehefrau und Mutter sowie einer perfekten Hausfrau wird. Demgegenüber erscheinen die fremden Frauen als ungezügelte Natur, die jeweils entsprechend der Entwicklung des Geschlechterverhältnisses in der westlichen Dominanzkultur in unterschiedlicher Weise in den Blick genommen wird.

Gerdi Nützel

In einer ersten Phase, während der Entdeckungs- und Forschungsreisen des 18. Jahrhunderts insbesondere in die Südsee, entwickelten die europäischen Männer aus ihrer Begegnung mit einem ungezwungenen Umgang mit Sittlichkeit und Leiblichkeit bei den Südseevölkern die Vorstellung, daß die Südseefrauen wie Nymphen seien, denen sie sexuelle Gier, Lüsternheit, Zügellosigkeit und Exzeß zuschrieben.[1]

Als zweite Phase dieses exotistischen[2] Blicks auf die fremden Frauen in der Neuzeit bestimmt Akashe-Böhme die Zeit der Zivilisationsflucht im 19. Jahrhundert, wo vor dem Hintergrund der sexualitätsfeindlichen Kultur des viktorianischen Zeitalters der orientalische Harem und die verschleierten Frauen Arabiens als geheimnisvoller Hort fremder Weiblichkeit bzw. als frei verfügbare Objekte des Mannes erschienen. Akashe-Böhme beschreibt das Wechselverhältnis zwischen Subjekt und Objekt des Blickes auf die „fremde Frau" in dieser zweiten Phase so:

„Die Orientalin liefert die Folie für die Übertragung der eigenen unbewußten, im Reich der tabuisierten Leidenschaften angesiedelten Wünsche. Sie ist die Imagination des Weiblichen par excellence und dient als Projektionsfläche für die real nicht erfüllten erotischen Träume und Wünsche. Das Bild der Orientalin, gesehen durch den Schleier der orientalischen Märchen, wurde zum Vexierbild; entweder war sie die passive, den erotischen Gelüsten des Kalifen Dienende oder die dämonische und verführerische femme fatale."[3]

Die dritte Phase des Blickes auf die fremde Frau sieht Akashe-Böhme in dem Zeitalter des Massensextourismus westlicher Männer ab der Mitte des 20. Jahrhunderts. Die fremden Frauen werden offen und marktgerecht als Handelsware betrachtet, denen insbesondere reproduktive Leistungen zu billigeren Prei-

---

1. Farideh Akashe-Böhme, Frausein – Fremdsein, Frankfurt/Main 1993, S.45; S.50f.
2. Mit dem Begriff „exotistisch" wird die Schwärmerei für das Fremde bezeichnet, die vor allem auf den eigenen Vorstellungen über das Fremde bzw. die Fremde und kaum auf genauerer Kenntnis der anderen beruht.
3. Akashe-Böhme, a.a.O., S. 52.

Der befremdende Blick auf die „fremde Frau"

sen als von den eigenen Frauen abverlangt werden können.⁴

Daß jedoch nicht nur der Blick der Männer der westlichen Dominanzgesellschaften auf die fremden Frauen anderer Kontinente nicht frei von Projektionen und Abwertung war, sondern daß dieser reduzierende, projizierende und diskriminierende Blick – in variierender Weise entsprechend einer anderen Perspektive aufgrund des eigenen Standortes in der eigenen Gesellschaft – auch bei den Frauen dieser Dominanzkulturen anzutreffen ist, macht die Lektüre schriftlicher Zeugnisse europäischer Kolonialistinnen und Missionarinnen deutlich. So wurde etwa von den deutschen Christinnen, die ab der Jahrhundertwende selbständig oder in Begleitung von männlichen Missionaren in anderen Kontinenten tätig wurden, die Situation der fremden Frauen im Verhältnis zum eigenen positiv bewerteten Status grundsätzlich negativ beschrieben. Die Frauen in Hongkong sahen deutsche Missionarinnen in den zwanziger Jahren z. B. als „geputzte Dämchen, häßliche Weiber mit abgeschnürten verkrüppelten Leibesfüßen."⁵

Die fremden Frauen verschiedener Kontexte wurden nahezu durchgehend als extrem unterdrückt angesehen und galten

---

4 Zum sozioökonomischen Hintergrund dieses Blickes auf die fremde Frau bemerkt Lydia Poth, Frauen auf dem Weltmarkt für Arbeitskraft, in: Gruppe feministischer Internationalismus (Hg.), Zwischen Staatshaushalt und Haushaltskasse. Frauen in der Weltwirtschaft, Bremen 1989, S.66-79, S.78: „Dem Prozeß der Qualifizierung und gewachsenen Berufsorientierung, der gesunkenen Bereitschaft zur Eheschließung, der geringeren Geburtenrate deutscher Frauen wird innerhalb des herrschenden kapitalistischen Systems begegnet mit einer Instrumentalisierung und teilweise geographischen Umverteilung von Frauen weltweit, insbesondere von Frauen aus unterentwickelt gehaltenen Ländern.
Die Formen traditionell als weiblich definierter Arbeiten und Tätigkeiten, die Frauen in hochindustrialisierten Gesellschaften teilweise verweigern, jedenfalls aber nicht mehr in ausreichendem Maße übernehmen, werden weder abgeschafft noch zwischen Männern und Frauen neu verteilt. Sie werden den Frauen anderer Kontexte und Kulturen zugewiesen. Das gilt für die Fließband- und Putzarbeit ebenso wie für die Prostitution und das Gebären und Aufziehen von Kindern, der Reproduktion von Arbeitskraft."
5. Doris Kaufmann, Frauen zwischen Aufbruch und Reaktion. Protestantische Frauenbewegung in der ersten Hälfte des 20. Jahrhunderts, München 1988, S.159.

Gerdi Nützel

gleichzeitig als unsittlich, insoweit bei ihnen z.B. nicht die Norm lebenslänglicher Monogamie, sondern die Möglichkeit zu Polygamie oder Ehescheidung bestand. Die europäischen Frauen bemängelten, daß es an einer geachteten Stellung der Frau, an einem gesunden Familienleben, an Sauberkeit und Ordnung sowie an den notwendigen Maßnahmen für Reinlichkeit und Hygiene fehlte.[6]

Demgegenüber verstanden die christlichen Missionarinnen aus Europa ihre Lebensführung als Gattin und Mutter vor den Augen der fremden Frauen als Anschauungsunterricht für ein christliches, d.h. wahres und richtiges Frauen- und Familienleben. Durch eine entsprechende Gestaltung ihrer Wohnung, ihrer Kleidung, des Gartens und des Speiseplans sowie des Begehens christlicher Feiertage suchten sie ihr Frauenbild nach außen als Vorbild für die „fremden Frauen" zu vertreten und weihten diese z.B. als Hausangestellte in die Pflege eines solchen als gottwohlgefällig verstandenen Haushaltes ein:

> „Die Mädchen sollen ordentlich waschen, glätten, nähen, flicken, Ordnung und Reinlichkeit im ganzen Haushalt lernen. Der Heide trägt sein Kleid gewöhnlich, bis es ihm vom Leibe fällt, ein Christ soll aber auch hierin besser werden, und die Mädchen sollen zu Hüterinnen häuslicher Sitte und Zucht erzogen werden. Man hat gewöhnlich keinen Begriff davon, wie wenig ein Negermädchen helfen kann; auch das Einfachste und Geringste, das in einer halbwegs ordentlichen Haushaltung hierzulande jedes Mädchen von selbst lernt und wo es sich von selbst versteht, daß sie es auch thut, muß dort mit viel Geduld jeden Tag wieder gesagt und gezeigt werden."[7]

Kam es zu Konkurrenzsituationen mit den einheimischen, d.h. den „fremden Frauen" um die Gunst der Männer, war in der Regel eine Verschärfung der Beleidigung, Verachtung und Mißhandlung der einheimischen Frauen und eine weitere Abwertung ihrer Existenz auch auf ideologischer Ebene die

---

6. Kaufmann, a.a.O., S.171.
7. Aus dem 50. Schreiben der Basler Frauenmission aus dem Jahr 1891, S.32, zitiert bei: Simone Prodolliet, Wider die Schamlosigkeit und das Elend der heidnischen Weiber. Die Basler Frauenmission und der Export des europäischen Frauenideals in die Kolonien, Zürich 1987, S. 60. Siehe auch Kaufmann, a.a.O., S.168-172.

Der befremdende Blick auf die „fremde Frau"

Folge.[8] So sind unzählige Stereotype und Vorurteile über die fremden Frauen aus dem Munde der Frauen der westlichen Dominanzkultur anzutreffen. Den fremden Frauen wird zugeschrieben, daß sie schmutzig sind und stinken, daß sie häßlich, dumm, dreist und heimtückisch sind, daß sie lügen und stehlen, daß sie kokett und hinter weißen Männern her sind und diese in jeder Beziehung ruinieren.[9]

Doris Kaufmann zeigt durch ihre Untersuchung des Wechselverhältnisses der Ziele der deutschen evangelischen Frauenbewegung in Deutschland und der Missionsziele deutscher Missionarinnen in bezug auf die Situation der „fremden Frauen" in den Missionsgebieten auf, daß auch der Blick der christlichen Missionarinnen Anfang dieses Jahrhunderts auf die „fremden Frauen" vor allem den „Reflexionsstand der Missionarinnen über die Plazierung der Frau in der Gesellschaft, ihre Frauenrechte und über das Verhältnis der Geschlechter in ihrer Heimat" widerspiegelt.[10]

Dabei ist auffällig, daß sowohl bei den Männern als auch bei den Frauen der westlichen Dominanzkultur der Blick auf den Umgang der fremden Frauen mit Sexualität und Familie, d.h. die Frage der Sittlichkeit, im Mittelpunkt steht.

2. Der Text[11]: Der Blick auf die fremde Frau in Prov 7

1 Mein Sohn, behüte meine Rede, meine Gebote speichre bei dir auf!
2 Hüte meine Gebote – und lebe, meine Weisung, wie den Kern deiner Augen!
3 Winde sie dir um die Finger, schreibe sie auf die Tafel deines Herzens!
4 Sprich zur Weisheit: „Du bist meine Schwester", als Verwandte rufe die Verständigkeit an,
5 sich zu hüten vor dem fremden Weibe, vor der Ausheimischen, die glatt redet.
6 Denn am Fenster meines Hauses, hinterm Gitter lugte ich aus,

---

8. Martha Mamozai, Komplizinnen, Reinbek 1990, S.80.
9. Mamozai, a.a.O., S. 81.
10 Kaufmann, a.a.O., S.128.
11 Der folgende biblische Text Prov 7 wird wie auch fast alle im weiteren zitierten biblischen Texte nach der Verdeutschung von Martin Buber, Die Schriftwerke, Heidelberg 1980, 5. verbesserte Auflage der Ausgabe von 1962, zitiert.

7 Und unter den Einfältigen sah ich, gewahrte unter den Söhnen einen Jüngling, des Herzens ermangelnd.
8 Der zog auf den Markt, bei ihrer Ecke, beschritt den Weg, an ihrem Haus.
9 in der Dämmrung erst, im Sinken des Tages, nun im Kern der Nacht und des Dunkels.
10 Und da: das Weib ihm entgegen, im Putz der Hure, verschlagenen Herzens.
11 Lärmisch ist sie und störrig, in ihrem Haus haben ihre Füße nicht Wohnung.
12 bald auf der Gasse ist sie, bald auf den Plätzen, bei jeder Ecke lauert sie auf.
13 Die faßte ihn und küßte ihn ab, frechen Antlitzes sprach sie zu ihm:
14 „Friedmahlsopfer liegen mir ob, heute bezahle ich meine Gelübde,
15 Drum trat ich heraus, dir entgegen, dein Antlitz herbeizusehnen, und ich habe Dich gefunden,
16 Mit Prunkdecken habe mein Bett ich gedeckt, mit Bunttüchern von ägyptischem Garn,
17 besprengt habe ich mein Lager mit Myrrhe, Aloe und Zimt.
18 Komm, wir wollen bis zum Morgen uns letzen an Minne, im Liebesspiel schwelgen aneinander.
19 Denn der Mann ist nicht zu Haus, er ist auf eine Reise in die Ferne gegangen,
20 Den Geldbeutel hat er mit sich genommen, zum Vollmondtag erst kommt er nach Haus."
21 So viel vernehmen lassend, bog sie ihn heran, sie stieß ihn auf sich zu durch ihrer Lippen Glätte.
22 Einfältiglich geht er hinter ihr her, wie ein Stier, der zur Schlachtbank kommt,wie mit Knöchelgeklirr zum Strafgericht ein Narr,
23 bis ein Pfeil ihn trifft, ihm die Leber spaltet, wie ein Vogel zur Schlinge eilt, und weiß nicht, daß um sein Leben es geht.
24 Und nun, Söhne, hört auf mich, merket nur auf, merket auf die Rede meines Mundes.
25 Nimmer schweife ab zu ihren Wegen dein Herz, nimmer verirr dich auf ihre Steige!
26 Denn viele sind die Durchbohrten, die sie gefällt hat, eine mächtige Schar alle von ihr Erwürgten.
27 Wege des Gruftreiches sind die ihres Hauses, sie führen hinab zu den Kammern des Todes.

Diese Lehrrede ist in der ersten Sammlung des Sprüchebuches zu finden. Diese erste Sammlung wird im biblischen Text als „Sprüche Salomons, des Sohns Davids, des Königs von Israel"

Der befremdende Blick auf die „fremde Frau"

(Prov 1,1) bezeichnet und umfaßt die ersten neun Kapitel des Buches Proverbien. Sie gilt im allgemeinen als der jüngste Bestandteil des Buches Proverbien, weil z.B. die Personifizierung der Weisheit in Kapitel 8 auf griechischen Einfluß zurückgeführt wird. Teilweise werden auch ägyptischer Einfluß und vorexilische Traditionen aufgezeigt. Die abschließende Redaktion wird aber in die nachexilische Zeit datiert.[12]

Bei den Kapiteln 1 bis 9 des Proverbienbuches handelt es sich um zehn größere Einheiten, die als Lehrreden gestaltet sind. Dabei erteilt die Weisheit in Kap 1 und 8 selbst öffentliche Belehrung, während in Kap 2 – 7 diese von einer Autoritätsperson ausgesprochen werden, die ihr Reden mit der Nennung des Adressaten „Mein Sohn" eröffnet. Darauf folgt die Aufforderung zum Hören und Befolgen der Belehrung, die dann unterschiedlich entfaltet wird. Ziel aller Lehrreden ist es, daß der Angeredete Weisheit, Einsicht, Erkenntnis und Zucht im Sinne einer Selbstbegrenzung gewinnt. Die dominanten Themen dieser Lehrreden sind die Warnung vor der Verführung zur Sünde und insbesondere vor der fremden Frau, vor der Warnungen im 2., 5., 6. und 7. Kapitel des Buches ergehen.

Die Lehrrede in Prov 7 gliedert sich in V.1–4: Einleitung, V. 5: Themaangabe, V.6–23: Hauptteil (V.6–13: Szenische Vorbereitung; V.14–20: Einladung der fremden Frau; V. 21–23: Schilderung der Folgen für den Eingeladenen) und V. 24–27: Abschluß der Lehrrede in Entsprechung zur Einleitung mit Anrede, Aufforderung zum Hören und Begründung.[13]

Wer ist diese fremde Frau, was ist an ihr fremd, wie wird ihre Fremdheit benannt?

In Prov 7,5 wird ihre Fremdheit mit den beiden hebräischen Worten „zarah" und „nochriah" bezeichnet. Beide Begriffe bezeichnen ein breites Spektrum der Differenz zwischen dem „Selbst", das als normal und legitim, als zugehörig und vertraut

---

12 Rolf Rendtorff, Das Alte Testament. Eine Einführung, Neukirchen-Vluyn 1983, S.271.
13 Vgl. A. Meinhold, Die Sprüche. Sprüche 1-15, Züricher Bibelkommentar Bd. 16.1, 1991, S.123f.

Gerdi Nützel

angesehen wird, und „Fremden" aus einem anderen Geschlecht oder Volk bzw. solchen, die fremde Götter verehren, aber auch durch Sitte oder Gesetz Ausgeschlossenen, wie z.B. Ehebrechern und Ehebrecherinnen, unehelichen Kindern, Nichtpriestern oder Personen, die kultische Regeln verletzen.

Insbesondere die Verwendung von „nochriah" führt dabei die enge Verbindung des Bildes von der „fremden Frau" im Sinne der nicht dem Volk Israel angehörigen Frau mit dem Bild der „fremden Frau" als der einem anderen Manne zugeordneten Frau vor Augen. So wird „nochriah" z.B. in 1. Kön 11,1.8; Esr 10,2. 10f. 14. 17f. 44 und Neh 13,26f. adjektivisch und in Gen 31,15; Ri 2,10 substantivisch verwandt als Bezeichnung für Frauen die einem anderen Volk angehören. Dagegen dient der Begriff im Buch Proverbien insbesondere als Bezeichnung der „unzüchtigen Weiber".

Die spezifische, die gefährliche Fremdheit der fremden Frau in Prov 7 wird dem Angesprochenen in einer Art „Steckbrief" erläutert, der Aussehen, Charakter, Verhalten der fremden Frau sowie die Konsequenzen des Umgangs mit ihr drastisch vor Augen führt.

Von ihrem Aussehen wird in V. 10 gesagt, daß sie im „Putz der Hure" auftrete. Ihr Familienstand wird in V.19f. als verheiratet angegeben. Allerdings ist ihr Ehemann aktuell auf Geschäftsreisen in der Ferne und bis zu seiner Rückkehr wird einige Zeit verstreichen, so daß sie dem „Sohn" Gefahrlosigkeit bei dem „ehebrecherischen" Verhalten zusichert. Die Beschreibung ihres Wohnsitzes macht sie als Angehörige der reicheren Gesellschaftsschicht kenntlich, denn es heißt von der Ausstattung ihres Hauses am Markte in V.16f., daß sie Prunkdecken und bunte Tücher aus ägyptischem Leinen, also Importware, über ihr Bett gebreitet und dieses mit kostbaren, ebenfalls importierten Duftessenzen, mit Myrrhe, Zimt und Aloe, besprengt habe.[14]

---

14   Myrrhe, Aloe und Zimt werden z.B. auch im Hohenlied 4,14 neben weiteren Duftstoffen als „feine Gewürze" bezeichnet. Otto Plöger, Sprüche Salomos (Proverbia), BK Bd. XVII, 1984, S. 75 bemerkt zu diesen Duftstoffen: „ Die hier genannten Duft- oder Gewürzpflanzen sind allesamt außerpalästinensischer Herkunft und gelten als eine besondere Kostbarkeit."

Der befremdende Blick auf die „fremde Frau"

Ihr Charakter wird durchgehend negativ gezeichnet. So heißt es bereits in V.5, daß sie mit „glatter Zunge" redet. Von dieser Glattheit (*chälek*) ist auch an anderen Stellen stets im negativen Sinne die Rede, so in Ps 55,22 und Hos 10,2 im Sinne von „trügerisch". Die in Prov 7,5 verwandte Hiphilform findet sich im Alten Testament öfter an Stellen, an denen die reale Situation beschönigt wird, um dem Angesprochenen zu schmeicheln.[15]

Das Herz der fremden Frau wird in V. 10 als ein bedrängendes – von Buber verschärfend als „verschlagen" – bezeichnet, das den Jüngling ohne Herz (V.7), d.h. ohne Verstand[16], zum Abschweifen seines Herzens auf ihre Wege bewegen will (V.25).

Kritisiert wird auch die äußerlich sichtbare Seite ihres Charakters: Dieser wird in V.11 als lärmend, leidenschaftlich, aufgeregt (*chamah*) und widerspenstig, unbändig (*zarar*) beschrieben, so wie sich an anderen Stellen eine Kuh, aber auch der Sohn oder das Volk gegenüber Gott in ungehöriger Weise verhält.

Hinsichtlich der fremden Frau wird dies daran anschaulich gemacht, daß sie, statt sich in ihrem Hause aufzuhalten – oder sich wie die sprechende Person auf den Blick durch das Gitter des Fensters ihres Hauses zu beschränken –, im Dunkel der Nacht (V.9) an allen Orten der Stadt, auf den Gassen, den Plätzen und an den Straßenecken (V.12) lauert. Und es bleibt nicht beim Lauern: Als sie einen jungen unerfahrenen Mann „ohne Herz" trifft, wird dieser ihr Opfer. Sie packt ihn, sie küßt ihn (V.13), sie biegt ihn zu sich heran und verführt ihn (V.21).[17] Sie bedrängt ihn, betört ihn und macht Versprechungen: „Komm,

---

Meinhold faßt seine ausführlichen Erläuterungen zu den Hauptherkunftsländern und der besonderen Qualität dieser Duftstoffe auf S.128 so zusammen: „Alle diese Kostbarkeiten an Möbeln, Geweben und Parfümen versprechen einen großen wollüstigen Gewinn."

15 Siehe z.B.: Ps 5,10; 29,5; 36,5; Prov 2,16; 28,23.

16 Die Wendung „ohne Herz" im Sinne von „ohne Verstand" ist eine im Buch Proverbien sehr häufig anzutreffende Formulierung. Siehe auch: Prov 6,32; 9,4.16; 10,13; 11,12; 12,11; 15,21; 17,18; 24,30.

17 Hier wird dasselbe Verb verwandt, das im Deuteronomium für „verführen zum Götzendienst" steht. Diese Beobachtung verdanke ich wie manch anderen exegetischen Hinweis zu Prov 7 Christl Maier, die über die fremden Frauen eine Dissertation schreibt.

wir wollen bis zum Morgen uns letzen an Minne, im Liebesspiel schwelgen aneinander." (V.18.)

Dieser Versprechung wird schroff die tödliche Konsequenz gegenübergestellt, die für den Angesprochenen das Sich-Einfangen Lassen, das Sich-vom-rechten-Weg-Abbringen-Lassen, das Sich-durch-die-fremde-Frau-Betören-Lassen, haben würde:

„Einfältiglich geht er hinter ihr her, wie ein Stier, der zur Schlachtbank kommt, wie mit Knöchelgeklirr zum Strafgericht ein Narr, bis ein Pfeil ihn trifft, ihm die Leber spaltet, wie ein Vogel zur Schlinge eilt, und weiß nicht, daß um sein Leben es geht." (V.22f.) Und so lautet abschließend der Ratschlag für den Umgang des Sohnes mit der fremden Frau, daß er ihre Wege meiden soll. Die Eindringlichkeit, mit der er ergeht, wird begründet mit den tödlichen Erfahrungen seiner Vorgänger im Umgang mit der fremden Frau:

26 Denn viele sind die Durchbohrten, die sie gefällt hat, eine mächtige Schar alle von ihr Erwürgten.

27 Wege des Gruftreiches sind die ihres Hauses, sie führen hinab zu den Kammern des Todes.

Wie hier in Prov 7 anhand bestimmter stereotypisierender Charakteristika ein bestimmtes Bild der fremden Frau produziert wird, soll nun im folgenden noch durch den Vergleich mit anderen ebenfalls stereotypisierten bzw. personifizierten Frauengestalten im Buch Proverbien, der Weisheit in Prov 8,1–9,6 und der Frau des Hauses in Prov 31,10–31, deutlicher gemacht werden. Diese letzte Bezugnahme mag auf den ersten Blick gewagt, da Prov 31,10–31 einem anderen Textzusammenhang entnommen ist.[18] Andererseits nehmen die Frauengestalten im Proverbienbuch durchaus aufeinander Bezug und sie gewinnen Profil durch die Abgrenzung von anderen Frauengestalten. So heißt es z.B. auch in den einleitenden Worten an den Sohn in

---

18 Rendtorff, a.a.O., S.270 gibt die Meinung wieder, daß Prov 31,10-31 zu den „Worten Lemuels" in Kap 31 gehört, die vermutlich nach Abschluß der Sammlung noch hinzugefügt wurden. Dagegen vertritt A. Meinhold in seinem 1991 erschienenen Kommentar, Sprüche Bd. I, S. 43 die Auffassung, daß Prov 1–9 sowie 31,10–31 gemeinsam die Rahmung des Proverbienbuches darstellen.

Kap. 7, bevor die Warnung vor der fremden Frau ergeht, die als ehebrecherische Hure charakterisiert wird, daß der Sohn ein Verhältnis zur Weisheit wie zu einer Schwester und zur Verständigkeit wie zu einer Verwandten suchen soll (Prov 7,4).[19]

3. Der Text im biblischen Kontext: Frau Weisheit (Prov 8,1–9,6) und die Frau des Hauses (Prov 31,10-31) im Gegenüber zur fremden Frau (Prov 7)

Schon der Vergleich des Aussehens der drei Frauengestalten, Frau Weisheit, der Frau des Hauses und der fremden Frau, läßt eine positive Bewertung der ersten beiden gegenüber der dritten Frauengestalt erkennen. So wird von Frau Weisheit gesagt, daß sie als „Gottes Erstling" geschaffen wurde (Prov 8,22). Die Frau des Hauses ist mit dem bekleidet, was ihre eigenen Hände schufen (Prov 31,22). Dagegen wird von der fremden Frau berichtet, daß sie „im Putz der Hure" (Prov 7,10) herumlaufe.

Während von der fremden Frau „ehebrecherische" Absichten und Verhaltensweisen gegenüber ihrem Mann, der auf Geschäftsreisen ist, geschildert werden, sagt die Weisheit von sich, daß sie die Tochter, der Erstling Gottes sei: „Ich war neben ihm als Pflegling, ich war Ergötzen Tag um Tag, spielend zu aller Stunde vor ihm" (Prov 8,31). Von der Frau des Hauses wiederum wird versichert, daß ihr Gatte ihr von Herzen trauen kann und sie ihm nur Gutes und nie Böses alle Tage ihres Lebens tut (Prov 31,11). Dem entspricht, daß ihre Söhne sie glücklich preisen und ihr Mann sie öffentlich gegenüber allen Frauen hervorhebt und für ihre Werke lobt (Prov 31,28–31).

Über das Haus dieser Frau wird gesagt, daß es außerordentlich gut versorgt sei. Die BewohnerInnen verfügten über doppelte Kleidung und hatten den Schnee nicht zu fürchten (Prov 31,21). Im Unterschied zu dem durch Importwaren geprägten Haushalt der fremden Frau (Prov 7,16f.) geht die Ausstattung im

---

19 Diese Auffassung wird auch durch neuere exegetische Arbeiten zu Prov gestützt: Vgl. A. Meinhold, Sprüche Bd. II, S. 521; Die Frau des Hauses als „gestaltgewordene Weisheit" sowie: Thomas P. McCireesh, Wisdom as Wife: Prov 31,10–31, Revue Biblique 1985, S. 25–46.

Haus der Frau des Hauses auf ihre eigene Arbeit zurück. So heißt es in Prov 31,22 z.B., daß sie die Decken selbst gefertigt habe. Vom Haus der Weisheit wird berichtet, daß es ein Haus mit sieben Säulen sei, in dem geschlachtetes Vieh, gemischter Wein und ein gedeckter Tisch anzutreffen seien, zu dem die Mägde die jungen Männer ohne Verstand[20] auf den Straßen einlüden.

Von dem Verhalten der Weisheit selbst wird in Prov 8,2f. gesagt, daß sie „bei der Stadtburg, auf den Straßen, an der Kreuzung der Wege, neben den Toren, wo die Stadt beginnt, am Zugang zu den Häusern" steht und laut rufend öffentlich in ihr Haus einlädt – im Unterschied zur fremden Frau, von der erzählt wurde, daß sie im Dunkel der Nacht auf den Straßen und Plätzen der Stadt herumläuft und jungen Männern auflauert (Prov 7,12).

Von der Frau des Hauses wird berichtet, daß sie auch außerhalb des Hauses tätig sei. Von ihr, die zunächst in V. 11 als tüchtig benannt wurde, heißt es im folgenden, daß sie einen guten Überblick über die geschäftlichen Vorgänge hat, die ihrem Haus, aber auch dem Wohl der Armen und Bedürftigen förderlich sind:

> „Sie sorgt für Wolle und Flachs und verarbeitet's mit Lust ihrer Hände. Sie gleicht den Handelsschiffen, aus der Ferne bringt sie ihr Brot. Sie steht auf, wenn es noch Nacht ist, und gibt Futter her für ihr Haus, für ihre Mägde das Festgesetzte. Sie nimmt auf einen Acker, sie kauft ihn, pflanzt von ihrer Hände Frucht einen Weinberg. Sie gürtet mit Macht ihre Lenden, sie strengt ihre Arme an. Sie bekommt zu schmecken, wie gut ihr Handelswerk ist, in die Nacht hinein lischt nicht ihr Licht. Ihre Finger streckt sie aus nach dem Rocken, ihre Hände fassen die Spindel. Ihre Hände breitet sie dem Elenden zu, streckt ihre Finger dem Dürftigen entgegen. (...) Linnen arbeitet sie und verkauft's, Gurte gibt sie dem Kanaankrämer." (Prov 31,13–20.24)

Und auch ihr Reden wird nicht wie das der fremden Frau als trügerisches Versprechen von Liebesspiel und Überredung mit glatter Zunge (Prov 7,5.18.21) beschrieben, sondern die Frau des Hauses spricht voller Weisheit und von ihrer Zunge wird

---

20 Die „Herzlosen" – siehe Anmerkung. 16.

Der befremdende Blick auf die „fremde Frau"

gesagt, daß sie „holde Lehre" verbreitet (Prov 31,26). Von der Zunge der Weisheit wird gerühmt, daß sie die Wahrheit spricht und weder Frevel noch Lüge kennt:

> „Höret, denn führerisch red ich,
> was die Lippen mir öffnet, ist Gradheit,
> denn Treuliches murmelt mein Gaum,
> ein Greuel ist meinen Lippen der Frevel,
> in Wahrheit sind alle Reden meines Mundes,
> keine gewundene und krumme ist drunter." (Prov 8,6–8)

Der Weisheit zuhören heißt Gott fürchten und das Böse zu hassen, wie sie es tut: „Die Hoffart, den Hochmut, den bösen Weg und den Mund der Verdrehungen haß ich" (Prov 8,13).

Als Konsequenzen des Hörens auf dieses Reden von Frau Weisheit werden – im Unterschied zu den unerwarteten tödlichen Konsequenzen des Hörens auf die Einladung der fremden Frau zum ehebrecherischen Liebesspiel in Prov 7 – angekündigt, daß den Hörenden Rat und Hilfe, Einsicht, Macht, Ehre, angesehener Besitz und Glück sowie Leben zuteil wird (Prov 8,14–19): „Denn wer mich findet, hat Leben gefunden, Gnade hat er von IHM sich beschert" (Prov 8,35).

Zusammenfassend kann also gesagt werden, daß die fremde Frau gegenüber Frau Weisheit und der Frau des Hauses durchgängig negativ und abwertend charakterisiert wird. Es wird ein Bild von ihr entworfen, das sie als Hure, Ehebrecherin, Konsumentin importierter Luxuswaren, Lügnerin, Verführerin und Mörderin zeigt.

4. Der Text im historischen Kontext:
Der Blick auf die fremde Frau aus nachexilischer Perspektive

Hinsichtlich der Interessen an einem abwertenden Blick auf die fremden Frauen im nachexilischen Israel existieren unerschiedliche Auffassungen und Begründungszusammenhänge.[21]

---

21 Einen ersten Überblick über die verschiedenen Blickweisen auf die „fremde Frau" in der Geschichte Israels, wie sie im Alten Testament überliefert wird, gibt der Artikel von Anastasia Bernet Goddar, Fremdheit zwischen Angst und Faszination – Die „fremde Frau", aus BiKi 46, 1991, S.60-65.

Gerdi Nützel

Innerhalb der biblischen Texte dominiert vor allem der religiöse Aspekt. Es wird an die Konsequenzen der Heirat mit fremden Frauen in vorexilischer Zeit erinnert, als diese z.b. beim König Salomo zur Abkehr vom Gott Israels und in der Folge zum Untergang Israels führte.[22]

Manche Exegeten, wie z.b. Ton Veerkamp, weisen auf das ökonomische Interesse an einem Ausschluß der fremden Frauen hin. Diese werden beschuldigt, das Volkseigentum zu verschwenden, statt dafür zu sorgen, daß dieses vermehrt wird und in der Hand der Geschlechter Israels verbleibt. Vor allem im Rahmen des Wiederaufbauprojektes Isreals in nachexilischer Zeit war ein solches Risiko nicht erwünscht.[23]

Der Alttestamentler J. Blenkinsopp betont dagegen stärker den Einfluß der politischen Situation auf das Interesse an einem Ausschluß von Angehörigen fremder Völker. S. M. nach war es primär das Interesse der persischen Herrscher und der von ihnen eingesetzten Führungspersonen des Volkes Israels, wie Esra und Nehemia, daß die aus Babylon heimgekehrte Herrscherschicht des Volkes Israel „rein" gehalten werden sollte von Vermischungen mit den Völkern des Landes. Koalitionen mit diesen gegen die persischen Herrscher sollten verhindert werden und statt dessen sollte eine identifizierbare reinisraelitische Oberschicht im Lande die Herrschaft in Loyalität zu Persien ausüben.[24]

Innerhalb von Proverbien 7 finden sich Anhaltspunkte für ein Zusammenspiel all dieser Interessen, wenn auch in unterschiedlichem Maße, bei der Konstruktion des Bildes der fremden Frau.

So wird sie in V.21 als Verführende mit dem gleichen Verb beschrieben, das für das Verhalten der fremden Frauen verwandt wurde, von denen gesagt wurde, daß sie ihre Männer oder das Volk zu fremden Göttern verführten. Eventuell könnte

---

22 Siehe z.B. 1.Kön 11.
23 Ton Veerkamp, Die Bibel -ein „fremdes Buch" (These 7). Siehe Beitrag in diesem Buch, S. 21–24.
24 Josef Blenkinsopp, The Social Context of the „Outsider Woman" in Proverbs 1-9, in: Biblia 1991, S.457-473.

Der befremdende Blick auf die „fremde Frau"

V.14 („Friedmahlsopfer legte ich ab, heute bezahle ich meine Gelübde") ein Hinweis auf die kultische Bedienung fremder Götter sein.[25] Auf jeden Fall führt sie mit ihrer Überredung zum Ehebruch von dem vom Gott Israels vorgezeichneten Weg zur Gerechtigkeit und Treue gegenüber Gott und dem Halten seiner Weisungen ab und statt dessen in das Gruftreich, in die Kammern des Todes (Prov 7,27).

Der negative ökonomische Effekt des Lebenswandels und Konsumgebarens der fremden Frau, die sich mit teuren Importwaren (Stoffen und Duftessenzen, V.16f.) umgibt, wird vor allem aus der Gegenüberstellung mit der Frau des Hauses in Prov 31 deutlich, die die produktiven ökonomischen Ressourcen ihres Hauses ständig zu vermehren trachtet.

Politisch gesehen führt das in Prov 7 geschilderte Verhalten der fremden Frau zu einer Schwächung der Gesellschaft, in die Konflikte und Störungen der allgemeinen Verhaltensregelungen hineingetragen werden. Dies wird vor allem im Gegenbild der Frau des Hauses deutlich, bei der sich die häusliche Ökonomie, das Beziehungsgefüge zwischen der Frau des Hauses, ihrem Ehemann und den Kindern, sowie das öffentliche Ansehen von Mann und Frau und darüber hinaus das Rechtsbewußtsein als rundum geglückt präsentieren.

So kann gesagt werden, daß das Bild und die Warnung vor der fremden Frau in der nachexilischen Umbruchszeit vermutlich primär zur Abgrenzung von einem Verhalten diente, das bei den eigenen Frauen erst recht unerwünscht war. Dafür spricht der Stereotypengehalt der Rede von der fremden Frau, aber auch von Frau Weisheit und der Frau des Hauses, die als

---

25 Dies erwägt H. Ringgren (H.Ringgren/W.Zimmerli, Sprüche.Prediger, ATD 16/1, 1980) S.36 unter Hinweis auf eine Entsprechung der Worte der fremden Frau zu einer Einladung zu einer heiligen Hochzeit, dem kultischen Begehen eines Fruchtbarkeitsfestes in Zusammenhang mit einer Opfermahlzeit. Die wahrscheinlichere Alternative ist allerdings, daß es sich um eine Einladung zu einer Opfermahlzeit anläßlich der Erfüllung eines Gelübdes handelt, für die sich in Lev 7,16 folgende Weisung findet: „Ist es aber ein Gelübde oder freiwilliges Opfer, so soll es zwar an demselben Tag, da es geopfert ist, gegessen werden: wenn aber etwas übrigbleibt, darf man es am anderen Tag essen."

Gerdi Nützel

Konkurrentinnen um die Gunst insbesondere der jungen Männer geschildert werden.[26] Eine solche Interpretation erscheint nicht zuletzt auch deshalb angemessen, weil sich ähnliche Warnungen vor der „fremden Frau" auch in der ägyptischen Weisheitsliteratur finden:

> „Nimm dich in acht vor einer Frau von auswärts,
> die man in der Stadt nicht kennt...
> Eine Frau, deren Gatte fern ist „
> „Ich bin hübsch", sagt sie täglich zu dir,
> wenn sie keine Zeugen hat...
> Eine große Todsünde ist es, wenn man darauf hört."[27]

5. Der Text im aktuellen Kontext: Blickwechsel
– Die Dekonstruktion des Bildes von der fremden Frau und der Blick auf die realen Differenzen zwischen Frauen

In den 80er Jahren wurden von schwarzen Feministinnen in den USA massive Anfragen an die von der westlichen Frauenbewegung in den 70er und 80er Jahren formulierten Frauenbilder laut.[28] Die Kritik richtete sich zum einen gegen ein universali-

---

26 Ähnlich sehen dies auch Plöger, S. 82f. und Ringgren, S.37, der eine „allegorische kultisch-religiöse Deutung" für angemessen hält und zu folgender Bewertung von Prov 7 kommt: „Wahrscheinlich hat sich also der Spruchdichter eines gewöhnlichen Motivs bedient, um seine Warnungen vor dem heidnischen Kult eindrucksvoll zu gestalten. Und wenn auch diese Deutung nicht zutreffen würde und die Warnungen also ganz allgemein gegen Unzucht gerichtet wären, ist es offensichtlich, daß das fremde Weib als die Vertreterin eines Prinzips, des moralisch bösen Wesens überhaupt gemeint ist; sonst wäre sie nicht in dieser Art gegen die Weisheit aufgestellt worden."
27 AOT S.37, zit. bei Ringgren/ Zimmerli, S.37.
28 Helma Lutz, Sind wir uns immer noch fremd? Konstruktionen von Fremdheit in der weißen Frauenbewegung, in: Ika Hügel, Chris Lange, May Ayim, Ilona Bubeck, Gülen Aktas, Dagmar Schultz (Hg.), Entfernte Verbindungen. Rassismus, Antisemitismus, Klassenunterdrückung, Berlin 1993, S.138-156, verweist auf S.155 auf folgende Beiträge:
Hazel Carby, White Women Listen! Black feminism and the boundaries of sisterhood, in: Center for contemporary cultural studies (Hg), The empire strikes back, Birmingham 1982. *Angela Davis*, Women, race and class, London 1982. *Bell Hooks*, Ain't I a woman? Black women and feminism, Boston 1981. *Dies.*, Yearning: Race, gender and cultural politics, Boston 1990. *June Jordan*, Moving towards home, London 1981. *Audre Lourde*, Lichtflut, Berlin 1988. *Chandra Talpede Mohanty*, Aus westlicher Sicht:

Der befremdende Blick auf die „fremde Frau"

stisches Frauenbild, wonach der Status aller Frauen weltweit gleichermaßen als der des unschuldigen, ohnmächtigen Opfers in den Fesseln des omnipotenten Patriarchats beschrieben werden kann.[29] Zum anderen wurde aber auch ein Bild der „Dritte-Welt-Frau" in Frage gestellt, das die Situation von Frauen in den Ländern Afrikas, Asiens und Lateinamerikas homogenisierte und nicht die Unterschiede und Konflikte zwischen Frauen verschiedener Ethnien, Religionen, Klassen, Kasten und sonstiger Gruppen innerhalb einer Gesellschaft und zwischen verschiedenen Gesellschaften wahrnahm.

Der Hintergrund dieser beiden kritisierten Universalisierungen wurde in einer falschen Bestimmung des Verhältnisses zwischen den Frauen der Dominanzkultur und den „fremden Frauen" gesehen. So wurden Vergleiche für unzulässig erklärt wie der, daß Frauen die Sklaven oder „Neger" der Welt seien, da dadurch die konkreten Erfahrungen schwarzer Frauen und Männer übergangen und vereinnahmt würden. Abgelehnt wurde auch eine Addierung von Unterdrückung, wonach alle Frauen unterdrückt seien und einige noch zusätzliche Unterdrückung durch Rassismus, Antisemitismus, Klassenherrschaft, religiösen Fundamentalismus oder aufgrund ihrer lesbischen Lebensweise erlitten. Auf diese Weise werde das gesellschaftliche Machtverhältnis und die existierende Hierarchisierung der als gemeinsam unterdrückt verstandenen Frauen verdeckt.[30]

Entsprechend wurden auch Modelle der Veränderung kritisiert, die z.B. auf einer idealistischen „Schwesterlichkeit" oder einer Reflexion der rassistischen Beziehungsstrukturen lediglich auf individueller Ebene beruhten. Zurückgewiesen wurden auch Modelle, die die aufgrund der mannigfachen Unterdrückung als gänzlich handlungsunfähig verstandenen „fremden Frauen" nicht mehr als Subjekte von Macht und Veränderung

---

Feministische Theorie und koloniale Diskurse, in: Beiträge zur feministischen Theorie und Praxis, Nr.23, (1988), S.149–162.
29 Siehe z.B. Bell Hooks, Schwesterlichkeit: Politische Solidarität unter Frauen, in: Beiträge zur feministischen Theorie und Praxis Nr. 27 (1990), S.77–92.
30 Dagmar Schultz 1990, S.51–53.

Gerdi Nützel

in deren gesellschaftlichen Strukturen in den Blick nahmen, sondern nur noch als Objekte von Feldforschungen, Sozialprojekten und Entwicklungshilfe.

Die „fremden Frauen" äußerten den Verdacht, daß folgendes Interesse hinter solchen Verhältnisbestimmungen zwischen den Frauen der Dominanzkultur und den fremden Frauen zum Ausdruck komme: Die Bilder über die fremden Frauen, die Dritte-Welt-Frauen „lenken die Aufmerksamkeit vielmehr auf Vermutungen über westliche Frauen als säkular, befreit und ihr eigenes Leben kontrollierend."[31]

Überaus deutlich wird diese wechselseitige Abhängigkeit der verschiedenen Frauenbilder für die „eigenen" und die „fremden" Frauen als Verhältnis von Abwertung und Aufwertung, wie es auch für die Frauengestalten im Buch Proverbien anzutreffen war, in unserer Gegenwart seit der Auflösung des starren Schwarz-Weiß-Blickes im Ost-West-Verhältnis beim Blick auf die Verhältnisbestimmung zwischen westlich christlichen Frauen und muslimischer Frauen:

„Vieles weist darauf hin, daß sich die Vorstellungen und Bilder von „unserer" westlichen Weiblichkeit geradezu über die Abgrenzung der westlichen Frau gegenüber der Orientalin konstituieren. Bilder und Selbstbilder unserer Emanzipation benötigen sozusagen die tägliche Rekonstruktion der Unterdrückung und Rückständigkeit islamischer Frauen."[32]

Als äußeres Kennzeichen dieser Unterdrückung wird von vielen europäischen Feministinnen das Tragen von Kopftuch oder Schleier durch islamische Frauen interpretiert und die Begründung dafür in einer entsprechenden Anweisung des Korans gesehen, ohne nach den Eigeninteressen der Frauen bzw. dem sich für die Musliminnen in der Kopfbedeckung äußernden Machtverhältnis zu fragen.

Das Ergebnis dieser einseitigen Verhältnisbestimmung zwischen den Frauen der westlichen Dominanzkultur und den „fremden Frauen" durch die westlichen Frauen beschreibt Lutz

---

31 Mohanty, a.a.O., S.160.
32 Lutz, a.a.O., S.149.

Der befremdende Blick auf die „fremde Frau"

so: „Die westliche Frau oder besser das konstruierte Ideal der westlichen Frau wird erst zur fortschrittlichen, emanzipierten, autonomen Aktivistin, indem sie Frauen des islamischen Kulturkreises zu Zuschauerinnen und Marionetten reduziert."[33]

Den Hintergrund für diese Art der Verhältnisbestimmung sieht Dagmar Schultz in der Scheu der Frauen der westlichen Dominanzgesellschaften vor der realen Begegnung und Auseinandersetzung mit der „fremden Frau", da Angst vorherrscht, die eigene Selbsteinschätzung in Frage gestellt zu sehen und sich der eigenen Privilegien bewußt zu werden sowie auf den Einsatz zugunsten eines veränderten Verhältnisses zwischen den Frauen verpflichtet zu werden, also statt Distanz und Konkurrenz ein solidarisches Verhältnis zu suchen.[34]

Der erste Schritt heraus aus diesem rassistischen Verhältnis kann das Hinterfragen der eigenen Fremdheitskonstruktionen, das Untersuchen der eigenen Situation im Spiegel des Bildes von der „fremden Frau" sein. In einem zweiten Schritt wäre es wichtig, sich der Funktionalisierung der Differenzen zu den „fremden Frauen" im Rahmen der gesellschaftlichen und globalen Machtstrukturen bewußt zu werden. Andre Lourde bemerkt dazu:

„Die institutionalisierte Abwehr von Unterschieden ist eine absolute Notwendigkeit in einem auf Gewinn ausgerichteten Wirtschaftssystem, das Außenseiterinnen als Reservemenschen benötigt. Als Angehörige solch eines Wirtschaftssystems sind wir alle dahingehend programmiert worden, auf menschliche Unterschiede zwischen uns mit Furcht und Abscheu zu reagieren und mit diesen Unterschieden auf eine der folgenden Arten umzugehen: sie zu ignorieren und, wenn das nicht möglich ist, sie nachzuahmen, falls wir sie für dominant halten, oder sie zu zerstören, falls wir sie für untergeordnet halten. Aber wir verfügen über keine Verhaltensmuster, mit deren Hilfe wir über unsere menschlichen Unterschiede hinweg einander als Ebenbür-

---

33 Lutz, a.a.O., S.151.
34 Dagmar Schultz, Kein Ort für uns allein. Weiße Frauen auf dem Weg zu Bündnissen, in: Hügel, Lange, Ayim u.a., Entfernte Verbindungen, S.157-187.

Gerdi Nützel

tige gegenübertreten könnten. Das hat dazu geführt, daß diese Unterschiede oft mit falschen Begriffen besetzt und dazu mißbraucht wurden, uns zu spalten und Verwirrung zu stiften."[35]

In einem weiteren Schritt müßte es für die weißen Frauen darum gehen, sich ihrer gesellschaftlichen Machtposition im Verhältnis zu den „fremden Frauen" bewußt zu werden und ihren Umgang mit ihren Privilegien bewußt zugunsten eines veränderten Verhältnisses zwischen den verschiedenen Frauen einzusetzen. Um dabei auf politischer Ebene Veränderungen zu erreichen, hält Dagmar Schultz eine politische Strategie von Koalitionen und Bündnissen für nötig und möglich, die zunächst den Zweck haben müßte, zum Überleben aller beizutragen, destruktive Machtstrukturen anzugreifen und auflösen zu helfen sowie ganz konkrete politische Ziele durchzusetzen.

6. Text und Kontexte: Blick zurück nach vorn
   (Anti-)rassistische Irritationen bei der Bibellektüre?

Die Kenntnis und Auseinandersetzung mit rassistischen Interpretationsmustern und Stereotype, wie sie im neuzeitlichen europäischen Kontext im Blick auf „fremde Frauen" Anwendung fanden und finden, kann uns auch für die Beschäftigung mit biblischen Texten und den dort anzutreffenden Bildern und Projektionen die Augen neu öffnen und neue Fragen nach dem Konstruktionsgehalt dieser Fremde-Frauen-Bilder stellen lassen. Daß diese dann im historischen und literarischen Kontext des biblischen Textes verortet werden müssen, um die ursprüngliche Intention dieser Konstruktionen in den Blick zu bekommen, ist einerseits selbstverständlich und andererseits meist nur in Annäherungen möglich.

Der Blickwechsel zwischen dem Blick auf den biblischen Text und dem auf die Bilder von fremden Frauen in unserem Kontext erzeugte in unserer multikulturell besetzten Arbeitsgruppe während des Seminars ein nachdenkliches Erstaunen und Er-

---

35 Audre Lourde, „Du kannst nicht das Haus des Herrn mit dem Handwerkszeug des Herrn abreißen", in: Dagmar Schultz (Hg.), Macht und Sinnlichkeit. Ausgewählte Texte von Audre Lourde und Adrienne Rich, Berlin 1991, S.199-212, hier S.202.

Der befremdende Blick auf die „fremde Frau"

schrecken. Denn wir stellten fest, daß zum Teil immer noch die gleichen Stereotype benutzt werden, um die Abwertung fremder Frauen und ihre Andersartigkeit zu beschreiben: aufreizende Kleidung, frecher Blick, sich auf der Straße herumtreiben, Verführung unschuldiger Männer, die durch sie unter Druck gesetzt und ins Unglück getrieben werden.

Im Blick auf unsere Gegenwart hielten wir fest, daß es notwendig ist, aufmerksam zu sein und Widerspruch anzumelden, wo Differenzen gerade auch zwischen Frauen ausgenutzt werden, um aufwertende Bilder von der „eigenen" Frau und abwertende Bilder von der „anderen", der „fremden Frau" zu erzeugen. Die Bibellektüre machte die Wechselbeziehung zwischen der Abwertung der fremden Frau im Blick auf deren Umgang mit Sexualität und Sinnlichkeit und der Aufwertung der eigenen Frau als Hausfrau um den Preis von deren Beschränkung auf den häuslichen Bereich deutlich.

Daß ein daraus entstehendes Konkurrenzverhältnis gerade unter Frauen um ihre – nicht selbstverständliche – Zugehörigkeit zur herrschenden Schicht der Gesellschaft, dem Gerühmtwerden im Tore, tödliche Konsequenzen für die Ausgeschlossenen mit sich bringen kann, ist nicht erst seit dem Holocaust deutlich. Zu welchen erschreckenden Formen von Mittäterschaft das Konkurrenzverhältnis von Frauen verschiedenen Glaubens – unter Verweis auf die Sittlichkeit der einen Frauen durch ihre fleißige Arbeit und die Unsittlichkeit der anderen durch ihre müßige Schönheit – jedoch gerade in jener politischen Situation beitragen konnte, soll zum Abschluß ein Ausschnitt aus der Befragung von ZeitzeugInnen des Holocausts durch Claude Lanzmann erkennbar werden lassen. Er befragte mit Hilfe einer Dolmetscherin unter anderem auch eine Gruppe von Frauen in Polen über das Verhältnis zwischen polnischen und jüdischen Frauen an ihrem Ort zu jener Zeit. Dieses Gespräch wurde von

Gerdi Nützel

Claude Lanzmann folgendermaßen wiedergegeben:[36]

> „F: Die Dame sagt, daß die Jüdinnen sehr schön waren. Die Polen schliefen sehr gern mit den Jüdinnen.
>
> B: Sind die polnischen Frauen froh darüber, daß es heute keine jüdischen Frauen mehr gibt?
>
> F: Sie sagt, daß....die Frauen, die jetzt im selben Alter sind wie sie, auch gern geliebt haben, basta.
>
> B: Und die jüdischen Frauen waren eine Konkurrenz?
>
> F: Die Polen liebten die kleinen Jüdinnen, das ist verrückt, daß sie sie geliebt haben.
>
> B: Vermissen die Polen die kleinen Jüdinnen?
>
> F: Natürlich, so schöne Frauen! Natürlich!
>
> B: Warum? Inwiefern waren sie denn schön?
>
> F: Also, sie waren schön, weil sie nichts taten. Die Polinnen dagegen arbeiteten. Die Jüdinnen machten nichts, sie dachten nur an ihre Schönheit, zogen sich gut an.
>
> B: Die jüdischen Frauen arbeiteten nicht?
>
> F: Sie taten überhaupt nichts.
>
> B: Warum nicht?
>
> F: Sie waren reich. Sie waren reich, und die Polen mußten sie bedienen und arbeiten.
>
> B: Ich habe das Wort „Kapital" gehört.
>
> F: Sie hatten ... nun ja, es gab Kapital, das in den Händen der Juden war.
>
> B: Oh ja, aber das hast du nicht übersetzt. Stell der Dame die Frage noch einmal. Befand sich das Kapital in den Händen der Juden?
>
> F: Ganz Polen war in den Händen der Juden."

---

36   Claude Lanzmann, Shoah, München 1988, S.123f. Die Augenzeuginnen, von Lanzmann als „Gruppe von Frauen" bezeichnet, sollen im folgenden mit „F" abgekürzt werden und der Befragende mit „B".

„Schick die Fremde in die Wüste!"

Oder: Sind die Sara-Hagar-Erzählungen
aus Genesis 16 und 21 ein Beispiel
(anti-)rassistischer Irritation aus dem Alten Israel?

„Als Sara den Sohn der Ägypterin Hagar, den diese dem Abraham geboren hatte, mit ihrem Sohne Isaak spielen sah, sprach sie zu Abraham: Jage die Magd da mit ihrem Sohne fort; denn der Sohn dieser Magd soll nicht Erbe werden mit meinem Sohn, mit Isaak. Dieses Wort missfiel Abraham sehr um seines Sohnes willen. Aber Gott sprach zu Abraham: Lass dir's nicht leid sein um den Knaben und um deine Magd. In allem, was Sara zu dir sagt, höre auf sie. Denn nur nach Isaak soll dein Geschlecht benannt werden. Doch auch den Sohn der Magd will ich zu einem Volke machen, weil er deines Stammes ist."
(Gen 21,9-13 nach der Zürcher Übersetzung.)

A. Methode und Hermeneutik

Wem das Sensorium für die Subtilität alttestamentlicher Erzählungen nicht schon durch ein zu häufiges Repetieren bibelkundlichen Wissens abgestumpft ist, mag bei der Lektüre der Erzählungen über die beiden Frauen Hagar und Sara aus Gen 16 und 21 noch ein wenig von der Irritation spüren, die hier einmal im Hintergrund der literarischen Auseinandersetzung stand: Da wäre doch beinahe eine Ausländerin Ahnfrau Israels geworden!

Irritierend wirkte, zumindest für die Forschungsgeschichte, auch die doppelte Überlieferung fast desselben Erzählstoffes. In zwei sehr unterschiedlich gestalteten Versionen wiederholen sich in Gen 16 (= I) und 21 (= II) z. B. folgende Erzählmotive:

1. Frauenkonkurrenz um Privilegien des Patriarchats

Der Wert einer Frau bestimmt sich durch ihren Sohn. Frauen, die in dieser Hinsicht unterschiedlich privilegiert sind, geraten

Ina J. Petermann

miteinander in Streit: Sara ist kinderlos, Hagar ist schwanger (= I); Hagar ist die Mutter des Erstgeborenen, Sara ist die Mutter des Nachgeborenen (= II).

2. Vertreibung der Konkurrentin in die Wüste

Die in der gesellschaftlichen und erzählerischen Hierarchie höher gestellte Frau bewirkt die indirekte oder direkte Vertreibung der Nebenbuhlerin in die Wüste: Die „Fürstin"[1] treibt die schwangere Leibeigene in die Flucht (= I); die Ahnfrau des auserwählten Volkes bewirkt die Verstoßung des erstgeborenen Erbanwärters und seiner ägyptischen Mutter (= II).

3. Der Patriarch als gehorchender Erfüllungsgehilfe

Der Patriarch, dessen Interessen im Grunde genommen zur Disposition stehen, wird von der Verantwortung für das Geschehen freigesprochen, indem er als gehorsamer Erfüllungsgehilfe seiner Frau gezeichnet wird: Abraham hört auf Sara, als diese ihn auffordert, mit Hagar zu schlafen (= I); Abraham folgt JHWH, der ihn ermahnt, auf Sara zu hören, als es um Ismaels Vertreibung geht (= II).

4. Verheißung von Nachkommenschaft für die Vertriebene(n)

In der Wüste erscheint den Vertriebenen ein Bote Gottes, der große Nachkommenschaft verheißt: Hagars „Same" [!] soll vor Menge nicht mehr zu zählen sein (= I); Ismael soll zu einem großen Volk werden (= II).

5. Lebensträchtige Vision am Wasserquell

Die Perspektive des unmittelbaren Überlebens wird jeweils durch einen Wasserquell signalisiert, an dem sich eine mystische Schau ereignet: Hagar „sieht" Gott[2], worauf der Brunnen den Namen „Brunnen des Lebendigen, der mich sieht" erhält (= I); Hagars Augen werden geöffnet, so daß sie die Wasserquelle

---

1   Der hebräische Name *sara* bedeutet „Fürstin".
2   Auf die grammatikalischen Probleme an dieser Stelle kann ich hier nicht eingehen. Siehe zur Stelle z.B. Westermann, BKAT I/2.

Schick die Fremde in die Wüste

wahrnimmt, aus der sie ihren halb verdursteten Sohn wiederbeleben kann (= II).

Die gängigste Lösung für die Doppelüberlieferung lautet: Die beiden Versionen entstammen unterschiedlichen Quellschriften („J" und „E"), die paralleles Erzählmaterial enthielten und die um priesterschriftliche und andere Zusätze ergänzt wurden[3].

Im Gegensatz zu dieser „Schulmeinung" ist das Interesse der vorliegenden Betrachtung von vornherein anders akzentuiert: nicht nach der literarischen Genese der Sara-Hagar-Erzählungen (im weiteren abgekürzt SHE) wird gefragt, sondern nach ihrem politischen Hintergrund in ihrer einzig noch greifbaren „Gebrauchsfassung". Zu der Annahme, daß in den SHE tatsächlich ein bestimmtes politisches Programm verfolgt wird, sehe ich mich schon durch die Gravität der geschilderten Ereignisse berechtigt: Der Erzvater zeugt mit einer Ägypterin einen Sohn, der zwar Ahnherr eines eigenen Volkes, nicht jedoch Erbe Abrahams und Vater „Israels" sein soll. Daß ein solcher Text mehr sein will, als anekdotenhafte Unterhaltung[4], liegt nach meinem Empfinden auf der Hand.

Welche Botschaft(en) die SHE für das antike Auditorium transportieren und mit welchen literarischen Mitteln dies bewerkstelligt wird, soll im folgenden aufgezeigt werden.

Hier und da ist schon einmal aufgefallen, daß es in den SHE Querreferenzen zu den Erzählungen von Sündenfall und Exodus gibt[5], theologisch hochreflektierten Stücken, deren inter-

---

3   Siehe hierzu die herkömmlichen Einleitungen ins Alte Testament, z.B. O.Kaiser, 5.Aufl.1984. In einer jüngeren Untersuchung der Quellentheorien anhand der SHE lautet das nüchterne Fazit freilich: „...the criteria cited in favour of the source analysis of this section prove inadequate." (T.D.Alexander, The Hagar Traditions in Genesis xvi and xxi. In: J.A.Emerton (Ed.), Studies in the Pentateuch, Leiden 1990, 73-102; Zitat: 144).

4   Unter dieser Perspektive lesen erstaunlich viele Kommentatoren die SHE, man greife sich nur einen der gängigen Kommentare, sei es Gunkel (Genesis, Göttingen [8]1969), sei es Westermann heraus!

5   Ich verzichte im weiteren auf eine explizite Auseinandersetzung mit der Forschungsliteratur zu den SHE, deren Ergebnisse mir bekannt sind. Da hier eine ganz andere Fragestellung und Perspektive ausprobiert wird als die in der deutschsprachigen Forschung gängige, weise ich nur generell

pretative Funktion für die SHE allerdings bisher noch kaum ausgewertet wurde. Hier soll nun diesen motivischen oder sprachlichen Anspielungen, mit denen ja ganz unterschiedliche Texte in eine assoziative Verbindung zueinander gebracht werden, das besondere Augenmerk gelten.

Ein weiterer Aspekt in den SHE, der in den herkömmlichen Untersuchungen wenig Beachtung findet, ist der ganze Problembereich der „fremden Frau" als Störfaktor in der Selbstdefinition Israels. Daß dieses Thema für die Exegese nicht in den Blick tritt, liegt an den Datierungen. Virulent wurde die Frage der „Mischehen" ja erst in nachexilischer Zeit, wo Esra und Nehemia pointiert Stellung beziehen. Wer die „Vätergeschichten" etwa in vorstaatlicher Zeit oder in vorexilischer Königszeit lokalisieren zu müssen glaubt, wird sicher nicht nach Spuren nachexilischer Ideologie und Politik in den Texten suchen.

Das zentrale Thema freilich, um das es in den SHE innerhalb des Prologs zur großen Geschichtserzählung Israels, der Genesis, m.E. geht, lautet: Welche Rolle haben „fremde" Frauen in der Definition Israels als eines von JHWH aus der Völkerschaft herausgeführten Volkes?

B. „Mischehe" und Sündenfall

Hagar ist eine Ägypterin. Diese Frau, die nach altorientalischem Brauch als Leibeigene stellvertretend für ihre Dienstherrin gebären soll, ist, anders als die „Leihmütter" der Frauen Jakobs, deutlich als „fremde Frau" markiert. Silpa und Bilha werden zu den Ahnmüttern der zwölf Stämme Israels gezählt, der Ausländerin Hagar hingegen wird die Aufnahme unter die „Erzmütter" Israels versagt.

Wie kommt dann eine Ägypterin überhaupt in den Haushalt Abrahams?

Nun, sie könnnte beispielsweise unter jenen „Schafen, Rindern, Eseln, Sklaven, Sklavinnen, Eselinnen und Kamelen" (Gen 12,16) gewesen sein, die Abraham als Geschenk des Pha-

---

auf die Möglichkeit alternativer Herangehensweisen hin, ohne diese jeweils im einzelnen aufzuzeigen. Dies gebietet die begrenzte Seitenzahl.

Schick die Fremde in die Wüste

rao aus Ägypten mitbringt – der Erzählverlauf ließe dies zumindest logisch erscheinen. Die Ägypterin also als Dankesgabe für die Preisgabe der Sara an einen fremden Mann! Nicht nur hierin besteht eine ironische Rückbindung der SHE I an die Erzählung von der „Gefährdung der Ahnfrau" in Gen 12,10ff., auffällig ist auch das kontrastierende Grundmotiv der beiden Erzählstücke: Während Sara sich auf Veranlassung ihres Mannes sexuell mit dem ägyptischen König einlassen muß, läßt sich Abraham auf Veranlassung seiner Frau sexuell mit der ägyptischen Sklavin ein.

In beiden Erzählungen vom jeweiligen „Fremdgehen" der Erzeltern Sara und Abraham finden sich unterschiedliche Anklänge an die Sündenfallgeschichte aus Gen 3.

Eine auffällige Analogie zwischen Gen 12,10ff. und Gen 3 besteht in der Folge: a) Sehen, daß etwas attraktiv ist (3,6; 12,14); b) Ergreifen (3,6; 12,15); c) vorwurfsvolle Frage des arglos Geschädigten: „Was hast du getan?" (3,13; 12,18); d) Fortschicken der UntäterInnen (3,23; 12,20).

Die „SünderInnen" kommen in beiden Fällen erstaunlich glimpflich davon: Adam und Eva müssen nicht sterben, wie in Gen 1,17 angedroht, Abraham und Sara erreichen durch ihre Betrugsaktion sogar eine objektive Verbesserung ihrer Lage.

Ein Motiv, das den Texten Gen 16 und Gen 3 gemeinsam ist, ist das „Hören" des Mannes auf die Frau. Der Schuldspruch an Adam beginnt mit der Begründung: „Weil du auf die Stimme deines Weibes gehört hast ..."(Gen 3,17). Genauso „hört" Abraham auf Sara, als diese ihm ihre Sklavin zur Erzeugung von Nachkommenschaft anempfiehlt (Gen 16,2). Andererseits gebietet JHWH dem Abraham ausdrücklich, auf die Stimme seiner Frau zu hören, als es um die Vertreibung des Ismael und der Hagar geht: „In allem, was Sara zu dir sagt, höre auf sie!" (21,11). Kann die „sündige" Verbindung mit der ägyptischen Frau etwa nur durch die etwas weniger „sündige", weil göttlich legitimierte Vertreibung der Fremden wiedergutgemacht werden?

Ina J. Petermann

Doch geht es in Gen 12,10ff. und in den SHE tatsächlich wie in Gen 3 um das „Greifen nach dem Verbotenen", um die nicht statthafte Grenzüberschreitung? Während es kein Rätseln darüber geben kann, welches göttliche Verbot in Gen 3 auf eklatante Weise mißachtet wird, kann der Schlüssel zur „Sünde" Abrahams nur außerhalb des Textes vermutet werden. Nehemia gibt hier klare Auskunft: „Ihr sollt eure Töchter nicht ihren Söhnen geben, noch von ihren Töchtern welche für eure Söhne oder für euch selbst nehmen ... Ist es da nicht unerhört von euch, all dies große Unrecht zu begehen und an unsrem Gott so treulos zu handeln, daß ihr ausländische Frauen heimführt?" (Neh 13,25.27)

C. Exodus und Fremdenliebe

Irritierend ist allerdings, daß die SHE keineswegs so eindeutig Partei gegen die fremden Frauen ergreifen, wie der eben zitierte Nehemia es tut. Und eine ganz andere Facette der Interpretation tritt hervor, wenn neben der Rückbindung zur Sündenfallerzählung in Gen 3 auch die assoziative Anbindung „nach vorne" an die Exodustradition berücksichtigt wird.

Zwischen dem individuellen Schicksal der Hagar und dem kollektiven Geschick des Gottesvolkes gibt es ja eine bemerkenswerte Strukturanalogie, die gewissermaßen in einer spiegelverkehrten Anordnung der Grundkonstanten besteht: So wie die einzelne ägyptische Frau Sklavin im Land Kanaan ist, so wird das ganze hebräische Volk später Sklavenarbeit in Ägypten verrichten.

Schon in Gen 15,13f. findet sich ein Vorverweis auf das zukünftige Geschick Israels: Vierhundert Jahre lang wird Abrahams Nachkommenschaft fremd in einem anderen Land sein, Sklavenarbeit wird sie dort verrichten und man wird sie bedrücken, doch das Volk, das sie ausbeutet, wird nicht ungeschoren davonkommen. Die hebräische Vokabel *'nh*, die das ganze Bedeutungsspektrum physischer und psychischer Gewaltanwendung bis hin zur sexuellen Vergewaltigung umfaßt, steht hier, in Gen 15,13, das erste Mal und erscheint gleich dar-

Schick die Fremde in die Wüste

auf wieder in Gen 16,6. Die Gewalt, die Sara der Hagar antut (16,6), wird also mit derselben Vokabel wiedergegeben, die die Ausbeutung des israelitischen Volkes bei seinem Arbeitsdienst in Ägypten bezeichnet (Ex 1,11f.; Dtn 26,6f.). In zeichenhafter Vorwegnahme erlebt Hagar am eigenen Leibe ein Stück von dem, was als Urerfahrung des Volkes ins Credo Israels eingeht (siehe Dtn 26,5–8)! Oder wird sie gar proleptisch für die Untat ihres ägyptischen Volkes an Israel bestraft?

Noch weitere Motivanalogien unterstreichen die miteinander korrespondierenden Ereignisse.

– Die große Fruchtbarkeit der IsraelitInnen gibt den Ausschlag dafür, daß sich Pharao zunehmend in seiner Machtsphäre bedroht fühlt (Ex 1). Ebenso schafft Hagars sichtbare Fruchtbarkeit ein Ungleichgewicht im Machtverhältnis zwischen ihr und ihrer Dienstherrin Sara (Gen 16).

– Durch Flucht versucht sich die Ägypterin zu retten (Gen 16,6). Doch während dem Volk der Hebräer, das ebenfalls vor der Unterdrückung in die Wüste flieht, die ersehnte Rückkehr zu den „Fleischtöpfen Ägytens" immer wieder verweigert wird, wird Hagar ausdrücklich zu ihrer Peinigerin zurückgeschickt (Gen 16,9). Mit Befreiungstheologie hat der Bote JHWHs, der sie auffordert, Saras Gewalttätigkeit zu erdulden, offensichtlich wenig im Sinn!

Eine besonders subtile Analogie erschließt sich bei genauerer Betrachtung des Namens „Hagar", der, was für hebräische Erzähltexte zunächst erstaunlich ist, erst einmal keine spezifische Bedeutung zu haben scheint. Doch denkt man sich im Namen *hagar* die – ohnehin erst aus dem Mittelalter stammenden – hebräischen Vokalzeichen einmal fort, kann die Konsonantenfolge *hgr* auch *h ager*, gelesen werden, das heißt „der Fremde", oder mit einer Vertauschung der Konsonanten *garah*. Das wäre „die fremde (Frau)"! Freilich – das feminine Äquivalent zum häufig vorkommenden maskulinen Begriff *ger* ist nirgendwo in den biblischen Texten bezeugt! Während der männliche *ger* Gegenstand zahlreicher Rechtsbestimmungen und prophetischer Mahnungen ist, die sich um seinen Schutz und sein soziales und

143

materielles Wohlergehen sorgen, sind die weiblichen Fremden, wie sonst in den hebräischen Texten eigentlich üblich, nie in paralleler Formulierung erwähnt. Das heißt nun nicht, daß es für fremde Frauen keine Bezeichnung gibt! Der für die Gruppe der Ausländerinnen gebräuchliche Terminus ist *nochrijah*, und wer sich einmal die Mühe macht, mit Hilfe der Konkordanz alle Stellen durchzugehen, in denen dieser Begriff vorkommt[6], wird feststellen, daß es über die *nochrijah* nirgendwo eine freundliche Aussage gibt! Einzig im Ruthbuch findet sich ein Wortspiel (2,10), das provokativ den Begriff *nochrijah* mit einem ähnlich lautenden Verb (*nkr* = „freundlich sein") in Verbindung bringt, was sich leider im Deutschen nicht wiedergeben läßt, aber ungefähr besagt: „Wie erklärt es sich, daß du zu einer Ausländerin wie mir so ausnehmend freundlich bist?" Dies fragt Ruth mit gutem Grund, denn die *nochrijot* sind die Frauen, deren Verstoßung aus der heiligen Gemeinde JHWHs von Esra und Nehemia gefordert wird!

Der kleine Exkurs zum Begriff der „Fremden" macht eines hoffentlich deutlich: Wenn der Name *hagar* tatsächlich an *hager* anklingt, dann findet hier eine höchst subversive Gleichsetzung der verfemten ausländischen *nochrijah*, die Hagar als Ägypterin ja ist, mit dem *ger*, der so liebevoll von Israel umsorgt wird, statt! Die merkwürdige Differenz zwischen schutzbedürftigem männlichem Gastarbeiter und gefährlicher fremdstämmiger Frau wird in „Hagar" klammheimlich aufgehoben!

Der Appell geht hier nicht nur an das soziale Gewissen Israels, er geht auch an das sozial-geschichtliche Gedächtnis der Israeliten. Nach seiner credohaften Selbstdefinition ist das Volk ja selber *ger* gewesen in Ägypten (Dtn 26,5). Dies wird ihm immer wieder in die Erinnerung gerufen, wenn die ethische Grundhaltung gegenüber „dem Fremdling", aber auch anderen unterdrückten Gruppen, definiert wird:

---

6. Gen 31,15; 1K11,1.8; Esr 10,2ff.; Neh 13;26f.; Spr 2,16; 5,20; 6,24; 7,5; 20,16; 23,27; 27,13.

Schick die Fremde in die Wüste

– Einen Fremdling sollst du nicht bedrücken. Ihr wisst, wie dem Fremdling zumute ist; seid ihr doch auch Fremdlinge gewesen im Lande Ägypten." (Ex 23,9)
– Wie ein Einheimischer aus eurer eigenen Mitte soll euch der Fremdling gelten, der bei euch wohnt, und du sollst ihn lieben, wie dich selbst „seid ihr doch auch Fremdlinge gewesen im Lande Ägypten." (Lev 19,34)

> „Du sollst das Recht des Fremdlings (*ger!*) und der Waise nicht beugen und sollst das Kleid der Witwe nicht zum Pfand nehmen. Du sollst daran denken, daß du Sklave gewesen bist in Ägypten und daß JHWH, dein Gott, dich von dort befreit hat; darum gebiete ich dir, daß du solches tust." (Dtn 24,17f.)

3. Der Sohn der Verheißung und die Obszönität des Fremden

Die fremde Frau Hagar ist das eine Problem, die Existenz eines voreilig in die Welt gesetzten Konkurrenten um den Anspruch, Träger der Verheißung an Abraham zu sein, das andere. Die theologische Perspektive der als Familiengeschichte camouflierten Völkergeschichte der Genesis verlangt eine Klärung der Verhältnisse, die in SHE I noch nicht in Sicht ist. Ein klarer Schiedsspruch ist gefragt. Hagar muß deswegen von dem Boten JHWHs zurück zu Sara und Abraham geschickt werden, damit das Programm der Verhältnisklärung Israels zu den benachbarten Völkern auch im Falle des Ismael einer befriedigenden Lösung zugeführt werden kann.

Nun gibt es in Dtn 21,15ff eine Rechtsbestimmung, die sich mit der Frage des Erstgeburtsrechtes im Falle einer Mehrehe beschäftigt. Die Absicht der Rechtsformulierung ist es, Willkürentscheidungen, die aufgrund persönlicher Vorlieben eines Mannes getroffen werden, einen Riegel vorzuschieben. Der Sohn einer geliebten Frau darf dem einer ungeliebten nicht vorgezogen werden, das Recht des Erstgeborenen darf nicht außer Kraft gesetzt werden, so lautet das Fazit.

Die Frage von Statusunterschieden zwischen den Frauen wird in dem Text nicht thematisiert. Doch kann wohl davon ausgegangen werden, daß eine Sklavin den Status einer Ehefrau erwirbt, sobald ein sexuelles Verhältnis besteht und Kinder da sind.

Nach diesen Rechtsbestimmungen wäre Abraham auf keinen Fall befugt, seinen erstgeborenen Sohn mit Krokodilstränen in den Augen in die Wüste zu schicken. Freilich – die Genesistexte verfolgen auch nicht das Interesse, soziale Wirklichkeit exakt nachzuzeichnen. In den Genesistexten sind erst einmal grundsätzlichere Klärungen an der Reihe.

Saras Entschluß, den ersten Sohn Abrahams mitsamt seiner ägyptischen Mutter davonzujagen, kommt recht unvermittelt, entspricht aber der Logik der ganzen erzählerischen Anlage. Endlich ist Sara zu wundersamer Mutterschaft gelangt – die Situation, die Anlaß zur Leihmutterschaft Hagars gab, hat sich grundlegend gewandelt. Der Sohn der Fremden, einst als Substitut gedacht, ist nun ein Faktor radikaler Irritation. Welcher der beiden Söhne Abrahams soll als der von JHWH Verheißene angesehen werden, Ismael, Produkt der Ungeduld Saras und der Laissez-faire-Haltung Abrahams, oder Isaak, der von niemand mehr recht erwartete Spätgeborene? Die erzählerische Spannung erreicht in Gen 21 zweifelsohne einen Höhepunkt.

Sara hat etwas gutzumachen: Auf ihre Initiative hin hatte Abraham den Ismael in die Welt gesetzt, auf ihre Initiative hin soll er jetzt vertrieben werden. Die Frau, die am wenigsten Einblick in Gottes Pläne hatte, kämpft nun um ihr Privileg, Mutter des von JHWH zum Vater Israels Erwählten zu sein. Daß es sich dabei nun wirklich um eine Wahl zwischen zwei Kandidaten handelt, will die Ironie!

Saras Entschluß, sich der lästigen Konkurrenz zu entledigen, entsteht, als sie Ismael mit Isaak „scherzen" sieht. Das hebräische Verb an dieser Stelle spielt mit dem Anklang an den Namen Isaak – entsprechende Wortspiele lassen sich einige Male finden.[7]

Das „Scherzetreiben" des Ismael kann unschuldiges Kinderspiel bedeuten, doch birgt nicht nur die deutsche Sprache hier eine semantische Ambivalenz, die Ismael in den Verdacht bringt,

---

7. Gen 17,17; 18,12ff.; 21,6.9; 26,8.

Schick die Fremde in die Wüste

möglicherweise ein „böser Bube" zu sein. Auf diese Fährte führt ein Vergleich mit drei Texten, in denen die entsprechende Vokabel eine erotische Konnotation hat. So wird Isaak in Gen 26,8 dabei beobachtet, wie er mit Rebekka „scherzt", der Beobachter der Szene schließt daraus, daß die beiden miteinander verheiratet sein müssen. Die Frau des Potiphar beschuldigt Joseph nach ihrem gescheiterten Verführungsversuch, er habe „seinen Mutwillen" mit ihr treiben und sie vergewaltigen wollen (Gen 39,14.17). In der Erzählung vom Goldenen Kalb schließlich gibt sich das Volk erst dem Genuß von Speise und Trank hin, um sich anschließend zu „belustigen" (Ex 32,6) – hier ist der Phantasie Raum gegeben, doch häufig steht das Essen und Trinken im Zusammenhang mit nachfolgendem Geschlechtsverkehr.[8]

Sollte Ismaels „Scherzen" mit Isaak also einen anrüchigen Unterton haben? Erstaunlich wäre das nicht, würde ihn das doch lediglich unter jene Ahnen von Nachbarvölkern Israels einreihen, die ebenfalls mit einem Hauch von Obszönität umgeben sind. So macht der Urvater der Kanaaniter die Nacktheit seines betrunken daliegenden Vaters zum Spektakel (Gen 9,18ff.), die Ahnmütter der Moabiter und Ammoniter gar verschaffen sich von ihrem trunken gemachten Vater Nachkommen (Gen 19,30ff.).

Auch wenn die hier angestellten spekulativen Erwägungen über das im Text Gemeinte hinausschießen sollten, bleibt der Eindruck, daß der Sohn der ägyptischen Magd jedenfalls kein passabler Anwärter auf das verheißungsvolle Erbe Abrahams ist. Der Vater des „Urisraeliten" Jakob – erst mit seinem Namen verbindet sich ja der Name „Israel" – muß eine „koschere" Mutter haben und das kann nur Sara sein! Ob hier schon die Vorstellung der „jüdischen Mutter", nach der sich die Abstammung im Judentum richtet, zum Vorschein kommt, kann an dieser Stelle nicht geklärt werden. Es erscheint mir aber nicht ganz unwahrscheinlich.

---

8 Beipielsweise in 2 Sam 11,11 u.ö.

D. Identität und Abgrenzung

Unmittelbar bevor die SHE in Gen 16 einsetzen, ist von einem Bundesschluß JHWHs mit Abraham die Rede, der von einer Verheißung begleitet ist: „Deinem Geschlechte gebe ich dieses Land, vom Bach Ägyptens bis an den großen Strom, den Euphratstrom..." (Gen 15,18f.). Anschließend folgt eine zehngliedrige Liste kanaanäischer Volksgruppen, die in unterschiedlicher Länge an mehreren Stellen in der biblischen Schriftensammlung auftaucht.[9]

Obwohl hier in Gen 15,18 nicht die Rede davon ist, ruft die Völkerliste doch in Erinnerung, was es mit diesen autochthonen Volksgruppen auf sich hat: Sie sollen als potentielle Verführer zum Götzendienst aus dem verheißenen Land vertrieben werden![10]

Mit der Völkerliste als „Überschrift" stehen die SHE von vornherein im Zeichen der Fremdvölkerproblematik.

Darauf, daß mit der Völkerliste tatsächlich eine Interpretationsfolie für die SHE angeboten wird, weisen Eigenheiten ihrer Rezeption im nachexilischen Esrabuch. Da wird in Esra 9,1 Klage geführt:

> „... sowohl gewöhnliche Israeliten als auch Priester und Leviten halten sich nicht abgesondert von den Heidenvölkern, von ihren Greueln, von den Kanaanitern, Hethitern, Pheresitern, Jebusitern, Ammonitern, Moabitern, Ägyptern und Amoritern, denn sie haben von den Töchtern derselben Frauen für sich und ihre Söhne genommen, und so hat sich das heilige Geschlecht mit den Heidenvölkern vermischt, und die Obersten und Vorsteher sind in diesem Frevel vorangegangen."

Auffällig ist hier die Neuaufnahme der Ammoniter, Moabiter und Ägypter in die traditionelle Reihung! Eine eheähnliche Verbindung mit einer Ägypterin, wie sie Abraham eingeht, gehört demnach zu den frevelhaften Vermischungen des heiligen Geschlechts.[11] Da Esra und Nehemia eine erstaunlich gute

---

9. Z.B. in Ex 34,11; Dtn 7,1.
10 Vergleiche dagegen aber Rib3,5f.
11 Dies klingt in der Tat „rassistisch", doch ist die Forderung nach Absonderung von den „Heidenvölkern und ihren Greueln" nicht „rassistisch", son-

Schick die Fremde in die Wüste

"Bibelkenntnis" haben[12], verwundert es, daß sie auf den Fall der Hagar und des Abraham nicht bezug nehmen. Die Vertreibung des Ismael wäre doch ein herrlicher Präzedenzfall gewesen! Sind die SHE etwa erst mit Blick auf Esra und Nehemia ausgestaltet worden? Dagegen könnte eingewandt werden, daß ein solcher Tabubruch, der die Beziehung Abrahams mit der Ägypterin darstellt, dann doch gar nicht mehr in den Kanon gelangt wäre. Dem liegt freilich das Mißverständnis zugrunde, Esra und Nehemia hätten sich mit ihrer Forderung nach Auflösung der "Mischehen" durchgesetzt und das "Mischehenverbot" sei verbindliche Regelung in der nachexilischen Gemeinde gewesen.

Doch Esras rigorose Forderung nach Ehescheidungen (10,11) fand nie die begeisterte Zustimmung, die in der Forschungsliteratur absurderweise immer wieder vorausgesetzt wird! Wie es zum Scheitern des Scheidungsprojektes kam, läßt sich schon in Esra 10 nachlesen, wo der ironische Unterton in der Beschreibung der an den Tag gelegten Verzögerungstaktik unüberhörbar ist. Am Ende der langen Namensliste aller Männer, die in "Mischehen" lebten, heißt es lapidar: "Diese alle hatten sich fremde Frauen genommen, und sie waren die Frauen von ihnen und sie hatten mit ihnen Kinder." Mit dieser Auskunft endet das Esrabuch. Daß dies als unbefriedigend empfunden wurde, zeigt der griechische Text der Septuaginta, der unzweideutig von vollzogenen Scheidungen spricht – mit Sicherheit eine nachträgliche "Korrektur" des offenen hebräischen Schlusses.

Das Desiderat der Absonderung von den "götzenverehrenden Heidenvölkern" blieb ein Theologumenon, das sich in der Praxis nicht einlösen ließ. Scheidungen von "Mischehen" wurden mit Sicherheit kaum durchgeführt, ob es zu jenen Enteignungen und Zwangsaustritten aus der Gemeinde kam, die den Re-

---

dern religiös begründet. Eine genaue Untersuchung der Namenslisten in Esra und Nehemia zeigen, daß das Volk ungeheuer "gemischt" war. Der Wortführer der "Antimischehen-Partei" in Esra 10,2 ist übrigens, ironischerweise, ein Angehöriger des fremden Volksstamms der Elamiter!

12 Vergleiche die Kombination mehrerer Zitate in Neh 13,25ff.!

nitenten in Esra 10,8 angedroht werden, läßt sich schwer nachprüfen.

Die Erzählfigur der verstoßenen Hagar, die halb verdurstet mit ihrem Sohn durch die Wüste schwankt (Gen 21), liefert jedenfalls ein anschauliches Beispiel für das Schicksal, das Esra und Nehemia den fremden Frauen und Kindern zugedacht hatten.

Doch man darf sich nun nicht vorstellen, daß die SHE eine Art politisches Traktat aus der nachexilischen Zeit für oder gegen die „Mischehen" sein wollen. Der Skopus der Erzählstücke ist ein anderer. Die SHE stehen in einer spannungsmäßig sich steigernden Serie von Erzählungen, die von der Gefährdung der einzelnen Verheißungsbestandteile JHWHs, der Mehrungs- und der Landverheißung, an Abraham handeln: Erst schwängert beinahe ein „falscher" Mann die Sara (Pharao in Gen 12,10ff.), dann nimmt um ein Haar ein „falscher" Mann das Land in Besitz (Lot in Gen 13), später sieht es so aus, als würde die „falsche" Frau Mutter des Verheißenen (Hagar, Gen 16), und schließlich wird der „falsche" Erbe nur dank Saras energischem Einspruch vertrieben (Gen 21). Zum krönenden Abschluß all dieser Irrungen und Wirrungen verlangt JHWH selber dem Abraham noch einmal alles in Gestalt des einzigen (V. 2!) Sohnes Isaak ab (Gen 22).

So setzt sich in den Hörenden und Lesenden die Einsicht fest, daß keinerlei menschliche Torheit und Tücke Gottes festgesetzten Heilsplan mit Israel aufzuhalten vermag. Dies ist der Kern der Botschaft des Prologs zur großen Geschichtserzählung Israels.

Gedenke dessen, was dir Amalek antat ...

Auslegungen zu Exodus 17,8–16 und Deuteronomium 25,17–19

Exodus 17,8–16

8 Und Amalek kam und kämpfte
mit Israel in Refidim.
9 Und Mosche sprach zu Jehoschua:
Wähle uns Männer
und gehe hinaus, kämpfe gegen Amalek!
Morgen stelle ich mich auf den
Gipfel des Hügels, und der Stab Gottes
ist in meiner Hand.
10 Und Jehoschua tat, wie Mosche zu ihm
gesprochen hatte, zu kämpfen gegen Amalek.
Und Mosche, Aharon und Chur stiegen auf
den Gipfel des Hügels.
11 Und es geschah, als Mosche seine Hand
erhob, überwog Israel,
und als er seine Hand sinken ließ,
überwog Amalek.
12 Und die Hände Mosches wurden schwer,
und sie nahmen einen Stein,
und sie legten den unter ihn,
und er setzte sich darauf,
und Aharon und Chur stützten seine Hände,
von hier einer und von hier einer.
Und es blieben seine Hände in
treuer Festigkeit *(Emuna)*,
bis die Sonne unterging.
13 Und Jehoschua schwächte Amalek,
sein Volk mit der Schärfe des Schwertes.
14 Und JHWH sprach zu Mosche:
Schreibe das zum Gedächtnis in das Buch
und lege es in die Ohren Jehoschuas,
daß ich gänzlich vertilge das Andenken
Amaleks unter dem Himmel.

15 Und Mosche baute einen Altar,
und er nannte ihn:
JHWH mein Banner.
16 Und er sprach:
denn die Hand an den Sitz JH *(kis-jah)*,
Krieg führt JHWH gegen Amalek
von Generation zu Generation.

Deuteronomium 25,17–19

17 Gedenke dessen, was dir Amalek antat
auf dem Weg eures Auszugs aus Ägypten,
18 wie er auf dem Weg über dich kam und
die Nachhut aller Lahmgewordenen abschnitt, als du müde und matt warst,
und Gott nicht fürchtete.
19 Und so sei es: Wenn JHWH, dein Gott,
dir von allen deinen Feinden ringsumher Ruhe gibt in dem Land, das
JHWH, dein Gott, dir als Erbteil gibt,
es zu besitzen, vertilge das Andenken
Amaleks unter dem Himmel, vergiß nicht!

Gehen wir von der Annahme aus, daß biblische Traditionen Gewalt und Rassismus wehren, so bringen die hier zitierten Abschnitte uns in arge Bedrängnis. Nirgends sonst in der Hebräischen Bibel wird ein Volk in dieser Härte und Ausschließlichkeit verdammt. Die Frage liegt nahe, ob an dieser Stelle nicht theologisch sanktioniertem Völkermord das Wort geredet wird. Wenn dies so wäre, was im folgenden zu klären ist, stellte uns die biblische Tradition hier ein großes Hindernis in der Auseinandersetzung mit dem alltäglich gewordenen Rassismus in den Weg. Auch wenn die Amalek-Episoden noch nicht (wieder) entdeckt wurden zur Legitimation von mehr oder weniger verhohlenem Antisemitismus, müssen wir uns um der eigenen Glaubwürdigkeit willen mit diesen harten Brocken auseinandersetzen.

Im folgenden sollen christliche und jüdische Auslegungen zu den Amalek-Perikopen dargestellt und auf ihre Tragfähigkeit in unserer Situation hin untersucht werden. Dabei werden die historischen Orte der jeweiligen Auslegung sowie ihre Wirkungs-

Gedenke dessen, was dir Amalek antat ...

geschichte mitbedacht. Denn biblische Texte existieren nicht im luftleeren Raum. Immer wieder werden sie ge- oder vielmehr mißbraucht. Um so mehr müssen gerade bei so schwierigen Passagen wie den hier zu verhandelnden ihre Resonanz in Geschichte und Gegenwart im Auge behalten werden. Beides, den biblischen Text und seine Auslegungen, werden wir daraufhin befragen, inwieweit sie uns Argumente in der Auseinandersetzung mit Gewalt und Rassismus geben, oder ob sie etwa in unserem jetzigen Verstehenshorizont diesen Bewegungen eher Vorschub leisten.

Wir wissen heute, wie oft in sich christlich nennenden Händen die Bibel durch Jahrhunderte zur Begründung von Diskriminierung, Verfolgung und Ermordung des jüdischen Volkes herangezogen wurde. Den ersten Adressatinnen und Adressaten der Bibel wurde durch die Kirche das Recht und die Fähigkeit zur Auslegung abgesprochen. Der tiefe theologische Irrtum dieser Position ist spätestens seit der Shoa offenbar. Seitdem ist deutlich, wohin christlicher Antijudaismus führt und daß die traditionelle Haltung der Kirche zu Israel schlicht nicht dem biblischen Befund entspricht. Wenn Gott seinen Bund mit dem jüdischen Volk nicht gekündigt hat und wir den auch historischen Tatbestand respektieren, daß Israel der erste und eigentliche Adressat der Hebräischen Bibel ist, dann können wir diese Schrift nicht ohne Kenntnis der jüdischen Auslegung verstehen wollen. Allerdings darf es hier nicht zu einer neuerlichen Enteignung Israels, wenn nun auch aus dem Geist der Sympathie kommen. So wie die Hebräische Bibel ein uns zunächst fremdes Buch ist, muß dieser Sachverhalt auch auf die Auslegungstradition Israels verlängert werden. Gewarnt werden soll vor selektivem Gebrauch rabbinischer Exegese möglichst zu Entlastungszwecken an den Punkten, an denen christliche Auslegung nicht weiterhilft.

Aus der christlichen Auslegung

Zunächst seien nun die christlichen Verstehensversuche der Amalek-Episoden dargelegt. Dabei fällt sofort ins Auge, daß christliche Exegeten unseren biblischen Texten durch die Jahrhunderte kaum Beachtung geschenkt haben.

Aus diesem Schweigen ragt Luthers Auslegung „über etliche Capitel des zweiten Buch Mosis", gepredigt in Wittenberg vom 2. Oktober 1524 bis 1526, heraus.[1] Darin beschreibt Luther die Situation Israels in Ex 17,8ff. zunächst sehr treffend folgendermaßen: „Nun waren die Israeliten des grausamen Tyrannen und Feindes, des Pharaonis und der Egypter nur vor wenigen Tagen los geworden, ... daß sie meinten, sie wären jetzt gar über den Berg hinüber (...) Aber es will noch nicht ablassen und aus sein; ja, ein neues Unglück platzt einher, nämlich dies, daß Amalek, der Feind, ersieht seinen Vorteil, und meint, das Volk Israel ist müde von der großen Reise ... darum gedenkt er sie zu überfallen, zu schlagen und zu vertilgen." So weit hat Luther die Ausgangslage der folgenreichen Begegnung Israels mit Amalek, wie sie der biblische Text uns darstellt, richtig erfaßt. Diese Auseinandersetzung findet nicht zwischen gleichstarken Kontrahenten statt. Die Amalekiter sind, der Komposition des Buches Exodus zurfolge, das erste Volk, mit dem die gerade aus Ägypten Befreiten zusammentreffen, ein Haufen entlaufener Sklaven, der sich mit Zaudern und Zagen (Ex 16,3; 17,3) auf dem Weg in die Freiheit befindet. Doch schon im nächsten Satz erschließt sich das eigentliche Anliegen von Luthers Auslegung: „Solches ist ein recht Bild und Spiegel dieses Christenlebens in dieser Welt, da immerdar eine Verfolgung, Kreuz und Noth auf die andere folgt." Anstelle Israels sieht Luther sich und die noch junge Reformation im unruhigen Wittenberg des Jahres 1525 als das grundlos von einem mächtigen Feind bedrängte Volk Gottes.

Im nächsten Schritt überträgt er dann das Gegenüber von Israel und Amalek eine Stufe weiter auf das Verhältnis von Christen und Juden. Denn als sich die Juden nicht dem Evangelium öffneten, sondern „dasselbige mit großem Ernste verfolgten, und

---

[1] Zitiert nach der Ausgabe von J.G.Wasch (Hg.): Martin Luthers sämtliche Schriften, Bd. 3: Auslegung des Alten Testaments, St.Louis [4]1894. Die Zitate stammen aus den Abschnitten 29f. und 49ff.

Gedenke dessen, was dir Amalek antat ...

viele Christen tödteten", da ist es „der rechte Amalek worden". Daher geht es den Juden seither so, wie es von Amalek geschrieben steht: „daß ein ewiger Krieg zwischen Amalek und den Kindern Israels [d.h., den Christen, M.S-K.] sei, bis die Amalekiter sind vertilgt worden. So hat Gott auch seine Strafe für und über die Amalekiter ergehen lassen ..." Als Beispiel für diese göttliche Bestrafung Israels nennt Luther in klassisch antijüdischer Manier die Vertreibung durch die Römer aus dem Land und infolgedessen das Leben als machtlose Minderheit in der Zerstreuung. Die Auseinandersetzung mit den „jüdischen Amalekitern" gehört zu den bleibenden Aufgaben der Christen. Nach Luther handelt es sich dabei zwar um einen „geistlichen Krieg und Streit", der mit der Predigt des Evangeliums zu führen sei. Doch aus der Parallelisierung der jüdischen Niederlage durch die Römer 70 n. Chr. mit der Verkündung des Evangeliums wird erschreckend deutlich, wie fließend hier die Grenzen zwischen geistlichem und leibhaftigem Kampf sind. Luther gesteht dem jüdischen Volk kein theologisches Existenzrecht jenseits des Evangeliums zu. Der Kampf gegen Israel soll hier allerdings noch mit dem Wort geführt werden.

1543 geht Luther über diese Form der Auseinandersetzung hinaus, indem er in seiner Schrift „Von den Juden und ihren Lügen" konkrete Vorschläge unterbreitet, wie Juden auszugrenzen und zu unterdrücken seien. Bezeichnenderweise wird diese Schrift 1936 erneut aufgelegt, da sie „geradezu das Arsenal zu nennen (ist), aus dem sich der Antisemitismus seine Waffen geholt hat."[2] Folgerichtig beruft sich Julius Streicher in den Nürnberger Prozessen zu seiner Entlastung auf Luther und besonders diese Schrift.[3]

Wie eine biblische Tradition mißbraucht werden und in manifeste Gewalt umschlagen kann, macht dieser Zusammenhang hinreichend deutlich. In bezug auf die Amalek-Perikopen drängt

---

2   Zit. in: E.L.Ehrlich: Luther und die Juden, in: H.A.Strauss/N.Kampe (Hg.): Antisemitismus, Frankfurt 1984, S. 62.
3   Der Prozeß gegen die Hauptkriegsverbrecher vor dem Internationalen Militärgerichtshof Nürnberg 1947, Bd. 12, S. 346.

sich daher folgende Frage auf: Wer eigentlich sind die Amalekiter? Eine Antwort könnte schon helfen, die wahllosen Identifikationen mißliebiger Gruppen und Personen mit den Trägern dieses Namens zu verhindern. Weiter muß versucht werden, den Grund für die hier beschriebene Auseinandersetzung zu ermitteln, um unkontrollierbaren Projektionen Einhalt zu gebieten.

Es liegt nahe, jetzt Ergebnisse der historisch-kritischen Exegese zu Worte kommen zu lassen, die von ihrer Methodik her am ehesten Aufschlüsse bieten könnten. Doch bis heute herrscht weitgehende Unklarheit über die Bedeutung und vor allem die Identität des Namens Amalek.[4] Im Unterschied zu anderen Völkern, die in der Hebräischen Bibel erwähnt werden, gibt es für die Existenz einer Gruppe mit Namen Amalek nach wie vor keinen gesicherten außerbiblischen Beleg. Ebenso tappen die Exegeten bei der Frage nach dem Grund für die durchgängige Feindschaft zwischen Israel und Amalek im Dunkeln. Auch hierfür sind bislang keine eindeutigen Motive in der Geschichte gefunden worden. Am ehesten noch läßt sich der Ausgangspunkt für diese Feindschaft in der Frühzeit Israels möglicherweise in Stammesrivalitäten vermuten.[5] Übereinstimmung herrscht dagegen in der Auffassung, daß die Amalek-Perikopen in ihrer jetzigen Gestalt den Konflikt aus der Rückschau schildern. Mindestens zur Zeit der Endredaktion der Perikopen haben Amalekiter – falls überhaupt – nicht mehr existiert. In bezug auf die Forderung von Dtn 25,19: „Vertilge das Andenken Amaleks unter dem Himmel, vergiß nicht!" muß daher gefragt werden, welche Bedeutung dem Text in der Zeit seiner Abfassung zukam, als die angesprochene Zielgruppe nicht (mehr) greifbar war.[6]

---

4   S.M.Görg: Art. Amalek, Neues Bibellexikon Bd. 1, 1991; ders.: Ein Gott Amalek?, in: Biblische Notizen 40 (1987), S. 14f. Der Verf. weist vorsichtig auf einen möglichen Zusammenhang zwischen Amalek und einem in den „Leiden Magical Papyrus" erwähnten Gott hin, dessen Verehrer in der östlichen Wüste anzusiedeln wären. Allerdings bedarf diese Verbindung weiterer Klärung und kann noch nicht als gesichert angesehen werden.
5   Ders.: a.a.O.
6   G.v.Rad: Das fünfte Buch Mose, ATD Bd. 8, Göttingen 1964, S. 111.

Gedenke dessen, was dir Amalek antat ...

Zu einer interessanten Einordnung der hier beschriebenen Auseinandersetzung Israels mit Amalek innerhalb der Erzählungen vom Auszug aus Ägypten bis hin zur Landnahme kommt W. Zimmerli.[7] Überzeugend legt er dar, daß Israel das konkrete Eingreifen Gottes lediglich in Kriegen erlebt, die seine Existenz bedrohen. In dem Altarnamen „JHWH ist mein Banner" (Ex 17,15) sowie dem Kampfruf „Hand an den Sitz JH, Krieg führt JHWH gegen Amalek von Generation zu Generation" (Ex 17,16) finden sich typische erzählerische Merkmale, die lediglich in Schilderungen von kriegerischen Auseinandersetzungen vorkommen, in denen das Überleben Israels auf dem Spiel steht. Folgerichtig fehlen diese Elemente in den Berichten von den späteren Kämpfen Davids, die zur Schaffung eines Großreiches geführt wurden und damit deutlich imperiale Züge tragen.

Somit bestätigt die Darstellung der Auseinandersetzung mit Amalek in Ex 17,8ff., was durch ihre Plazierung am Anfang der Wüstenwanderung nahegelegt und in Dtn 25,18 deutlich ausgesprochen wird: Die Begegnung mit Amalek trifft Israel in einem Moment großer Schwäche und Schutzlosigkeit. Es entwickelt sich daher ein Kampf auf Leben und Tod. Es gibt keinen innerbiblischen Grund oder einen externen historischen Beleg, die Berechtigung dieser Sichtweise anzuzweifeln. Damit ist allerdings nur die Ausgangslage Israels beschrieben, eine Ursache für die fortdauernde Feindschaft mit Amalek jedoch nicht gefunden. Die historisch-kritische Forschung muß hier wie bei der Frage nach der Identität der Amalekiter feststellen, daß sie zur Erhellung der Texte nur wenig beitragen kann.

Auffällig ist, daß an keiner Stelle christliche Ausleger die ethische Provokation der Amalek-Perikopen offen ansprechen. Statt dessen wird der Text entweder durch allegorische Auslegung zur Bestätigung bereits feststehender Theologumena benutzt (Luther) oder distanziert seziert. Seine Wirkungsgeschichte wird wie die seiner Auslegung nicht wahrgenommen.

---

7   W. Zimmerli: Grundriß der Alttestamentlichen Theologie, 3. Aufl. Stuttgart 1978, S. 49f.

Martina Severin-Kaiser

Aus der jüdischen Auslegung

Ganz anders dagegen arbeiten sich die jüdischen Ausleger durch die Jahrhunderte an diesen Texten ab. Immer wieder waren sie verwirrt und „wie vom Schlag" getroffen angesichts des innerhalb der Tora singulären Gebotes, eine ganze Nation bedingungslos und ohne Einschränkung auszulöschen.[8] Diese Anstößigkeit der Texte machte es in ihren Augen um so dringlicher, nach einem angemessenen Verständnis zu suchen. Die Auseinandersetzung war und ist in der orthodoxen Tradition von der hermeneutischen Annahme geleitet, daß die Tora in sich einheitlich sei und daher nicht im Gegensatz zu ihrer sonstigen Intention hier plötzlich Barbarei Tor und Tür geöffnet sein könne. Diesem Ansatz entsprechend, werden in unserem Fall die Perikopen in Ex 17 und Dtn 25 in der Zusammenschau als sich ergänzende Berichte zu ein und demselben Ereignis verstanden. Der unterschiedliche Charakter der beiden Texte wird mit der jeweils spezifischen Intention der Bücher Exodus bzw. Deuteronomium erklärt.[9]

Interessant ist, daß die rabbinische Exegese sowie die Kommentatoren des Mittelalters bei den Problemen des Textes ansetzen, für die auch andere Formen der Exegese keine oder nur unzureichende Antworten gefunden haben. Ebenfalls kreisen die Bemühungen zunächst um die Frage, wer sich hinter dem Namen Amalek verbirgt. Eine der zentralen Auslegungen hat ihren Ausgangspunkt in der Beobachtung, daß von keinem anderen Volk in der Tora gesagt wird, daß es Gott nicht fürchte. Nur von Amalek wird dies in Dtn 25,18 berichtet. Diese Auffälligkeit veranlaßt die Kommentatoren, alle Stellen der Tora miteinander zu vergleichen, an denen von der fehlenden oder vorhandenen Gottesfurcht einzelner Personen die Rede ist. Viermal ist dies einschließlich des hier zu verhandelnden Textes der Fall: Gen 20,11 (Abraham und Sarah bei Abimelech); Gen 42,18 (Josef und seine Brüder); Ex 1,17 (Hebammen verhindern die Tötung der Erstgeborenen) und Dtn 25,18. Bei genauer Betrachtung

---

8 N.Leibovitz: Studies in Devarim, Jerusalem 1980, S. 251.
9 Dies.: a.a.O.

dieser Passagen fällt als Gemeinsamkeit auf, daß die Gottesfurcht des genannten Volkes und der erwähnten Personen jeweils an ihrem Verhalten Schwachen und Fremden gegenüber gemessen wird. Die fehlende Gottesfurcht der Amalekiter zeigt sich demnach in ihrem völlig grundlosen Überfall auf die gerade aus Ägypten Geflohenen, wobei sie es besonders auf die schwachen Nachzügler absahen (Dtn 25,18). Der abrupte Einsatz des Abschnittes Ex 17,8 „Und Amalek kam ..." sowie die Tatsache, daß Israel noch lange nicht im Begriff war, in das verheißene Land zu ziehen, bestärken die Ausleger in der Annahme, daß es sich hier um einen unbegründeten und willkürlichen Angriff handelt.[10]

Aus diesen Erkenntnissen wird in der traditionellen Bibelauslegung der Schluß gezogen, daß mit Amalek keine bestimmte Nation oder schon real existierendes Volk gemeint sei. Amalek repräsentiert ein bestimmtes Verhalten und stellt den Prototyp des grundlosen Aggressors gegen Schwache und Wehrlose dar. Da diese Verhaltensweise immer wieder auftritt, muß die Auseinandersetzung von Generation zu Generation (Ex 17,16) jeweils neu geführt werden.

In den Augen jüdischer Ausleger unterstützen noch weitere Beobachtungen die Annahme, daß es sich bei Amalek um die Personifikation eines bestimmten Verhaltens handelt. In der biblischen Darstellung begegnet Israel zwischen der Flucht aus Ägypten und dem Einzug in das Land zur Zeit seiner Wüstenwanderung lediglich zwei Völkern. Da dieses Gebiet sicher dichter besiedelt war, muß mit der Schilderung lediglich dieser zwei Begegnungen eine besondere Intention verbunden sein. Im Gegensatz zu dem katastrophalen Zusammenstoß mit Amalek wird das Treffen mit Jitro, dem midianitischen Priester und Schwiegervater des Mose, durchweg positiv geschildert, da Mose hier den entscheidenden Anstoß erhält, Gerichtshöfe einzusetzen. Sowohl Jitro als auch Amalek repräsentieren verschiedene Verhaltensweisen, was sich auch in ihren Namen zeigt. So weckt der Name Jitro, gleichbedeutend mit „hoher Vor-

---

10 Dies.: a.a.O., S. 252–262.

zug", angenehme Assoziationen, ganz im Gegensatz zu Amalek, in dessen Namen das Verb malak enthalten ist, das „den Hals umdrehen" bedeutet. Auffallend ist auch, daß wie von Jitro ebenso von Amalek nur im Singular die Rede ist, was die Annahme unterstützt, daß es sich hier nicht um eine reale ethnische Größe, sondern um die Typisierung eines bestimmten Verhaltens handelt.[11]

Die Identität Amaleks und der fehlende Grund für den Angriff werden bei den jüdischen Auslegern in einen logischen Zusammenhang gebracht. Mit dieser Auslegung gelingt es den jüdischen Exegeten, die Härten der Texte nicht zu übergehen, ihnen aber dennoch eine konträre Zielrichtung zu geben.

Den nächsten Ansatzpunkt für eine weiterführende Deutung bietet den Rabbinen die in der Tat schwer verständliche Formulierung („Hand an den) Sitz JH (kis-jah)" in Ex 17,16. Viele christliche Ausleger gelangen hier allein durch die Veränderung des Konsonantenbestandes zu einem verstehbaren Text. Ganz anders fragt sich RaSCHI[12], der bedeutendste jüdische Bibelausleger des Mittelalters, warum hier, wo von dem andauernden Krieg Gottes mit Amalek die Rede ist, im hebräischen Text sowohl das Wort für Sitz bzw. Thron wie auch der Gottesname in einer ungewöhnlichen Kurzform erscheinen. Seine Antwort, die alte Midraschim aufnimmt, lautet: „Der Heilige, gelobt sei ER, schwur, daß sein Name nicht ganz und sein Thron nicht ganz sein würde, bis der Name Amalek völlig ausgelöscht sei; wenn dessen Name ausgelöscht sein wird, dann wird der Name des Ewigen ganz und der Thron ganz sein." Beides, der Thron und der Name Gottes, sind nach jüdischem Verständnis Symbole der Königsherrschaft Gottes, die sich demnach in der Welt nicht durchsetzen kann, solange zwischen Menschen noch amalekitisches Verhalten existiert. Die Mechilta, einer der ältesten Midraschim zu dem Buch Exodus,

---

11 Y.T.Radday: Ein Stück Tora, Zum Lernen des Wochenabschnitts, Beschalach, Limmud 1, Frankfurt 1989.
12 Abk. für Rabbi Schlomo ben Jizchak, lehrte zur Zeit des ersten Kreuzzugs u.a. in Worms.

Gedenke dessen, was dir Amalek antat ...

fügt daher konsequent im Abschnitt Beschalach hinzu: „Wenn dereinst Gott auf seinem Thron sitzt und die Herrschaft sein ist, dann wird kein Krieg sein zwischen Gott und Amalek."

Eine weitere Auslegung ordnet Amalek eine spezifische Rolle in der Weltgeschichte zu. Diese Deutung nimmt den Ausdruck in Dtn 25,18 („wie er auf dem Weg) über dich kam (hebr.: karcha) ..." als Ausgangspunkt. Die Konsonantenfolge *„krh"* kann im Hebräischen auch „kalt" bedeuten. Dazu erläutert RaSCHI, indem er sich auf den Midrasch Tanchuma stützt: „Ein Ausdruck für Kälte und Hitze und das bedeutet: Er machte dich lauwarm und kalt nach der kochenden Hitze, die du vorher hattest. Denn alle Völker fürchteten, dich [d.h. Israel, M.S.-K.] zu bekämpfen und dieser [d.h. Amalek, M.S.-K.] kam und begann es anderen zu zeigen. Ein Gleichnis: Dies mag mit kochend heißem Badewasser verglichen werden, in das kein lebendes Geschöpf steigen kann. Ein Tor kam und sprang herein; obwohl er sich verbrühte, kühlte (karah) er es für andere." Diese Ausführung spielt auf den großen Augenblick an, in dem nach jüdischem Verständnis die Vollendung der Gottesherrschaft zum Greifen nahe war. Nachdem Israel, ein Volk von Sklaven, durch das Schilfmeer dem Zugriff einer mächtigen Armee entkommen war, erschraken die Völker vor der Tat Gottes, was in Ex 15,14ff. beschrieben ist. Statt wie die anderen Völker die Wunder Gottes wahrzunehmen und der Vision einer Welt, in der Schwache und Fremde ohne Angst leben können, eine Chance zu geben, fällt durch den unbegründeten Angriff Amaleks auf die geflüchteten Sklaven die Welt in ihre übliche Verhaltensweise zurück. Deshalb fehlt der Name Amalek in der Aufzählung der Völker Ex 15,14ff. und darum bestimmt nach wie vor Gewalt gegen Schwächere das Weltgeschehen. Amalek wird somit der moralische Dammbruch angelastet, dem seither so viele gefolgt sind.

Heutige orthodoxe Exegeten und Exegetinnen kommen angesichts der hier vorgestellten Auslegungstraditionen zu dem Schluß, daß die Auseinandersetzung mit Amalek, zu der die Tora aufruft, in erster Linie ein ethisches Problem darstellt.

Denn amalekitisches Verhalten ist mit dem Willen des Gottes Israels schlechterdings unvereinbar. Deshalb wird Israel so unmißverständlich aufgefordert, diesem Verhalten zu allen Zeiten entgegenzuwirken.[13]

Maimonides[14], der berühmte Philosoph und die rabbinische Autorität des 12. Jahrhunderts, entdeckt in Dtn 25,17ff. zwei Gebote, die Israels Verhalten gegenüber Amalek genauer umreißen: das Gebot zu „gedenken" und das Gebot „auszulöschen". Zur letztgenannten Weisung stellt er fest, daß ein Krieg gegen Amalek zu den drei „Pflichtkriegen" gehört, für die ein israelitischer König die Zustimmung des Sanhedrin (des höchsten Gerichtshofes) nicht einzuholen braucht. Die beiden anderen sogenannten „Pflichtkriege" sind die erste und einmalige(!) Landnahme und die Errettung von Juden aus der Hand ihrer Feinde in allen Generationen. Sowohl der hier angesprochene politische Rahmen – ein König in Israel – als auch die Aufzählung der Landnahme und des Krieges gegen Amalek zeigen, daß es sich hier um eine historische Aufzählung handelt, der für die Gegenwart keine unmittelbare Bedeutung zukommt. Anders äußert Maimonides sich in seinem Kodex „Jad Chasaka" (d.h. „Die starke Hand") zu der Ausführung des Gebotes „Gedenke dessen, was dir Amalek antat ..." nach Dtn 25,17. Gedenken führt seiner Ansicht nach zum Nichtvergessen (Dtn 25,19), wenn dies laut geschieht. Daher kommt Maimonides zu dem Schluß, daß dieser Verpflichtung entsprochen wird, wenn zuzüglich zur jährlichen Lesung der Tora dieser Abschnitt an einem nach ihm benannten Sabbat „*Sachor*" (d.h. „Gedenke") gelesen wird.

Die inhaltliche Funktion dieser bis auf den heutigen Tag durchgeführten Lesung wird deutlich, wenn wir bedenken, daß sie am Sabbat vor dem Purimfest geschieht. Natürlich soll die Lesung die Hörerinnen und Hörer an die Unvereinbarkeit des Willens Gottes mit dem Verhalten Amaleks erinnern. Ganz in diesem Sinne versteht S. R. Hirsch, der Vertreter der Neo-Or-

---

13 N.Leibovitz, Y.Radday u.a.
14 Dargestellt nach Y.Radday: a.a.O. Material 2f.

thodoxie im 19. Jahrhundert in Deutschland, die Lesung als Aufforderung, Gerechtigkeit und Menschlichkeit zu wahren, selbst dann, wenn Israel unter gegenteiligem Verhalten zu leiden hat. Die drastische Sprache des Abschnittes will das abschreckende Beispiel Amaleks auch für den Moment deutlich vor Augen führen, „wenn du deines Israelberufes und deiner Israelsendung ... vergessen möchtest."[15]

Wichtiger noch ist der Zusammenhang mit dem Purimfest, an dem der Rettung der jüdischen Bevölkerung im babylonischen Reich durch das beherzte Eingreifen Esthers gedacht wird. Der den Völkermord planende Haman wird als Nachfahre des amalekitischen Königs Agag (Esther 3,1) eingeführt. Schon zur Abfassungszeit des Estherbuches gelten Amalekiter offensichtlich als Prototyp derjenigen, die grundlos Israel vernichten wollen. Durch diesen liturgisch festgelegten Ort, an dem die Amalek-Perikope gelesen wird, erklärt sich auch ihr Verständnis. In Dtn 25,17ff. wie in der Geschichte des Estherbuches sehen Jüdinnen und Juden ihre Erfahrung aufgehoben, immer wieder ohne erkennbaren Grund Haß und Verfolgung ausgesetzt zu sein. In der Amalek-Episode und am Untergang Hamans wird deutlich, daß sich diese Unmenschlichkeit letztlich nicht auszahlt und nicht zum Sieg führt. Es erfordert nicht viel Phantasie, sich vorzustellen, welche Bedeutung gerade diesen biblischen Abschnitten der Tora und dem Estherbuch in der Zeit des Nationalsozialismus zukam. Erstaunlich ist dagegen eher, wie selten eine direkte Identifikation real existierender Personen mit der Größe Amalek vorgenommen wurde. „Kaum je eine Nation oder Denkungsart wurde mit Amalek bezeichnet – mit einer einzigen Ausnahme." Selbst die nennt der hier zitierte Autor[16] nicht. Als direkte Erben Amaleks werden, der Andeutung entsprechend, in neueren Auslegungen[17] nur „Hitler und seine SS-Schergen" genannt. Ansonsten ist lediglich von amalekitischen

---

15 Zit. nach Y.Radday: a.a.O. Material 5.
16 Y. Radday: a.a.O. Material 3.
17 Z.B. Rabbiner M.Ydit: Wochenabschnitt Tezawe Schabbat Sachor, in: Allgemeine Jüdische Wochenzeitung vom 21.2.1991.

Verhaltensweisen die Rede, deren sich einzelne Personen bei bestimmten unmenschlichen Taten schuldig machen.

Die hier angesprochene historische Erfahrung bildet den hermeneutischen Schlüssel für diese zentrale jüdische Auslegung der Amalek-Perikopen. Es geht daher um die Frage, wie ich grundloser Aggression und Unmenschlichkeit begegnen soll, die mein Leben bedrohen. Der Standpunkt der Tora ist nach jüdischem Verständnis eindeutig und findet sich kurzgefaßt im Babylonischen Talmud (San. 72a) „kommt einer, dich zu töten, komme ihm zuvor." Zur Rettung des eigenen Lebens ist Gewalt erlaubt und geboten. In der Situation höchster Bedrohung soll nicht mit Anpassung bzw. Assimilation reagiert werden, was meist nicht den erhofften Nutzen bringt, oder gar mit Resignation. Es gilt, aktiv dem Bösen Widerstand entgegenzusetzen. Hier hat sich Israel als Verbündeter Gottes in seiner Auseinandersetzung mit Amalek zu bewähren.

Der Vollständigkeit halber muß erwähnt werden, daß immer wieder in Midraschim und auch bei späteren Auslegern die Amalek-Episoden einen paränetischen und israel-kritischen Charakter erhalten. Der Überfall der Amalekiter wird als Antwort Gottes auf die in Ex 17,7 geäußerte Frage: „Ist JHWH in unserer Mitte oder nicht?" verstanden. Nachdem Gott an Israel soviel getan hatte, sie befreite, mit Manna speiste und ihnen in Massa und Meriba zu trinken gab, wird die genannte Frage als unverschämt und undankbar zurückgewiesen. Der Angriff Amaleks soll Israel demnach auf den Boden der Tatsachen zurückholen und deutlich machen, wie sehr es allein Gott seine Existenz verdankt.[18] Demzufolge soll die Aufforderung des „Erinnerns" nicht in erster Linie dazu dienen, an die Unmenschlichkeiten anderer zu erinnern, sondern vielmehr eigene Fehler aufzuzeigen. Denn „der Feind kommt immer nur infolge eigener Sünde und Übertretung", heißt es dazu in der Pesikta de Rav Kahana.[19]

---

18   Midrasch Tanchuma B Jethro 4 und Teze 12, hg.v. H. Bietenhard, Bd. 2, Bern 1982.
19   Art. Amalek, Encyclopedia Judaica, Bd. 1 Sp. 791, Jerusalem 1972.

Gedenke dessen, was dir Amalek antat ...

Überlegungen aus der Gruppendiskussion

Haben nun die verschiedenen jüdischen Auslegungen, die hier vorgestellt wurden, die Anstößigkeit unserer Texte vollständig beseitigt? Um es gleich vorweg zu sagen: Rabbinische Auslegung kennt kein exklusives Textverständnis oder die Dominanz einer Auslegung. Selbst der palästinensische Teilnehmer unserer Gruppe bestätigte, daß viele Jüdinnen und Juden nach wie vor mit Entsetzen und Unverständnis auf die Amalek-Texte reagieren. Sie sehen ihr Mißtrauen gegen die Perikopen darin bestätigt, daß in Kreisen des Gush Emunim (d.h. Block der Getreuen, Siedlerbewegung in den besetzten Gebieten) einmal offen die Palästinenser mit Amalek gleichgesetzt wurden, um ihre Vertreibung biblisch rechtfertigen zu können. In unserer Diskussion schlossen sich viele der Meinung an, daß selbst wenn in den Amalek-Episoden die Auseinandersetzung mit unmenschlicher Aggression thematisiert wird, dies in einer höchst gefährlichen, weil mißverständlichen Weise geschieht. Die Sprache der Texte nimmt zweifellos rassistische Motive auf, indem eine Gruppe von Menschen ohne Rücksicht auf ihr eigenes Verhalten verurteilt wird.

Dieser Einwand ist legitim und muß zu jeder Zeit ernstgenommen werden. Er stellt gewissermaßen die kritische Grenze dar, an der sich der biblische Text und seine Auslegung bewähren müssen. Die große Stärke rabbinischer und späterer jüdischer Auslegung besteht darin, daß sie die Schwierigkeiten, in die diese Abschnitte uns bringen, offen diskutiert und nicht tabuisiert haben. Ein Vorgang, den wir uns für die Arbeit christlicher Exegetinnen und Exegeten nur wünschen können.

Die entscheidende Frage wird sein, ob wir mit unserem Textverständnis den genannten Einwänden recht geben müssen. Dies ist der Fall, wenn die Texte aus ihrem biblischen Kontext gelöst werden und als sicher gilt, daß mit Amalek ein nach wie vor existierendes Volk angesprochen wird. Letzteres muß in jedem Fall verneint werden, selbst wenn man sich dem rabbinischen Verständnis an diesem Punkt nicht anschließen mag. Mit der These, daß es bei Amalek um die Personifikation eines bestimmten Verhaltensmusters geht, greifen die Ausleger auf ein Textverständnis zurück, das – wie uns das Beispiel von Haman zeigt – bereits in biblischer Zeit belegt ist. Auf alle Fälle steht dieses Verständnis rassistischem Mißbrauch der Perikopen entgegen. Auch wenn die jüdische Auslegung in erster Linie aus sich heraus verstanden werden muß, ist es in diesem Fall wichtig zu betonen, daß ihr Ergebnis mit den Methoden der historisch-kritischen Forschung wenn auch nicht zu belegen, so doch nicht verworfen werden kann. Anschaulich läßt sich hier zeigen, daß die Auslegung der Tora nach jüdischer Auffassung Teil der Aufgabe ist, die jeweils eigene Wirklichkeit zu begreifen. Diese Wirklichkeit ist wie der Kontext der Amalek-Perikopen nach wie vor von der Erfahrung bestimmt, als Minorität immer wieder unerklärbaren Angriffen ausgesetzt zu sein. Über die Berechtigung dieses hermeneutischen Horizontes läßt sich gerade heute nicht mehr diskutieren. Geschändete jüdische Friedhöfe, öffentlich geäußerte Antisemitismen und der Strom jüdischer Flüchtlinge aus dem Bereich der ehemaligen Sowjetrepubliken sprechen eine deutliche Sprache.

Es geht in der Auseinandersetzung mit Amalek um das Recht, das eigene Überleben auch unter Anwendung von Gewalt zu sichern, und dies formuliert aus der Perspektive einer Minorität ohne gesicherten Lebensraum und Zugang zur politischen Macht. Absoluter Pazifismus käme in der hier angesprochenen Situation der persönlichen Selbstaufgabe gleich, der widersprochen wird. Wenn die eigene Existenz unter Anwendung von Gewalt verteidigt und amalekitischem Verhalten auf diese Weise entgegengetreten werden soll, dann muß dringend die Frage nach den Kriterien gestellt werden, die den Einsatz derartiger Mittel erlauben. Diese Diskussion muß unabdingbarer Bestandteil der Auseinandersetzung mit den besprochenen Texten sein, damit ihr lebensschützender Gebrauch nicht in Mißbrauch umschlägt, zu Lasten von Jüdinnen und Juden oder anderen Gruppen, die Zielscheibe von Vorurteilen und Verfolgung sind.

Das Ende der christlichen Mission · Matthäus 28,16–20

I. Der Text

„Die elf Schüler gingen hinaus nach Galiläa,
zum Berg, den ihnen Jesus festgesetzt hatte.
Ihn sehend, beteten sie an,
die nun waren hin- und hergerissen.
Auf sie zugehend, redete er zu ihnen, sprechend:
„Gegeben ist mir alle Gewalt im Himmel und auf der Erde.
Geht nun,
macht alle Völker zu Geschulten,
sie durch das Tauchbad führend auf den Namen hin des Vaters,
des Sohnes und des heiligen Geistes,
sie schulend, zu bewahren alles, was ich euch geboten habe;
Und da:
ich werde dasein mit euch
alle Tage,
bis zur Vollendung der Weltzeit."

II. Der Kontext

Matthäus 28,16–20 ist das Finale der Leidens- und Auferstehungserzählung und des ganzen Evangeliums. Galiläa ist der Ort, der in Mt 27,55 und 28,7 eine entscheidende Rolle spielt: Dort, und nur dort, wird der Messias „gesehen", nachdem er getötet worden ist. Somit schließt unser Text den ganzen Komplex 26,1–28,15 ab.

Ich denke, daß Matthäus, die Situation einer messianischen Gemeinde aus Judäern und Gojim *im* römischen Imperium und *nach* der Zerstörung des Zentrums des judäischen Volkes, des Tempels und der Stadt reflektierend eine Konsequenz zieht, die Paulus schon vor ihm gezogen hat, nicht ohne auf schwere Bedenken anderer Schüler des Messias Jeschua zu stoßen. Für die Lösung des Problems „Israel unter den Völkern" gebe es keine andere Möglichkeit als den Gang zu den Völkern, indem diese in die Befreiungsgeschichte Israels einbezogen werden. Die historische Situation des Paulus war eine Vorahnung dessen, was kommen würde; die historische Situation des Matthäus war ein Judentum ohne geographisches Zentrum. Sein Projekt, die Völker zu „Geschulten" in Israels Lehre von Freiheit zu machen, war nicht angelegt auf die effektive ideologische Begleitung der „Romanisierung" der Welt, eher vielleicht auf eine „Judaisierung" der Welt, aber es hat nicht wenig zur Romanisierung beigetragen. Die Folgen waren tatsächlich verheerend, vor allem für die, die das Spiel nicht mitmachten, für die, die Juden blieben. Wissend um diese verheerenden Folgen soll Jubel nicht aufkommen, zumal seit Anfang der Neuzeit die „Christianisierung" der Welt hinzugetreten ist. Wir haben allen Anlaß, etwas gründlicher über den „missionarischen" Auftrag des Christentums nachzudenken, erst recht, weil er seit Beginn der Neuzeit vor etwa fünfhundert Jahren ein „zivilisatorischer" geworden ist, der in unseren Tagen neue Aktualität erhält. Die Durchsetzung „universaler" Menschenrechte wird bei der vorherrschenden Interventionsmentalität seitens der „neuen Weltordnung" zu einem weiteren Kapitel in der Geschichte des Projektes, das bei Paulus, bzw. bei Mt 28, 16–20 angefangen hat. Vielleicht aber ist es von Anfang an doch anders gemeint gewesen ...

III. Die Auslegung

Die Schüler tun drei Dinge und Jeschua tut drei Dinge. Die Schüler sehen, beten an und sind hin- und hergerissen. Jeschua geht auf sie zu, er redet und spricht – jeweils also drei Verben.

1. Sehen, anbeten, hin- und hergerissen sein

Die Schüler sehen ihn. Es kann ein neutraler Vorgang sein, also „etwas wahrnehmen"; es kann aber auch so etwas wie: „aufpassen" (*idou!* könnte man mit: aufgepaßt! umschreiben) oder „zusehen, daß" bedeuten. Oft umfassen die Formen also weit mehr als nur ein neutrales optisches Wahrnehmen.

Das Ende der christlichen Mission

1.1. Anbeten

Anbeten, *proskynein*, ist die Übersetzung des hebräischen *hischtachawah*, sich hinwerfen. In der Schrift wirft man sich vor Königen nieder, aber auch vor Gott. In den Evangelien und den apostolischen Schriften ist *proskynein* reserviert für den Akt des Anbetens; das Objekt ist Gott oder der Menschensohn, dem Gott seine ganze Macht übertragen hat.

1.2. Hin- und hergerissen sein

Die Konstruktion des Satzes ist merkwürdig: *hoi de edistasan*, scheint einen Gegensatz zu *idontes auton prosekynèsan* zu sein. Aber dann müßte der Satz so lauten: *idontes auton [hoi men] prosekynèsan, hoi de edistasan*: ihn sehend, beteten [einige] an, andere waren hin und hergerissen. Aber das *hoi men* im Vorsatz fehlt. Man kann also nicht übersetzen, wie das meistens geschieht: „einige jedoch zweifelten". **Alle** elf sehen ihn, beten an und **alle** elf sind hin- und hergerissen. Sie sehen zwar den Messias und sie sehen ihn als „wahrhaften Sohn Gottes", aber **gleichzeitig** sehen sie das andere, die Übermacht der Römer, das Elend des Volkes und der Völker. Die Auferstehung beseitigt nicht die Zweifel, ja, nicht einmal die Verzweiflung, weil sie ja nicht das Elend des Volkes und die Übermacht des Feindes beseitigt. Und deswegen ist das Vertrauen in den Messias nicht ohne jene Verzweiflung am realen Zustand einer real existierenden Welt. Ohne jene verzweifelte Hoffung wäre dieses Vertrauen (*pistis*) lächerlich; ist meistens lächerlich, weil das Elend der Welt in ihm nicht vorkommt.

In diese Situation hinein redet der Messias.

1.3. Der Rahmen

Dieses Reden hat einen eindeutigen Rahmen. Der ganze Raum und die ganze Zeit wird von dieser Rede erfüllt: „gegeben ist mir **alle Gewalt im Himmel und auf der Erde** // und da: ich werde dasein mit euch **alle Tage**, bis an die Vollendung der Epoche." Das, was der „Missionsbefehl" genannt wird, ist also umrahmt durch die Vollmacht des Messias, die den ganzen Raum erfüllt und sein solidarisches Dasein, das die ganze Zeit erfüllt. Wenn wir also nicht wissen, wozu der Messias die Macht erhalten hat und wie er solidarisch ist, werden wir nicht verstehen, was mit dieser sogenannten „Mission" gemeint ist.

Mit dem räumlichen Teil des Rahmens geht Jeschua ein auf das *distazein*, das Hin-und-hergerissen-sein der Schüler. Er sagt ihnen, daß dazu kein Grund besteht, weil die ganze Macht auf den Messias übergegangen ist, wie sie aus Dan 7,14 hätten wissen müssen.

Das griechische Wort *exousia*, das in Mt 28,18 gebraucht wird, gibt es auch in der LXX; dort steht es für hebr. *memschalah* und aram. *schaltun*. Jeschua zitiert Dan 7,14 und identifiziert sich so mit jenem „wie einem Menschenkind", jenem *bar 'enosch*. Er zitiert nur die erste Zeile, setzt die zweite voraus und benennt die Universalität dieser Gewalt: im Himmel und auf der Erde. Damit ist das *distazein* für ihn erledigt und erklärt und das, was kommt, begründet. Es kann und darf keinen Ort mehr geben, der nicht vom Menschenkind, vom Messias Jeschua, durchwaltet ist. Könnte sich auch nur irgendetwas seiner Gewalt entziehen, wäre alles gefährdet. Aber es darf auch keine Zeit mehr geben, die sich der Gewalt des Messias entzöge, auch dann wäre alles gefährdet. Wenn also die Jünger hinausgehen, um **den ganzen Raum** zu füllen, müssen sie dessen gewiß sein, daß sie **keinen Tag** ohne die solidarische Präsenz des Messias sein werden, daß es niemals eine Zeit ohne den Messias geben wird, bis zum Ende der *'olam hazzeh*, dieser Epoche, dieses Saeculums.

2. Die Schulung durch Israel

Jenes „Missionsgebot" setzt eine Bewegung in Gang: *poreuthentes oun*, „gehend nun". Der Gang der messianischen Gemeinde im „Bewahren der Gebote" hat die Welt aller Völker als Raum.

Das Ende der christlichen Mission

Der ganze Passus ist folgendermaßen konstruiert:

    hinausgehend   (Partizip)
    macht sie zu Geschulten   (Imperativ)
    sie durchs Tauchbad führend (Partizip)
    sie schulend   (Partizip)

Das erste Partizip ist die Bedingung für alles weitere: die Gemeinde muß sich in Bewegung setzen, um etwas zu tun: alle Völker zu Geschulten zu machen. Das tut sie, indem sie sie durchs Tauchbad führt und schult. Das Gehen ist die Bedingung, das Tauchbad und die Schulung sind die Mittel; die Tatsache, daß die Völker „zu Geschulten gemacht werden" ist das Ziel. Der Vorgang, der mit dem Wort *baptizein*, durch das Tauchbad führen (taufen), angedeutet wird, steht zwischen den beiden Zeilen, deren griechische Verben beide der hebräischen Wurzel *lamad* entsprechen. Was „Taufe" ist, wird von *lamad* und nur von *lamad*, von der Lehre Israels, bestimmt. Das Tauchbad und das Schulen sind die zwei Mittel, die für das Geschult-werden aller Völker eingesetzt werden. Wir besprechen daher zunächst die Zeile, die mit dem Imperativ „macht sie zu Geschulten" und dann die Zeile, die mit dem Partizip „schulend" anfängt.

    Das Schlüsselwort ist hier *lamad*. Die Wurzel heißt: sich auskennen. Das rabbinische Judentum nennt seine ganze Lehre, schriftliche und mündliche Überlieferung nebst klassischen Kommentaren und Diskussionsprotokollen *thalmud*, Schulung. Wir haben es also mit der „Lehre" zu tun, mit der Lehre Israels, mit der es sich selber schult und mit der es die Völker schulen soll. *Mathèteuein*, eine Wortschöpfung des Matthäus, heißt: Macht alle Völker zu Geschulten in der Schulung oder der Lehre des Messias Jeschua und nicht: macht sie zu Schülern einer der bekannten Richtungen der Thoraauslegung. Die Lehre Jesu ist aber keine neue „Religion", das nun ja gerade nicht; sie ist immer und ungekürzt das, was in Israel von jeher heilige Lehre war, die Thora und die mündliche Überlieferung.

2.2. Der Konservatismus der Schulung

Inhalt der Schulung ist Bewahren, hebr. *schomer*. In ähnlichen Zusammenhängen hat das Wort in der Schrift immer die Thora und die einzelnen Gesetze, Rechtsverordnungen und Gebote, in denen die Thora konkret wird, zum Objekt. Als bei Matthäus der Messias Jeschua seine Schüler schult, „lehrt er sie mit Vollmacht und nicht wie ihre Schriftgelehrten" (7,29). Seine Schulung ist die Schulung Israels, wie er gerade am Anfang seiner Lehransprache deutlich macht:

> Meint nicht,
> ich wäre gekommen,
> aufzulösen Thora und Propheten;
> nicht bin ich gekommen, aufzulösen,
> sondern voll zu machen.
> Bis vorübergehen der Himmel und die Erde,
> wird kein Jota und kein Pünktchen aus der Thora vorübergehen,
> bis alles geschehen sein wird.
> Löste jemand also auch nur eines dieser geringsten Gebote auf,
> schulte dementsprechend die Menschen,
> als geringster wird er gerufen im Königreich der Himmel.
> Wer sie aber tut und dementsprechend schult,
> der wird als Großer gerufen im Königreich der Himmel.
> Mt 5,17–19

Die Schulung des Messias Jeschua beinhaltet Thora und Propheten und, wie Mt 23,2f. lehrt, auch die mündliche Überlieferung: „Alles, was sie euch *sagen*, tut es und bewahrt es". Dabei fragt sich, was „tun" und also auch was „schulen" hießt:

> Ich sage euch freilich:
> Wenn die Bewährung nicht hinausragt
> und mehr ist als die von Schriftgelehrten und Pharisäern,
> so werdet ihr nicht hineingehen in das Königreich der Himmel.

Das Kriterium ist die Bewährung (*zedaqah*); und das zeigt sich im Tun des Rechts, der Huld und der Treue, wie Mt 23,23 hören läßt. Hier haben wir die vier Eckpfeiler der „Ethik" Israels:

Wahrheit und Recht,	*zedaquah wumischpat*
Huld und Treue,	*chesed we'emeth.*

Das Ende der christlichen Mission

Und der Messias ist ja gekommen, um „die ganze Bewährung zu erfüllen" (3,15).

Für Matthäus war die Zeit, in der er und seine Gemeinde lebte, keine Zeit, die mit vergangenen Zeiten verglichen werden konnte; es war die Zeit der Entscheidung, des unmittelbar bevorstehenden Einbruchs der *'olam habba*, der kommenden Zeit, der Zeit des Königsreichs der Himmel, in die *'olam hazzeh*, die Zeit der Weltherrschaft, Zeit Roms. Eine solche, wahrhaft revolutionäre Epoche erfordert ein wahrhaft revolutionäres Hüten der Gebote, Gesetze und Rechtsverordnungen der Thora Israels, keine andere Lehre, sondern eine andere **Praxis**, ein anderes **Tun**: das ist der Gegensatz. Und deswegen besteht die Kritik darin, daß die Schriftgelehrten und Pharisäer „das schwerwiegendere der Thora beiseite lassen, das Recht (*krisis, mischpat*), die Huld (*eleos, chesed*) und die Treue (*pistis, 'emeth*)" (23,23). Das bedeutet nicht, daß man die anderen Dinge, etwa das Verzehnten von Kümmel und Anis usw. vernachlässigen soll, aber man soll die richtigen Akzente setzen: „Das soll man tun, das andere nicht lassen" (23,24). Die Lehre Israels: das ist nach Matthäus die Thora, die schriftliche Überlieferung und mündliche Überlieferung, **beides**. Sie, angewendet auf die Verhältnisse der entscheidenden Zeitwende, ist von allen Völkern zu bewahren, damit sie zu „Geschulten" in dieser Lehre werden. Die ganze Lehre Israels ist zu bewahren, darin ist Matthäus ein Konservativer. Aber in ihr ist, gerade in einer Zeit der kommenden Revolution Gottes, zu unterscheiden zwischen Vorrangigem und Nachrangigem, das allenfalls ist die Erneuerung.

Aber wenden wir uns zunächst jenem Zwischensatz zu, der mit dem Partizip *baptizontes*, durchs Tauchbad führend, beginnt.

3. Durch das Tauchbad

Das Entscheidende: es ergeht nicht der Befehl, die Völker zu beschneiden. Die Völker bleiben, wer sie sind: Nicht-Juden; aber sie gehen durch das Tauchbad, weil sie „rein" sein müssen für das kommende Königreich Gottes, in dem das Verhältnis zwischen dem Volk und den Völkern ein für allemal entspannt sein wird.

3.1. Exkurs: Enterbung Israels? Ein methodischer Einschub

Für die Interpretation des „Missionsbefehls" ist entscheidend, ob Matthäus die Völker, die sich in der messianischen Gemeinde sammeln, als Ersatz für das real-existierende jüdische Volk im Land und in der Diaspora angesehen hat.

Ein auf der Linie solcher Enterbungstendenzen erfolgter „Missionsbefehl" *muß* notwendig auf eine Christianisierung der Welt hinauslaufen, weil ja die Völker nicht „durchs Tauchbad geführt", sondern getauft, in das römische Reich als *Corpus christianum* eingegliedert werden. Er liefert dann die Begründung für die Dominanz einer Weltreligion über alle anderen. Daß diese bei Matthäus weder vorausgesehen, noch auch intendiert war, steht auf einem anderen Blatt.

Eine Interpretaion steht also vor der Aufgabe, die Widersprüchlichkeit des Matthäusevangeliums ernstzunehmen: einerseits lehnt Matthäus mit Vehemenz eine neue Lehre ab: die Lehre ist die ganze Überlieferung, mündlich und schriftlich, und nichts sonst; andererseits wird Israel, das konkret im judäischen Volk und nur dort existiert, offensichtlich enterbt. Eine konsistente Interpretation des Missionsbefehls ist nur möglich, wenn man sich für eine der beiden Möglichkeiten entscheidet, statt z.B. die Enterbung wegzuexegetisieren. Das Christentum in all seinen Gliederungen hat sich nahezu einhellig für die Enterbungstendenz entschieden. Mission ist dann an sich antijüdisch. Hier wird versucht, auf der anderen Linie des Matthäus weiterzudenken. Wir überwinden den Antijudaismus in der Theologie nur dann, wenn es eine Möglichkeit gibt, ihn von unserer eigenen Tradition her zu überwinden. Schlechtes Gewissen, das aussortiert und verdrängt, hilft nicht weiter, im Gegenteil, es bereitet den Boden für spätere Regressionen.

Das Ende der christlichen Mission

4. Die trinitarische Formel

Die Taufe geschieht auf den NAMEN hin: es folgt die trinitarische Formel. Keine Formel ist so abgedroschen wie „Vater, Sohn und Heiliger Geist". Wir fangen damit an, festzustellen, daß für ein Kind Israels mit dem NAMEN nur der EINE gemeint sein kann. Die formelhaften Zusätze entfalten den EINEN NAMEN. Jede Trinitarithmetik, die in eine andere Richtung führt, ist Ketzerei, so ehrwürdig sie auch gewesen sein mag.

Gehen wie die einzelnen Zusätze durch.

a) Vater

In der Schrift selber ist der Wortgebrauch Vater = Gott sehr selten, aber eindeutig: er deutet die machtvolle Fürsorglichkeit Gottes an. Die Verfasser der Schrift sind mit der Vorstellung sehr zurückhaltend gewesen; es gibt bekanntlich auch mütterliche Vorstellungen, um das Verhältnis zwischem dem Ewigen und seinem Volk darzustellen: so Jes 49, 15 oder Ex 19,4 und Dtn 32,11, die Adlermutter, die ihre Jungen auf den Flügeln trägt. Diese Zurückhaltung geben die Evangelien, mit Ausnahme von Markus und Lukas weitgehend auf. Das ist nicht unbedingt ein Fortschritt (vgl. aber Mt 23,8!).

b) Sohn

Viel häufiger als das Wort für Vater ist das Wort *hyios*, Sohn. Es kommt am häufigsten in den Evangelien vor. Jeschua wird sowohl Sohn Gottes als auch Sohn des Menschen genannt. Er ist das Kind Israels. Matthäus fängt an: „Buch der Zeugungen Jeschua Messias, Sohn Davids, Sohn Abrahams." Es geht Matthäus um ein Kind Israels. Und so, wie Israel Erstgeborenner unter den Völkern ist, so ist Jesus Erstgeborener unter den Söhnen Israels. Einmal wird Jesus Sohn Abrahams genannt, neunmal Sohn Davids. Jesus ist der königliche Leiter seines Volkes. Elfmal wird Jeschua „Sohn Gottes" genannt. Er ist aber nun nicht irgendein Sohn Gottes, wie jeder Mann in Israel; er ist der Erstgeborene Sohn des Gottes Israels, der in ganz bestimmter Weise sein Volk Gott gegenüber repräsentiert. Nirgends aber nennt er sich selber „Sohn Gottes": es ist das Zeugnis des Himmels, des Hinderers, der Schüler, der Kranken und der Völker über ihn.

Das Verblüffende ist: der Sohn des Menschen ist für sein Volk nicht „Mensch" an und für sich; er ist ein ganz bestimmter Mensch: er ist ein Gebeugter. Gerade weil der Menschensohn zu den Gebeugten und Erniedrigten seines Volkes gehört, wird er sein messianisches Königtum nicht wie ein normaler König ausüben, sondern sein Königtum wird für die, die die ganze Härte, die ganze Qual, die ganze Mühsal des Lebens unter römischer Herrschaft ertragen müssen, Ruhe bedeuten. *Der Sohn ist der Repräsentant seines Volkes Israels, sofern es ein Volk von Gebeugten ist.* Deswegen bleibt das Ganze vor den Weisen jenes Volkes verborgen, kann es nur jenen Mühseligen, Belasteten, den in den Augen der Weisen kindlichen (*nèpioi, 'olel*), offenbar werden.

c) Geist

Jeschua ist aus „heiligem Geist" gezeugt. „Heilig" ist das, was herausgehoben ist aus dem normalen Gang der Dinge. Durch „Heiligkeit" unterscheidet sich der Gott Israels von den Göttern und Göttinnen ringsherum; und durch die Thora unterscheidet sich Israel von den Unrechtsverhältnissen, der Unfreiheit ringsherum. „Werdet mir Heilige, denn Heilig bin ICH, der EWIGE, abgeschieden habe ich euch von den Völkern, mein zu werden." (Lev 20,26) Jeschua wird angetrieben vom Geist der Freiheit; natürlich ist das nicht nur eine reine innerliche Angelegenheit; es geht um reale Freiheit von realen irdischen Herrschaftszuständen. Heiliger Geist, Geist Gottes, das ist der „Sturmwind von Osten her" (*ruach qadim*), mit dem der EWIGE seinem Volk einen Weg durch das Meer schlug (Ex 14,21). Dieser Sturmwind ist so wenig meteorologisch wie der Stern von Bethlehem astronomisch dingfest zu machen! Der Gott Israels kommt ja „von Osten her" (Ez 43,2; Sach 14).

Das Ende der christlichen Mission

„Heiliger Geist" ist, was Israel zu einem „heiligen Volk" macht, die Thora (Dtn 4,6):

> Denn sie ist eure Weisheit und euer Verstand
> in den Augen der Völker,
> die von all diesen Gesetzen gehört haben und sprechen:
> In der Tat: ein weises, verständiges Volk ist diese große Weltmacht.

Heiliger Geist ist das, was Israel antreibt, ein heiliges Volk zu sein, und was Jeschua antreibt in und für Israel.

Ich denke, darüber gibt es heute keinen ernsthaften Disput mehr zwischen der Synagoge und der Ecclesia. Inzwischen ist anerkannt, daß er ein wahrer Sohn seines Volkes war, der in erster Linie zu den Juden und Jüdinnen seiner Zeit gehört und – wenn überhaupt – erst von daher zum christlichen Abendland. Deswegen schreiben wir seinen Namen auf „jüdisch" nicht auf „griechisch", „Jeschua" statt „Jesus". In ihm ist jener Geist des „Heiligen Israels", der zum Volk spricht: „ICH bin heilig, werdet Heilige", sie so zum Heiligen macht und diesen Sohn des Volkes zum Heiligen. Insofern ist er als Stellvertreter Israels Stellvertreter der Menschheit (*ben-adam, bar-enosch*) und gibt es keinen Widerspruch zwischen jenem Sohn, der Israel ist, und diesem Sohn, der der „Israelit" Jeschua ist.

Wenn dies so ist, müssen seine Schüler zu allen Völkern gehen und sie schulen in der Weisheit Israels, ohne sie zu Israel machen zu wollen, sie durch das Tauchbad führend auf den Namen hin

> des Vaters, des Heiligen Israels,
> des Sohnes Israels, des Sohnes der Menschheit,
> des heiligen Geistes des Gottes Israels, der den Sohn der Menschheit
> wie das Volk Israel treibt und sie so zum Sohn Gottes macht,
> sie lehrend alles zu wahren, was jener Jeschua ihnen geboten hat,

ohne sie in einen Judengegensatz (eben „Christen") zu verkehren.

6. Der Inhalt des Namens

Es kann schwerlich daran gezweifelt werden, daß Ex 3,12ff. der Hintergrund für Mt 28,20b ist. So wie Mosche zu den Kindern Israels gesandt wurde, um ihrer Befreiung willen, so wer-

Ton Veerkamp

den die elf Schüler zu den Völkern gesandt, um deren Befreiung willen. Der Akzent der handschriftlichen Mehrheitsversion auf „mit euch" würde dies sogar unterstreichen: ***wie*** mit Mosche (und nicht: ***statt*** mit Mosche!) bei seiner „Mission". Der Messias Israels ist der Daseiende mit denen, die hinausgehen zu den Völkern, um ihnen Anteil an den Befreiungen Israels zu geben. Die messianische Gemeinde ist wesentlich diese Bewegung. Aber wir können den Sprung von der Gemeinde des Matthäus zu unserer Gemeinde so einfach nicht machen.

Das letzte Wort, *synteleia tou aioonos*, wird meistens übersetzt mit „Ende der Welt". Aber das Wort ruft Gen 2,1.2 auf:

> Vollendet wurden der Himmel und die Erde.
> Und Gott vollendete am siebten Tag die Werke, die er getan hat.

Es geht also nicht um ein Ziel in der Geschichte; es geht ebensowenig um das Ende, weil irgendwann alles irgendwie ein Ende hat. Sondern es geht darum, daß die Welt zu dem wird, was sie sein soll, aber noch nie war: Schöpfung. Die Welt muß vollendet werden in dem Sinne, in dem ein großes Werk vollendet wird: fertig, ganz, ganz und gar gelungen. Der Messias Israels ist mit seinen Schülern, bis das Werk Gottes ganz und gar gelungen sein wird, bis die Menschen es sich leisten können, das zu sein, wozu sie geschaffen wurden: Bild und Gleichnis dieses Gottes zu sein.

Indem die Völker, durch das Tauchbad dem NAMEN ihrer Freiheit zugeführt, von den Schülern des Messias zu Geschulten in der Disziplin ihrer Freiheit werden und so die Freiheit Israels „vollendet" wird, gelingt die Welt als Werk Gottes. In dieser Welt hat jedes Volk seinen Platz und seinen Namen. In dieser Welt hat jedes Geschöpf, sei es Mensch oder Tier oder Pflanze oder leblose Wirklichkeit, haben „alle Werke Gottes, die er getan hat", ihren Platz und ihren Namen. Das ist der Sinn dieses Schlußwortes des Evangeliums.

Fragen wir uns in einem vierten Abschnitt, was aus diesem Schlußwort wurde.

IV Dominanz und Mission

Es ist nicht nötig, die Kritik an der christlichen Mission in extenso zu wiederholen. Diese Kritik gibt es seit Jahrzehnten, ja, es gibt sie, seit es Mission gibt. Es soll hier vor allem darauf hingewiesen werden, daß im Rahmen der am Ende unseres Jahrhunderts vorherrschenden Verhältnisse eine missionarische Bewegung von Nord nach Süd nur flankierende Maßnahme jener Superakkulturation sein kann, die man nicht einmal mehr schamhaft zu kaschieren sucht, sondern offen „Strukturanpassung" nennt.

Daß es sich bei der Mission seit dem konstantinischen Zeitalter im Endeffekt um Zwangsakkulturation gehandelt hat, zeigt die Geschichte der christlichen Mission recht eindeutig. Dabei ist nichts gesagt über oder gar gegen die subjektive Motivation der Missionarinnen und Missionare; oft genug haben diese bis zur Erschöpfung daran gearbeitet, das Leben der Menschen, zu denen sie sich gesandt wähnten, zu erleichtern. Oft genug konnten sie dabei nur die übelsten Folgen der Eroberung mildern. Die Mission ist kein Phänomen ohne Widersprüche. Gelegentlich fand Anpassung in umgekehrte Richtung statt, etwa bei der frühen Jesuitenmission in China, die ja vor allem in Konflikt mit Rom und weniger mit Peking geriet; manchmal entwickelten Missionare gesellschaftliche Vorstellungen, die weniger Zwangsakkulturation als Zwangsutopisierung waren, wie z.B. bei den Reductiones der Jesuitenmission in Paraguay. Diese eigentümlichen Gebilde eines christlich-jesuitischen Agrarkommunismus waren für die Bevölkerung zugleich kulturelle Fremdkörper und Schutz vor kolonialer Ausbeutung und deren Sklavenjägern. So hatten sich diese Jesuiten sowohl gegen die Bevölkerung wie auch gegen die Kolonialisten zu behaupten, wobei sich letztere schließlich als Hauptgegner erwiesen. Aber die Mission in der sog. „neuen Welt" wurde ja durch die militärische Eroberung ermöglicht und immer wieder abgesichert und hatte sich letztendlich immer wieder den Interessen der dominanten Gesellschaft der Europäer zu beugen. Gerade die Beispiele der manchmal recht eigenwilligen Jesuitenmission zeigen das eindeutig: Ricci und Gefolgschaft fühlten sich letztendlich nicht den Menschen in Ost- und Südostasien, sondern Rom verpflichtet; die Missionare Paraguays unterwarfen sich der schändlichen, von Rom abgesegneten Anweisung Madrids, die die Bewohner Paraguays der durch nichts mehr gehemmten Ausbeutung der Kolonialisten preisgaben. In der Geschichte des Ordens wurde dies immer als ein großartiges, von Gott selber verlangtes und von den Jesuiten heroisch erbrachtes Opfer des Gehorsams gefeiert.

Mission war „fides propaganda". 1622 wurde das ganze Unternehmen zentral organisiert; Papst Gregor XV. hatte in diesem Jahr eigens dazu ein Ministerium, die „congregatio de propaganda fide", dessen Nachfolger Urban VIII. ein eigenes Ausbildungsinstitut (1627 „collegium urbanum de propaganda fide") gegründet. *Propagare* ist ausdehnen, fortpflanzen; eine *propago* ist ein Ableger, ein Setzling. „Fides propaganda" könnte man an sich durchgehen lassen: Fortgepflanzt sollte unter allen marginalisierten Völkern jenes Vertrauen (*fides* = *pistis* = *'emeth*), das ihnen die Kraft gibt, das Joch ihrer Unterdrückung abzuschütteln. Aber das Wort machte in unserem Jahrhundert Karriere als Inbegriff der meist wenig wahrheitsliebenden Selbstdarstellung von Regierungen. Einfacher kann man es wohl kaum sagen: Mission war die Propaganda für eine Kultur, eine Zivilisation, eine Religion, und so für ein System der Dominanz, geleitet und überwacht von einem vatikanischen Propagandaministerium, das dann auch regelmäßig eingriff, wenn die Agitpropfunktionäre des Christentums nicht im Sinne des Apparats funktionierten. Seinen Geheimdienst, die Inquisition, hatte der Vatikan schon ein Jahrhundert früher exportiert. Mission heißt: die Völker sollten „getauft", und das heißt: in das „Corpus christianum", in das abendländische Dominanzsystem integriert werden.

Die reformatorischen Missionsbemühungen waren selbstverständlich nicht so zentral organisiert. Die Missionsvereine in Deutschland etwa konnte man kaum mit der „congregatio de

Das Ende der christlichen Mission

propaganda fide" vergleichen, eher sind sie „Congregationes de propaganda denominationes", Propagandainstitute für eine spezielle Version der christlichen Religion, bald lutherisch, bald episkopalisch, bald presbyterianisch usw. Sie hatten vor allem „zivilisatorische" Aufgaben, wobei das Seelenheil oder mehr dessen Gegensatz, die ewige Verdammnis, als Motivationskeule hantiert wurden.

Das alles ist schon vor mehr als dreißig Jahren gesagt worden, von J.C. Hoekendijk oder H.J. Margull (um nur zwei Namen zu nennen). 1960 schrieb Hoekendijk: „Wenn wir unseren normalen Platz in der Welt einehmen wollen, werden wir die Entzauberung Europas/des Westens bis zum Ende durchsetzen müssen: vom Mythos bis zum gewöhnlichen Kontinent. Das heißt auch, daß wir unsere Ausnahmeposition aufgeben müssen: die „Herrschaft" (daran wird schon tüchtig gearbeitet) und unseren Reichtum (damit muß erst noch begonnen werden, wie ich meine). Die Welt von morgen, als Einheit betrachtet, wird nur eine *arme* Welt sein können – Solidarität mit dieser Welt wird deswegen nichts als eine Solidarität-in-Armut sein können. Ob wir das wirklich wollen, wird sich in der Askese zeigen müssen, die wir uns selber auferlegen wollen: die Selbstbeschränkung auf ein Minimum und die Bereitschaft das, was wir zu Verfügung gestellt bekommen, freigiebig mit anderen teilen zu wollen. Von der Kirche wird hier verlangt, meine ich, daß sie sich entäußert zu einer Kirche-der-Armen." (De kerk binnenste buiten, 1964, S. 182). Diese Sätze, vor mehr als dreißig Jahren geschrieben, waren damals Programm. Heute sind sie eine Illusion. Der Rahmen der Mission wäre die Entzauberung des Westens; der Ort der Mission die weltweite Kirche der Armen, eben genau jene Ecclesia der Elf, die als Geschulte des Messias die Völker zu Geschulten in der Weisheit Israels machen sollen.

Wir dagegen machen – oder machten – „Entwicklungspolitik". Wir erhoben den Mythos des Westens zur *synteleia* der Welt. Zu unserer „Mission" wurde es, die Völker zu erheben zu jenem Standard des hohen Massenkonsums, der – ganz im Gegenteil zu

Ton Veerkamp

Hoekendijk, aber nahezu zur selben Zeit – W.W. Rostow als das Ziel der Geschichte verkündete in seinem Buch „Stages of Economic Growth – A Noncommunist Manifesto". Das ist nichts anderes als die säkularisierte Gestalt jener Zwangsakkulturation, die wir in Afrika teilweise mit Erfolg, in den Ländern Amerikas durch Ausrottung oder Abdrängung der Völker dort und in Asien so gut wie gar nicht durchsetzen konnten. Nun, auch die Mission des Missionars Rostow scheiterte, sowie die „Alliance for Progress" und das „Peace-Corps" Kennedys, des Präsidenten, dem Rostow als Berater diente. Damals – in den Zeiten der Dekolonialisierung, der aufkeimenden Befreiungsbewegungen und der „revolution of rising expectations" – versteckte man die eigentlichen Absichten in Institute „de propaganda progessione", der Fortschrittspropaganda. Jetzt, da Konkurrenz nicht mehr zu befürchten ist, heißt die Zwangsakkulturation splitterfasernackt „Strukturanpassung". Der Mythos Europas/des Westens ist nicht entzaubert, sondern er ist zum goldenen Bild der Welt geworden, dem „Ehrfurcht zu erweisen" alle genötigt sind.

Wir haben am Ende des 20. Jahrhunderts ein System der Dominanz, das eine völlig neue Qualität besitzt und das alles in den Schatten stellt, was es seit dem römischen Imperium, dem Kolonialismus und Neokolonialismus gegeben hat. Die Kolonialisten hatten Nischen gelassen, die Römer erst recht. Im Zeitalter des Neokolonialismus seit den fünfziger Jahren dieses Jahrhunderts hat es wegen der damals existierenden Systemkonkurrenz politische und ökonomische Manövriermöglichkeiten gegeben. Aber da sich diese Konkurrenz durch die Strategie der fremdfinanzierten (systemfinanzierten), nachholenden Modernisierung innerhalb von zehn Jahren in die vollkommene Abhängigkeit vom Konkurrenten begeben hat, verschwand zunächst jede ökonomische und dann konsequent auch sehr schnell jede politische Bewegungsfreiheit. Jetzt erzwingt der von den Zentren der Dominanz ausgehende Anpassungsdruck überall eine ideologische und letztendlich kulturelle Gleichschaltung, die es unangemessen erscheinen läßt, von Multikulturalität zu sprechen. Was von den vielen Traditionen bleibt, mag

Das Ende der christlichen Mission

kaum das Niveau von Folklore und Sentimentalitäten übersteigen. Allergische Reaktionen wie der islamische Fundamentalismus, so „verständlich" sie immer sein mögen, nehmen so notwendig den Charakter der Barbarei an. Sehr auffällig ist die Form der Hinrichtung, die Fundamentalisten in Algerien für die intellektuellen Befürworter demokratischer Strukturen reserviert haben: den Kopfschuß.

Manche sagen daher: „Es gibt keine Alternative zum System". Andere, vorwiegend grün-kirchlicher Färbung, sehen Alternativen durchaus. Im gleißenden Licht der Systemrealität betrachtet, erweisen sich solche Alternativen nur als Nischenbildung. Daran hat das System durchaus Interesse; im Weltentwicklungsbericht 1990, dem Thema „Armut" gewidmet, wird dem sogenannten „informellen Sektor" große Bedeutung zugemessen. Solange es „informell" die Hoffnung gibt, der Armut doch noch entrinnen zu können, werden systematische Fragen nicht gestellt. Dies ist gleichzeitig die Funktion jener neuen Liebe der Systeminstitute für die Zusammenarbeit mit dem NGO-Millieu. Erweist sich auch manche Angebetete noch etwas spröde, so läßt es sich kaum leugnen, daß im umworbenen Milieu viele schwach werden, wenn neues Renommé winkt. Die Schwierigkeit besteht eben darin, daß unter fast allen Umständen irgendwelche Individuen es immer zu etwas bringen, sowie irgendwelche individuellen Nationen genau auf dem Weg erfolgreich waren, auf dem andere scheiterten. Daraus schöpft das System seine Apologie: „Wo ein Wille (zu konsequenten Anpassungen und Reformen) ist, dort zeigt sich bald ein Weg (zum großen Erfolg der eingeholten Moderne)." Das Ende ist jene dreigeteilte Welt, die der Dominanz, die der Profiteure der Dominanz und die der Opfer der Dominanz, wobei die Trennung zwischen Opfern und Profiteuren durchlässig bleibt, manche Profiteure werden zu Opfern und manche Opfer zu Profiteuren. So bleibt immer die Angst, daß man verlieren könnte, verbunden mit der Hoffnung, daß man es unter der Dominanz doch noch zu etwas bringen kann. Nicht länger ist die Macht ortsgebunden, sie ist eine Krake, dessen Arme überallhinlangen, dessen Kopf sich heute hier morgen dort zeigen mag. Beweglich herrscht Daniels Monstrum mit den zehn Hörnern.

Was kann „christliche Mission", was kann das Bemühen, „alle Völker durch das Tauchbad zu führen" unter dieser Dominanz anders sein als Vertiefung der Dependenz, auch und gerade wenn wir das als „alternative Entwicklungspolitik" tarnen? Fassen wir das Gebot des Messias „hinausziehend, lehrt, führt durch das Tauchbad „– jetzt wörtlich auf, verkehren wir es vom Ergebnis her genau in das Gegenteil dessen, was der Messias Jeschua wollte: Befreiung für alle Völker. Es sei denn, das Ganze, das System, der *kosmos*, wie das bei Paulus und vor allem bei Johannes heißt, kommt wieder ins Blickfeld. Die Apostel sollten verkünden: wir brauchen eine andere Welt, ein anderes System, einen anderen *kosmos*. Wie diese andere Welt aussehen sollte, wußten sie nicht zu sagen: sie sprachen von einem 'olam habba", eine kommende Welt und Weltzeit. Auf alle Fälle sollte diese nicht behaftet sein mit allem, was in der gegenwärtigen Welt, 'olam hazze, im System, im *kosmos*, menschliches Leben unmöglich macht.

Das, was der Messias die Schüler zu tun hieß, war, um es in spröden Worten zu sagen, in aller Welt die Systemfrage zu stellen. Wenn dies „Mission" ist, so ist das, was „christliche Mission" war und bis heute noch ist, sei es evangelikal-sektiererisch oder entwicklungspolitisch, nicht nur etwas anderes, sondern etwas diesem Auftrag des Messias diametral Entgegengesetztes. Es fragt sich nur, ob **wir** denn die geeigneten Menschen sind, diese Systemfrage **heute** zu stellen. Hoekendijk hatte das vor mehr als dreißig Jahren getan, damals noch in einer durchaus hoffnungsvollen Stimmung. Wenn **wir** versuchen wollen, bleibt uns vielleicht nicht viel anderes übrig als eine Widerstandslinie aufzuwerfen gegenüber jenen, die uns einzureden versuchen: „gegenüber dem heutigen System, *'olam hazzeh*, gibt es keine Alternative mehr". Das beinhaltet auch, aber nicht nur, daß wir das Andenken an jene Alternativen kritisch bewahren, die in diesem Jahrhundert versucht wurden.

Das Ende der christlichen Mission

Tief unten ist wohl in jedem Volk ein Traum bewahrt geblieben, der die Menschen jenseits der aussichtslosen Tristesse des Elends, jenseits der Verheerungen der Armut, ein „anderes" Leben verheißt. Für den Messias Jeschua und seine Leute war das der Traum eines menschlichen Regimes am Ende aller tierischen Herrschaft, der Traum des „Menschenkindes". Bei anderen Völkern nehmen diese Träume andere Gestalten an, in ihren Märchen am ehesten bewahrt, weniger schon in ihren Religionen, weil dort die Bedürfnisse vergangener und gegenwärtiger, durchaus „tierischer" Macht allzu auffällig die Träume verformten. Deswegen ist wenig zu halten von offiziellen multireligiösen Dialogen oder gar Gebetsveranstaltungen: das alles ist letztlich, wie gesagt, nur Folklore und Sentimentalität. Kehren *wir* lieber zurück zu jenem Traum, den Jeschua träumte, als er seine Schüler unter die Völker schickte. Ändern *wir unsern* Teil der Welt, oder lassen wir zumindest den Gedanken zu, daß *das* unsere Aufgabe sei. Kehren wir nach Galiläa zurück, wo der Messias Jeschua gebeugte, erniedrigte, verstümmelte Menschheit heilte. So, wie „Ägypten" überall ist, wo Menschheit gebeugt, in das Sklavenhaus gezwungen wird, so ist „Galiläa" überall, wo Menschheit geheilt wird. *Dort, nur dort*, werden wir den Messias sehen. Sonst kommt niemand und nichts mehr. Wir haben weder eine Mission noch eine Botschaft; es gibt auch keine Entwicklung, die die Menschheit durchmachen müßte. Aber nach „Galiläa" können wir immer gehen, anders gesagt: Solidarität ist eine reale Möglichkeit. In dieser Solidarität („Liebe" heißt das bei Johannes) wird die Lehre Israels behütet und findet die Welt hier und dort, ab und zu, jene Ruhe des Sabbaths von Gen 2,3–4, durch die sie „vollendet", für die sie „erschaffen" wird.

ÖKUMENISCHE UND INTERKULTURELLE ZUSAMMENARBEIT

Rassismus und Eurozentrismus.
Historische Einblicke

1982 kündigte der englische Sozialwissenschaftler John Rex das baldige Ende des Rassismusproblems an. Die Internationalisierung der Weltwirtschaft würde eine automatische Überwindung des Rassismus mit sich bringen. In dem Sammelband „Slavery and Colonialism" schreibt Rex: „Es erscheint kaum noch nötig zu sagen, daß die neue Welt der „Multinationals" wenig Platz für Rassismus hat. ‚If it is to be multinational it must also be multiracial.'"

Heute, zehn Jahre später, sind wir längst eines Besseren belehrt. Die Geschichte verläuft selten nach dem Fahrplan der Wissenschaftler und Gelehrten. Gerade die zunehmend von multinationalen Konzernen dominierte Weltwirtschaft bringt ständig neue Formen von Unterdrückung hervor, und das zu vereinigende Europa wird von einer Welle von Nationalismus und Fremdenhaß überfallen. Rassistische Gewalt spielt darin häufig eine entscheidende Rolle. Die Frontlinien sozialer und politischer Konflikte verlaufen immer wieder entlang ethnischer Grenzen. Rassismus erscheint somit als ein vielköpfiges Monster, das in den unerwartetsten Momenten und an den unvorhergesehensten Orten seine grimmige Fratze zeigt.

So leicht die Bezeichnung „Rassismus" für bestimmte Formen von Unterdrückung jedoch verwendet wird, so schwierig ist im Grunde eine exakte Definition. Die Analysen des Weltkirchenrates im Rahmen des Antirassismusprogramms haben nachgewiesen, daß alle globalen Problemfelder – Krieg, Sexismus, Hunger, Armut, Umwelt – in irgendeiner Weise mit Rassismus zu tun haben. Rassismus ist einerseits ein eigenständiges System und zugleich Bestandteil eines umfassenderen Systems von Ungerechtigkeit – Ungerechtigkeit, die z.B. in Arbeitslosigkeit, schlechten Wohnverhältnissen und in alltäglichen Erniedrigungen zum Ausdruck kommt. Rassismus erscheint als ein alles durchdringendes Phänomen, das immer wieder neue Ausdrucksformen findet.

Die Gefahr einer jeden Umschreibung besteht nun darin, daß man einerseits nicht breit genug ansetzen kann, weil jede Definition eine Verengung des Problems bedeutet, daß man Rassismus andererseits jedoch als eigenständiges Phänomen in den Blick bekommen muß, weil es sonst um alles geht und folglich um nichts.

In den Stellungnahmen zu dem Problem lassen sich zwei häufig vorkommende Formen von Fehleinschätzung und Verharmlosung erkennen. Zum einen wird Rassismus immer wieder auf ein ethnisches Problem reduziert und zum kulturellen Identitätsproblem unterschiedlicher Volksgruppen gemacht (die Ethnisierung des Problems ist ein besonders bei Politikern sehr beliebter Verdrängungsversuch). Eine ebenso unzulängliche Reaktion besteht in der Individualisierung der Rassismus-Problematik. Rassismus wird zu einer subjektivistischen Angelegenheit, die auf der Ebene der Individalethik behandelt wird. Die gesellschaftspolitischen und ökonomischen Ursachen und die institutionalisierten Formen von Rassismus geraten aus dem Blickfeld (insbesondere kirchliche Stellungnahmen kranken an dieser Entpolitisierung und einer individualethischen Reduzierung).

Um keinen Vereinfachungen zu erliegen, muß jede möglichst exakte Definition von Rassismus von konkreten Beispielen und der Perspektive der tatsächlich Betroffenen ausgehen bzw. sich dadurch korrigieren lassen. Die Umschreibung, die wir nun wagen, ist daher auch als vorläufig zu verstehen: Rassismus ist eine spezifische Ideologie, die die Ausbeutung und Abhängigkeit einer bestimmten „Rasse" (Gruppe, Volk) aufgrund von vermeintlicher kultureller und/oder biologischer Minderwertigkeit dieser „Rasse" organisiert und reguliert und auf diese Weise faktisch bestehende Machtunterschiede aufrechterhält und vertieft.

Entscheidend für unseren Kontext ist, daß diese kulturellen und biologischen Unterscheidungen oftmals unbewußt benutzt

Rassismus und Eurozentrismus

werden. Auch wenn man aus biblisch-theologischen Gründen die Gleichheit aller Menschen bekennt oder sich als moderner Intellektueller dem aufgeklärten Gleichheitsideal verpflichtet fühlt, dennoch, ja gerade dann spielen rassistische Vorstellungen auf der Ebeme des Unbewußten häufig eine verhängnisvolle Rolle.

Läßt man diese unbewußte Ebene, auf dem die Aggression gegen den anderen und die Angst vor dem Fremden eine entscheidende Rolle spielen, außer acht, dann wird die eigene Verbundenheit mit dem Problem nicht mehr wahrgenommen. Der Kampf gegen Rassismus ist jedoch sinnlos, wenn die eigene Person und auch die implizite und unbewußte Ebene des eigenen Selbst dabei außen vor bleibt. Das Etikett „Rassismus" dient dann lediglich zur Verdinglichung des Problems, während der eigene persönliche Bezug verdeckt bleibt. Rassisten sind dann immer die anderen. Die Linken erklären Rassismus zum Problem von rechts und entledigen sich der eigenen Verantwortung. Wer die – nochmals: unbewußte – Angst vor dem Anderssein des anderen und die Aggression gegenüber dem Fremden jedoch nicht erfährt und zuläßt, ist nicht in der Lage, Rassismus zu bekämpfen.

Die gesamte sozialkulturelle Geschichte des Abendlandes hat sich in unserer unbewußten Vorstellungswelt niedergeschlagen, auch in der des aufgeklärten Akademikers. Wie anders sind die blinden Flecken bei Akademikern zu erklären, die in dem Ausklammern von Dritte-Welt-Fragen in der Wissenschaft – der Geschichtswissenschaft, der Soziologie, der Philosophie oder auch der Theologie – zum Ausdruck kommen. Entscheidenden Einfluß auf die Entstehung dieser Vorstellungen hat das mit dem Rassismus verwandte Phänomen des Eurozentrismus.

Eurozentrismus ist diejenige Haltung, die Europa selbstverständlich als das Zentrum der Welt setzt. Die historischen Wurzeln des Eurozentrismus liegen im europäischen Expansions- und Eroberungsdrang der Renaissance (man denke an die Entdeckung und Eroberung der Neuen Welt) und die sich daran anschließende Geschichte des Kolonialismus. Seinen geistig-

Theo Witvliet

kulturellen Ausdruck fand der Eurozentrismus in der Aufklärung des 18. Jahrhunderts. In der Aufklärung manifestierte der moderne Bürger sich als autonomes Subjekt. Bestimmte für uns heute selbstverständliche Denk- und Verhaltensstrukturen entwickelten sich in dieser Zeit ebenso wie das moderne wissenschaftliche Denken, das auch die heutige Theologie prägt.

Eine kritische Sichtung unserer eigenen, vom Eurozentrismus geprägten Kulturgeschichte scheint daher geboten. Andernfalls bleibt das eigene aufgeklärte Gesicht des vielköpfigen Drachen Rassismus unsichtbar. Wir knüpfen im folgenden an die Ideen des niederländischen Kulturanthropologen Ton Lemaire und des US-amerikanischen Religionswissenschaftlers Charles Long an. Anschließend versuchen wir, zu einigen Schlußfolgerungen für uns selbst zu kommen.

Ton Lemaire

In seinem Buch „Der Indianer in unserem Bewußtsein" spürt Ton Lemaire den Vorstellungen vom Anderssein des anderen, insbesondere des Indianers, in der abendländischen Kulturgeschichte seit der Renaissance nach. Er behandelt u.a. die Gedankenwelt des Columbus und dessen Bild vom Indianer, die spanischen Diskussionen im 16. Jahrhundert über die Legitimität der Eroberung, die skeptische Kulturkritik Montaignes, das Bild vom Indianer in den politischen Theorien von Hobbes, Locke und Rousseau und in der Geschichtsphilosophie von Voltaire bis Hegel.

Die Untersuchung des Bildes, das (West-) Europa sich von den Indianern als „den anderen" gemacht hat, zeigt, daß Europäer „die anderen" immer wieder in westliche Begriffe und Kategorien gefaßt haben. „Die anderen" wurden für die eigenen utopischen Wünsche und Bedürfnisse gebraucht und den eigenen Mythen und Vorurteilen angepaßt.

In den Wissenschaften, in seinem Fall: der Anthropologie, erkennt Lemaire lediglich die Fortsetzung und Verwissenschaftlichung des Diskurses über das Anderssein des anderen, der in den Jahrhunderten davor entstanden ist. „Dieser Diskurs (d.h. der Diskurs über „den anderen") drehte sich um den Gegensatz

Rassismus und Eurozentrismus

zwischen Zivilisation und Wildheit oder Barbarei, die entscheidenden Konzepte, in denen das Verhältnis zwischen dem Selbst und den anderen, zwischen Europa und Außer-Europa, gedacht wurde." (Ton Lemaire)

Die Frage nach der Erkennbarkeit des anderen wird so zu einem außerordentlich beklemmenden Problem. Denn die Unterscheidung zwischen Zivilisation und Wildheit und analog dazu: zwischen Christentum und Paganismus erscheint als – hierarchischer – Gegensatz. Im modernen Aufklärungsdenken verläuft dieser Gegensatz parallel zu der Gegenüberstellung von Vernunft und Mythos, Patriarchat und Matriarchat, Kultur und Natur, entwickelt und unterentwickelt/primitiv, Europa und Dritte Welt.

Dieser hierarchische Gegensatz drückt ein Machtverhältnis aus. Die politischen und wirtschaftlichen Machtverhältnisse spiegeln sich darin auf sprachlicher und ideologischer Ebene, d.h. bei der Bildung von Vorstellungen von „dem anderen" wider. Dieses Machtverhältnis verhindert, daß „der andere/die andere" zu seinem/ihrem Recht kommt.

Bei der Suche nach einem Ausweg aus dieser Falle des Eurozentrismus knüpft Lemaire an die Gedanken des in Frankreich lebenden Essayisten und Kulturkritikers Tzvetan Todorov an. In seinem Buch „Die Eroberung Amerikas" fragt Todorov nach den Gründen für den Erfolg des europäischen Expansionismus. Laut Todorov ist dieser außergewöhnliche Erfolg einem spezifischen Charakterzug der westlichen Zivilisation zu verdanken, und zwar paradoxerweise der Fähigkeit des Europäers, den anderen zu verstehen. Gerade in diesem Paradox verbirgt sich für Todorov die Hoffnung auf eine Erkenntnis des anderen, die der Eigenheit des anderen wirklich gerecht wird.

Lemaire führt diese Gedankenlinie Todorovs weiter. Eine adäquate Erkenntnis des anderen ist möglich; der Weg dorthin verläuft allerdings über die Selbsterkenntnis, das Verstehen des eigenen Selbst, das heißt auch und gerade der von uns selbst verdrängten und auf andere projizierten Aspekte: des Wilden, des Fremden, des Barbarischen. Lemaire schreibt: „Darin liegt

Theo Witvliet

meines Erachtens der entscheidende Ausweg aus dem Gefängnis des Ethnozentrismus: Um das Selbst des anderen erkennen zu können, muß ich mir das andere des Selbst bewußt machen. Selbsterkenntnis und Selbstkritik, beide Ausdruck einer als problematisch erfahrenen Zivilisation, sind also die Voraussetzung für die beginnende Überwindung unseres Ethnozentrismus und somit für die Erkenntnis des anderen."

Charles H. Long

Als moderner Religionswissenschaftler von afro-amerikanischer Abstammung befindet sich Charles Long in einer ambivalenten Position. Er entschied sich für die Religionswissenschaft, weil darin die religiösen Erfahrungen und Praktiken der Gemeinschaft, der er sich verbunden fühlt, vorkamen. Andererseits steht im Zentrum dieser Wissenschaft jedoch eine westliche, weiße, moderne Rationalität, die die Kulturen der kolonialisierten und versklavten Völker als irrational, prälogisch und primitiv abstempelt.

Aufgrund seines persönlichen Hintergrundes weiß Long, wie sehr die moderne (Religions-)Wissenschaft hinter ihrer eigenen Universalitätsnorm zurückgeblieben ist. Das Zentrum des autonomen wissenschaftlichen Bewußtseins hat eine Peripherie geschaffen. Es hat das „Anderssein" ins Leben gerufen. Die spezifischen religiösen Erfahrungen der Völker und Kulturen, die zu „anderen" gemacht wurden, werden aus der Perspektive westlicher Wissenschaftlichkeit „bezeichnet". Diese wissenschaftlichen Theorien sind von rassistischen Vorurteilen oftmals kaum zu unterscheiden.

Long spricht vom „zentrierten Bewußtsein" als dem „Locus der Forschung". Zentriert ist dieses Bewußtsein, weil es eine enge Beziehung zu Worten wie „Wissenschaft", „modern" oder „Zivilisation" unterhält. Diese normativ geladenen Begriffe drängen alles, was außerhalb dieses Zentrums liegt, an die Peripherie und werten es als vorwissenschaftlich, primitiv, irrational und unkultiviert ab.

Es ist interessant, an diesem Punkt einen Zusammenhang herzustellen zwischen dem, was Long von seinem afro-amerikanischen Hintergrund und seiner religionswissenschaftlichen Erkenntnis her über das ordnende Bewußtsein sagt, und dem Begriff der „Dialektik der Aufklärung", so wie er seit dem Erscheinen des gleichnamigen Buches von Max Horkheimer und Theodor W. Adorno thematisiert worden ist. Die beiden führenden Männer der Frankfurter Schule verstanden die Aufklärung als einen historischen Prozeß, der in ferner Vergangenheit seinen Anfang genommen hat und in dem die Vernunft bzw. der Logos die finsteren, furchterregenden, chaotischen Naturmächte durch das Zurückdrängen des Mythos zu bezwingen versucht, in dem der Mythos sich jedoch revanchiert; Kultur, Fortschritt und Naturbeherrschung sind in der Moderne untrennbar mit Barbarei, Ausbeutung, Vernichtung und Chaos verbunden. Während Horkheimer und Adorno, den Faschismus des Dritten Reiches vor Augen, diese Dialektik von Rationalität und Mythos vor allem als einen internen Prozeß der Geschichte der westlichen Zivilisation beschreiben, liegt die Betonung bei Long auf der Tatsache, daß die Rationalität des ordnenden Bewußtseins den Mythos, das wilde Denken, die Barbarei aus sich heraus verbannt und auf den anderen, den Afrikaner oder Indianer, projiziert.

Dieses ordnende Bewußtsein blockiert Long zufolge jedoch den Zugang zu den undurchsichtigen Erfahrungen, die jeglichen transparenten Sinn entbehren. Long bezeichnet dies als „Opazität", das heißt als die Undurchsichtigkeit derer, die die Last der Konfrontation mit der modernen Zivilisation am eigenen Leib erfahren. Deren Erfahrungen bleiben undurchsichtig und stumm, weil das zentrierte Bewußtsein dafür keine Sprache geschaffen hat. Im symbolischen Universum der westlichen Wissenschaften kommen die Erfahrungen der Opazität nicht vor. Der Preis, den das moderne Subjekt dafür bezahlt, ist ein verringertes Realitätsbewußtsein und eine zusammengeschrumpfte Phantasie.

Die Völker und Kulturen, die dem europäischen Eroberungsdrang zum Opfer gefallen sind, konnten sich diesem symbolischen Universum, in das sie aufgenommen wurden, nicht entziehen. Sie erlebten quasi eine zweite Schöpfung. Durch die Sprache des Unterdrückers wurden sie neu geschaffen. So entsteht bei den Unterdrückten jenes doppelte Bewußtsein, von dem der afro-amerikanische Politiker, Historiker und Soziologe W.E.B. Du Bois sagt: „Der Neger ist so etwas wie ein siebter Sohn, mit einem Schleier geboren, begabt mit einem siebten Sinn in dieser amerikanischen Welt, einer Welt, die kein wirkliches Selbstbewußtsein zuläßt, sondern bewirkt, daß man sich selbst nur durch die Offenbarung der anderen Welt sieht. Es ist ein merkwürdiges Phänomen, dieses doppelte Bewußtsein, dieses Gefühl, daß du dich selbst immer nur mit den Augen der anderen siehst, daß du deine Seele nach dem Bild einer Welt beurteilst, die mit amüsierter Geringschätzung und Mitleid zuschaut... zwei Seelen, zwei Körper, zwei unversöhnt strebende Kräfte; zwei Ideale, die miteinander Krieg führen in ein und demselben dunklen Leib, dessen beharrliche Kraft lediglich verhindert, daß er zerrissen wird."

Dieses doppelte Bewußtsein, dieses Mit-einem-Schleier-geboren-sein, bezeichnet Charles H. Long als Opazität, als die dunkle Kehrseite der Aufklärung. Die Aufklärung versuchte, wie das Wort selbst bereits sagt, das Undurchschaubare des menschlichen Lebens und der Natur zu überwinden und die Wirklichkeit durch Analysieren transparent zu machen. Opazität als Gegenbegriff ist nicht nur ein Hinweis auf die sozialen und psychischen Bedingungen derer, die sich jenseits der modernen Geschichte der Aufklärung befinden, sondern in der Opazität manifestiert sich ein Anderssein, das in den Augen der aufgeklärten Welt infiziert ist, besudelt und mit Schuld beladen. Wer die Opazität jedoch übergeht, bleibt notwendigerweise gefangen im Reich der kalten Abstraktionen, in einer Welt, die „clean" ist, weit entfernt vom schmutzigen, undurchsichtigen Dasein.

Diese Welt ist auf eine gefährliche Weise illusorisch. Eine „Wirklichkeit" wird inszeniert, in der der andere lediglich als Objekt erscheint. Wirkliche Erkenntnis des anderen ist für Long jedoch nicht möglich ohne ein „Sich-Verstehen", ein gegen-

Rassismus und Eurozentrismus

seitiges Verständnis zwischen Personen, das die objektivierende Sichtweise durchbricht. Longs Anerkennungshermeneutik geht davon aus, daß wir den anderen nötig haben, um das eigene Selbst zu entdecken.

Wenn wir den Begriff Anerkennungshermeneutik inhaltlich füllen wollen, dann gilt jedenfalls als Voraussetzung, daß wir einen Ausweg aus dem Lebens- und Denkweg finden müssen, der das Selbst des anderen und das andere des Selbst unterdrückt. Mit Lemaire müssen wir sagen: Um das Selbst des anderen erkennen zu können, ist es nötig, sich das andere des Selbst bewußt zu machen. Statt auf andere zu projizieren, was wir in uns selbst an Ängsten, Träumen, Verlangen, Begierden, Aggressivität und Schuld verdrängen, haben wir Mut nötig, um zu erkennen, daß die Barbarei, die primitiven Triebe, die wir auf schwarze Menschen projiziert haben, aber auch der verlorene Traum, den wir auf die literarische Figur des edlen Wilden projiziert haben, ihren Niederschlag gefunden haben in dem, was wir in uns selbst verdrängen, sowohl individuell als auch kollektiv.

Die Anerkennung des anderen des eigenen Selbst bedeutet Anerkennung der Opazität, der Undurchdringbarkeit der Aufklärung. Anerkennungshermeneutik bedeutet, diese Undurchdringbarkeit, diese Opazität, ernst zu nehmen, ohne jedoch in möglicherweise als postmodern deklarierte Formen von Antirationalismus oder Irrationalismus zu verfallen. Es wäre falsch, die Aufklärung mit ihrem humanen, kritischen und auf die Gesamtheit gerichteten Impuls preiszugeben. Dieses Denken postmodernistisch über Bord zu werfen scheint mir lebensgefährlich in einer Situation wie der jetzigen, in der Nationalismus, Fremdenhaß und Rassismus auf beängstigende Weise wieder aufleben.

Wir haben allen Grund, die Opazität als hermeneutische Kategorie ernst zu nehmen. Ich habe den Eindruck, daß die Opazität, von der Long in bezug auf die vom Westen kolonialisierten Völker spricht, in zunehmendem Maße auch für unsere westliche Wirklichkeitserfahrung gilt. Zu Recht spricht Haber-

Theo Witvliet

mas von der „Kolonialisierung unserer Lebenswelt". Ökonomismus und Technokratie machen eine herrschaftsfreie Kommunikation aller Menschen unmöglich und schaffen Opazitätszonen auch in unserem Bewußtsein. Als kommerziell gesteuerter Prozeß wird das Verdrängte gezielt angesprochen und so zur Kolonialisierung der intimsten Erfahrungsbereiche eingesetzt. Die Opazität gilt nun für die westliche Welt ebensosehr wie für die sogenannte Dritte Welt, und sie dringt in unsere allerpersönlichsten Lebenserfahrungen ein. Sie macht Menschen zu Wesen, die die Komplexität ihres eigenen Lebensraums nicht mehr überblicken, Menschen, denen das Lachen buchstäblich vergangen ist, und die – und das gilt für nicht wenige – zynisch und müde werden. So erfahren denn auch viele Menschen aus anderen Kulturen das alte Abendland: als eine Kultur, die ihre Vitalität eingebüßt hat. „Der Kulturschock, den die nicht-westlichen Gesellschaften durch die erzwungene Auseinandersetzung mit der westlichen Kultur erlebt haben, scheint nun – mit einiger Verzögerung – Europa selbst zu treffen, und zwar in umgekehrter Richtung, indem es nämlich durch die Kenntnisnahme der Existenz so vieler verschiedener Kulturen angefangen hat, an der eigenen zu zweifeln. Der anthropologische Zweifel ist so gesehen die subtile Rache der übrigen Menschheit an Europa, das diese übrige Menschheit unterwerfen wollte." (Ton Lemaire)

Ton Lemaire charakterisiert die Krise der westlichen Kultur folgendermaßen: Die Krise, die auch die Anthropologie als Disziplin betrifft, besteht im Grunde in der Frage: Ist es überhaupt möglich, den anderen zu erkennen und damit auch anzuerkennen? Für Theologie und Anthropologie stellt sich somit die wichtige Frage: Ist jedes Sprechen über eine Anerkennungshermeneutik nicht ein Schlag in die Luft und von einem nicht mehr zu rechtfertigenden Idealismus eingeflüstert?

Wenn der Begriff Anerkennungshermeneutik brauchbar sein soll, dann muß er mindestens vier Bedingungen erfüllen:

1. In erster Linie geht es darum, den anderen als jemanden zu erkennen, den wir in erster und vielleicht auch in letzter Instanz

Rassismus und Eurozentrismus

nicht kennen. Das gilt in der Tat, wie Ton Veerkamp sagt, auch für die Bibel als „eine Sammlung von altorientalischen Schriften aus der ersten Hälfte des letzten Jahrtausends vor unserer Zeitrechnung". Sie ist und bleibt ein fremder Text und muß als solcher anerkannt werden. Ich zitiere Ton Veerkamp: „Alle Versuche, etwa mittels „moderner" Übersetzungen, diese Fremdheit aufzuheben, laufen auf einen Mißbrauch dieser Texte durch eine andere Kultur hinaus, der strukturverwandt mit dem westlichen Rassismus ist."

2. Eine zweite Bedingung, die mit der ersten direkt verbunden ist, besteht darin, daß wir uns die Denkgewohnheit abgewöhnen müssen, bewußt oder unbewußt mit einem Zentrum-Peripherie-Modell zu arbeiten, wobei Europa das Zentrum bildet und alle anderen Kulturen sich am Rande befinden. Es wäre in diesem Zusammenhang eine gute Denkübung, in den Fußstapfen des niederländischen Historikers Jan Romein die Sache einmal umzukehren und nicht-europäische Kulturen einmal als das Gewöhnliche zu sehen, demgegenüber Europa als Abweichung erscheint. Eine derartige Denkübung setzt die Kenntnis der kulturellen, politischen und ökonomischen Geschichte der vergangenen 500 Jahre voraus, mindestens seit 1492.

3. Um das Selbst des anderen und das andere des Selbst zu erkennen, ist es nötig, sich tatsächlich immer wieder aufs neue von denjenigen, die in einem konkreten gesellschaftlichen Kontext die anderen repräsentieren, herausfordern zu lassen. Das andere des Selbst zu entdecken ist ohne wirkliche Begegnung nicht möglich. Diese Begegnung zuzulassen ist die Voraussetzung, um der eigenen Angst und Aggression, aber auch dem eigenen Liebesbedürfnis auf die Spur kommen zu können.

4. Die Ökumene ist meines Erachtens der Ort schlechthin, an dem dieses „Sich-Verstehen" eingeübt werden kann. Unter Ökumene verstehe ich hier die wechselseitige Kommunikation von Kirchen und christlichen Gemeinschaften auf lokaler, nationaler und internationaler Ebene. Trotz allen Mißbrauchs und trotz aller Kritik, die man an der Kirche haben kann und immer wieder haben muß, repräsentiert die Ökumene ein Angebot zur

Theo Witvliet

Bildung von neuen Gemeinschaftsformen, in denen das Anders-sein des anderen zur Geltung kommen kann und in denen die bewußtseinserweiternde Konfrontation mit dem eigenen Selbst geschehen kann. Von der Tradition her ist es möglich und sogar notwendig, die christliche Gemeinde als Lerngemeinschaft, Erzählgemeinschaft, Tischgemeinschaft und Handlungsgemeinschaft ernst zu nehmen. Meiner Meinung nach ist wirkliche Begegnung und wirkliche Herausforderung zur Entdeckung des Selbst des anderen und damit auch zur Entdeckung des anderen des Selbst am ehesten gewährleistet, wenn diese vier Aspekte zusammengehalten werden. Einübung neuer Gemeinschaftsformen ohne Rassismus, aber auch ohne Sexismus ist auf diese Weise möglich und geboten.

Übersetzung aus dem Niederländischen: *Siegfried Arends*

Literatur

Ton Lemaire, De indiaan in ons bewustzijn, Baarn 1970.
Charles Long, Significations. Signs, Symbols and Images in the Interpretation of Religion, Philadelphia 1986.
Tzvetan Todorov, Die Eroberung Amerikas. Das Problem des Anderen, Frankfurt/Main 1985.
Max Horkheimer, Theodor W. Adorno, Dialektik der Aufklärung, Frankfurt 1969.

Erziehung und Reproduktion rassistischer Denkweise: die Fallstricke „alternativer" Modelle

I Reduktion und Thematisierung gesellschaftlicher Verhältnisse

Ich führe seit Ende 1988 eine Untersuchung zur interkulturellen Begegnung zwischen Jugendlichen aus der Arbeiterklasse verschiedener Herkunft in einer Kreuzberger Modellschule durch, die ein interkulturelles Projekt verwirklicht. Unter den vielfältigen Schwerpunkten dieser Untersuchung spielt die Analyse rassistischer Repräsentationsformen eine zentrale Rolle. In dieser Modellschule ist die Mehrzahl der SchülerInnen (70%) ausländischer Herkunft – wenngleich die meisten von ihnen in Berlin geboren sind. 30% sind Deutsche.

Meine ersten Besuche an der Modellschule haben bei mir einen sehr guten Eindruck hinterlassen. Besondere Aufmerksamkeit verdient die Funktionalität der Einrichtung und das architektonische Konzept des Gebäudes im Verhältnis zum eigentlichen Erziehungsprojekt, das dort verwirklicht wird: moderne funktionale Räume für unterschiedliche Fachbereiche, aber auch Orte für Entspannung und Austausch untereinander. Dazu sympathische und hilfsbereite Lehrer – also alles vorhanden für eine gute „Politik". Aufgefallen ist mir auch die ausgesprochene Solidarität zwischen den deutschen und den „ausländischen" Jugendlichen. Auf den ersten Blick findet man keinerlei Spuren von Rassismus. In den Klassenzimmern folgt die Sitzordnung keiner „ethnischen Logik", sondern spiegelt die freundschaftlichen Beziehungen wider. Üblicherweise haben die deutschen Jugendlichen einen oder mehrere „ausländische" Freunde oder Freundinnen, mit denen sie ihre kleinen Geheimnisse teilen und über ihre Probleme reden – ganz der Altersstufe entsprechend.

Arim Soares do Bem

Während der ersten drei Monate, die ich in der Modellschule verbracht habe, um eine teilnehmende Beobachtung zu machen, habe ich überhaupt nichts beobachten können, was sich als unmittelbare Ausgrenzungspraxis bezeichnen ließe. Als ich jedoch nach dieser kurzen teilnehmenden Beobachtung Interviews mit den Jugendlichen aufnahm, merkte ich, daß jene friedliche Begegnung zwischen den deutschen Jugendlichen und ihren „ausländischen" KollegInnen nicht einer allgemeinen Ablehnung der Ausgrenzungsformen in bezug auf die Gesamtheit der EmigrantInnen entsprach. Nicht einmal wurden völkisch-nationalistische Parolen dadurch verhindert.

Bei allen Interviews, die ich aufgenommen habe, hat sich herausgestellt, daß bei den von den Jugendlichen wahrgenommenen gesellschaftlichen Verhältnissen überwiegend reduktionistische Verarbeitungsformen zum Tragen kamen. Dies betraf insbesondere ihre Wahrnehmung der politischen Dimension des Alltagslebens, wobei die Politik stets als ein Ausdruck des anonymen „Oben" dargestellt wurde. Ein 17-jähriger deutscher Junge drückte dies am deutlichsten mit folgenden Worten aus: „Wir können nichts dafür, was die Politik oben macht" (Soares do Bem, 1992, S.83).

Wie Bents, Juelich und Oechsle feststellen, interpretieren die gesellschaftlichen Gruppen ihre Wirklichkeit in sozialen Deutungsmustern. Diese werden von den Individuen im übergreifenden System von Handlungsorientierungen der bürgerlichen Gesellschaft in einen (mehr oder weniger) konsistenten Zusammenhang gebracht. Diese Syntheseleistung verschiedener gesellschaftlicher Anforderungen bildet die individuelle und gesellschaftliche Identität und konstituiert so die Ebene der subjektiven Verarbeitungsstrukturen gesellschaftlicher Lebensverhältnisse (1984, S.100). Ich werde hier nicht auf die komplexe Vermittlung von individueller Aneignung und Reproduktion der sozialen Deutungsmuster eingehen, denn diese Aufgabe würde den Charakter meiner Forschungsdarstellung sprengen. Ich möchte jedoch hervorheben, daß die subjektiven Verarbeitungsstrukturen den spezifischen Modus des Gesellschaftsbil-

Erziehung und Reproduktion rassistischer Denkweise

des (zum Begriff Gesellschaftsbild vgl. Hoffman/Even, 1984) und der alltagspraktischen Orientierungen bestimmen.

In der subjektiven Grundstruktur jedes Individuums finden sich sowohl reduktionistische als auch thematisierende Formen der Verarbeitung. Meine empirischen Befunde verweisen jedoch überwiegend auf die Anwesenheit von reduktionistischen Verarbeitungsformen unter den Jugendlichen. Diese Unterscheidung ist allerdings nur eine idealtypische, denn ich habe beobachtet, daß beide Verarbeitungen die widersprüchlichsten Formen annehmen können. Dies wird zum Beispiel bei einem deutschen Jugendlichen deutlich, der seine Solidarität mit der ausländischen Bevölkerung in Form von Drohungen gegen die „Nazis", die ihrerseits mit den sogenannten „Ossis" gleichgesetzt werden, zum Ausdruck bringt. Die kritische Thematisierung gesellschaftlicher Verhältnisse in dem Moment, in dem er sich solidarisch zu den AusländerInnen äußert, verwirrt sich in seiner weiteren Argumentation. Er verlangt, daß die „Nazis" an die Wand gestellt und erschossen werden. Die „Lösung", die er vorschlägt, unterscheidet sich im Grunde nicht von jener der Nazis selbst (Soares do Bem, 1992, S.82).

Ich möchte nun die Mechanismen, durch die reduktionistische Verarbeitungsformen in den von mir aufgenommenen Gesprächen zum Ausdruck gebracht wurden, skizzieren. Ich beziehe mich auf die von Bents, Juelich und Oechsle dargestellten Abwehrmechanismen, die reduktionistische Verarbeitungsformen konstituieren, und erwähne hier nur diejenigen, die für meine Interviews zutreffend sind:

Ausgrenzung potentieller Themen (Verschiebung, Projektion, Verleugnung, Diskriminierung); Nivellierung von Widersprüchen (Harmonisierung, Austauschbarkeit der Meinungen, Reduktion der Widersprüche, Dichotomie); Verräumlichung der Zeiterfahrung (Vermischung von Elementen der Realitätswahrnehmung, Auflösung des Nacheinander oder Nebeneinander, Verlust der Kontinuität); Reduktion auf standardisierte Deutungsmuster (Personalisierung, Naturalisierung und Enthistorisierung gesellschaftlicher Verhältnisse, öffentliche Stereo-

Arim Soares do Bem

type, Alltagsmythen) (1984, S.107). Die thematisierenden Ansätze der Verarbeitung sind von den oben genannten Autoren skizziert als Artikulation unerprobter Deutungen, Austragung von Widersprüchen und Inblicknahme historischer Perspektiven (ebd., S.107/108). Letztere Formen der Verarbeitung waren jedoch selten in den Gesprächen anzutreffen.

Im allgemeinen läßt sich sagen, daß die Jugendlichen sich nicht als handelnde Subjekte begreifen und daher die Meinung vertreten, daß die Ausländerfeindlichkeit nicht zu bekämpfen sei. Diese Meinung teilen auch die „ausländischen" Jugendlichen (leider kann ich hier ihre spezifischen Repräsentationsformen zu diesem Problemkreis nicht einfügen): Der Rassismus sei eine Generationsfrage. Im Laufe der Jahre werde er verschwinden, ohne daß irgendwelche Aktion dazu nötig sei. Solche Behauptungen dienen dazu, die Jugendlichen von der kritischen Reflexion über die gesellschaftlichen Mißstände zu entlasten, und verhindern zugleich, daß sie an der Veränderung der gesellschaftlichen Verhältnisse, unter denen sie leben, aktiv mitarbeiten (s. dazu S. 212f.).

II Die sozialpädagogische Konzeption der Modellschule

Nachdem ich einen solchen Verarbeitungsmodus in allen Interviews beobachtet hatte, begann ich mich mit der von der Modellschule geleisteten sozialpädagogischen Arbeit auseinanderzusetzen, um darin mögliche Anhaltspunkte für das Verständnis konkreter ideologischer Auswirkungen auf der Bewußtseinsebene der Jugendlichen zu suchen. Ich habe die theoretische Konzeption der Modellschule, die mir zur Verfügung gestellt wurde, gelesen. Auf den ersten Blick scheint es sich um eine Konzeption zu handeln, die versucht, die Stitation der „ausländischen" Schülerinnen und Schüler in ihrer Gesamtheit zumindest „sympathisch" darzustellen.

Ich sage „sympathisch", da man schon zu Beginn das Fehlen einer Verbindung zwischen den Lebensbereichen Familie, Umwelt, Schule und Erziehung bemerkt. Diese erscheinen als unhistorische Kategorien und werden nicht zueinander in Beziehung gesetzt. Dies befremdet, da es sich schließlich um eine

Erziehung und Reproduktion rassistischer Denkweise

Modellschule mit 70% „Ausländeranteil" handelt. Denn (und ich bitte das lange Zitat zu entschuldigen):
„Ca. 70 % der Schüler (...) sind Ausländer. Darunter sind Schüler, die, wären sie noch in der Türkei (es gibt nicht nur türkische Jugendliche in der Schule" ASB), später ein Studium aufnehmen würden, hier aber aufgrund ihrer sprachlichen Defizite vom Besuch höher qualifizierender Schulen ausgeschlossen bleiben. Die sprachlichen Defizite beschränken sich nicht nur auf das Deutsche, vielmehr sind sie Analphabeten in zwei Sprachen. Die mangelnde schulische Qualifikation und die Sprachprobleme bedingen, daß die Jugendlichen sowohl hier als auch in ihrer Heimat kaum Aussicht auf einen qualifizierten Beruf haben. Zusätzlich (...) ergeben sich Probleme für die Schüler, die, aus anatolischen Dörfern kommend, sich plötzlich in einer Zweimillionenstadt wiederfinden, der sie kein Vertrauen entgegenbringen können, die sich ihnen als unverständlich und feindlich darstellt" („feindlich" erscheint hier also als etwas, das nur subjektiv aufgrund des Nichtverstehens der „ausländischen" SchülerInnen selbst existiert – ASB) (S.7).

„Besonders bei den türkischen Mädchen steht die Erziehungsarbeit der deutschen Schule häufig im Widerspruch zu der des Elternhauses ..." (S.7). „Hysterische Anfälle, Flucht in Krankheiten, aber auch Ausbruch aus der Familie sind zu beobachten ..." (S.8). „Die Arbeit der Schule ist belastet durch das mangelnde Vertrauen der Eltern in diese Institution ..." (S.8). „Hinzu kommt noch, daß die Eltern häufig über die Berufswahl ihrer Kinder entscheiden (das ist aber nicht das, was mir die Schülerinnen und Schüler selbst bei den Interviews gesagt haben – ASB) und sich dabei an der Verwertbarkeit des Berufes im Heimatland orientieren, auch wenn die Rückkehr dorthin nicht beabsichtigt ist ..." (S.8). „Vor dem Hintergrund all der Schwierigkeiten ist es nicht verwunderlich, daß radikale islamische und fanatische Gruppen unter dem Vorwand, die heimatliche Kultur zu erhalten, ihren Einfluß ständig erweitern ..." (S.9) usw.

Arim Soares do Bem

Ich möchte hier nicht alle Punkte des Anstoßes an dieser Konzeption zur Diskussion stellen. Verwundert bin ich jedoch darüber, daß, ebenso wie in der Ausländerpolitik, hier die AusländerInnen selbst zum Problem erklärt werden.

Die in der Ausländerpolitik vorherrschende verkürzte Interpretation des Begriffs „Kultur" ist auch in der Konzeption der Modellschule anzutreffen. So heißt es (S.33), daß „ein wesentlicher Aspekt der Arbeit in der Modellschule (...) die Bewahrung bzw. Wiederherstellung einer „kulturellen Identität" der Jugendlichen sein wird."

Diese „kulturelle Identität" wird unhinterfragt eingeführt und statisch gebraucht. Monokausal sollen dann die Probleme mit dieser Identität die Situation der Jugendlichen erklären. So wird das Nachdenken über die strukturellen Lebenszusammenhänge ausgeklammert. Statt auch die Situation der deutschen Jugendlichen zu analysieren, um etwa auch strukturelle Gemeinsamkeiten bei schwierigen Aspekten aufzufinden, werden diese als RepräsentantInnen der „Normalität" betrachtet.

Man kann bei der Lektüre dieser Konzeption sogar das feststellen, was W.F. Haug bei seiner Analyse der Konsequenzen der irrationalen Fetischisierung des Begriffs „Praxis" im Schülerladen „Rote Freiheit" „Theoriefeindschaft" nennt (1973). Denn nachdem man festgestellt hat, daß die „ausländischen" Jugendlichen selbst das eigentliche Problem sind, sind nur noch pädagogisch-praktische Maßnahmen notwendig. Diese Maßnahmen werden vom Defizit-Modell abgeleitet. (Das Wort „Defizit" wird in dieser Konzeption oft positiv, als reiner Indikator benutzt, der eine „reale" Situation beschreiben soll.) Das Defizit-Modell wird von Eurozentrismus geleitet. So kann A. Kalpaka feststellen: „Migranten werden ständig durch eine Brille gesehen, die ein verzerrtes Bild von Menschen wiedergibt, deren Leben nur aus Problemen besteht, aus Konflikten, die sie nicht recht begreifen und daher nicht adäquat lösen können, aus Defiziten, die man durch die „geeignetsten" Methoden zu lösen versucht" (1986, S.121).

Erziehung und Reproduktion rassistischer Denkweise

Es muß betont werden, daß sich die Modellschule der Realität der „Ausländer" nicht verschließt. Es scheint mir jedoch, daß sie die Klärung des organischen Zusammenhangs nicht sucht, um von daher die konkrete Zielbestimmung der politisch-pädagogischen Arbeit in Gang zu setzen. Ich bezweifle nicht, daß die von der Modellschule dargestellten Probleme wirklich unter den „ausländischen" SchülerInnen bestehen (können). Was mir jedoch problematisch scheint, ist das Fehlen einer analytischen Verbindung zwischen den verschiedenen Instanzen, die das „Problem" darstellen: Die (ausländische) Familie wird zu einer rein biologisch-natürlichen Einrichtung. Ihre Geschichte wird ignoriert. Die Funktion von Re-Islamisierungstendenzen, die u.a. als Flucht vor gesellschaftlicher Isolation in der deutschen Gesellschaft zu verstehen wären, wird nicht in ihrem Zusammenhang dargestellt. Die spezifische Klassensituation erscheint zu keinem Moment als entscheidendes Element bei der Bildung der jeweiligen Wert- und Handlungsorientierungen. „Das aggressive Schweigen über das kapitalistische Klassenverhältnis" (W.F. Haug, 1986, S.186) setzt sich wieder durch. Die ausländische Familie erscheint rückständig und als monolithischer Block, zusammengesetzt aus „Defiziten". Sie ist durch fehlendes Wissen definiert und nichts weiter. Sie braucht auf der anderen Seite Beistand, und hier sind wir bereit, sie aus dem Dunkeln zu befreien. Sie wird zum Nutznießer unseres Wissens und unserer Großzügigkeit. Die Schule weiß, was für die einzelnen „gut" ist, ohne diese selbst vor dem Hintergrund einer Durchdringung ihrer realen Lebensverhältnisse und realer Entwicklungs- und Entfaltungsbehinderungen zu befragen (vgl. dazu Leiprecht, 1990).

Die Fixierung auf die „Differenz" in der pädagogischen Arbeit führt dazu, daß sich die Differenz als eine zentrale Achse herauskristallisiert, aus der die Handlungsorientierung deutscher und „ausländischer" Jugendlicher hervorgeht. Aufgrund der objektiven Abgrenzung von Deutschen und „AusländerInnen" reproduziert sich zwischen ihnen eine subjektive Abgrenzung in bezug auf die politische Dimension der interkulturellen Verhältnisse. So spricht etwa ein deutscher Jugendlicher, der sich im allgemeinen sehr solidarisch gegenüber „Ausländern" verhält, diesen das Wahlrecht ab. Als Begründung gibt er an, eine türkische Partei würde, käme sie an die Macht, nur türkische Interessen vertreten und Deutsche aus ihrer Politik ausschließen (Soares do Bem, 1992, S.79).

Von Mädchen aus dem ehemaligen Jugoslawien werden die üblichen Steuerargumente umgekehrt: Die Deutschen wollten nur wohlleben, keine Kinder großziehen oder nicht einmal arbeiten, sondern „vom Sozialamt leben". Dies alles, weil sie nur „feine Sachen" (Arbeiten) annähmen. „Und das geht alles von unseren Steuern", da die Deutschen nicht wie z.B. ihre katholischen Familien Kirchensteuer zahlten – höchstens vielleicht Hundesteuer (s. Soares do Bem, Mädchen).

Die „ausländischen" Jugendlichen reagieren „produktiv" auf die institutionalisierte Abgrenzung in Form von symbolischer/materieller Ausgrenzung der Gruppe, die von der herrschenden Kultur als legitim darstellt wird: die Ausgrenzung ist gegenseitig, aber nicht direkt und nicht weniger widersprüchlich; diese gegenseitige Ausgrenzung ist nicht – wie ich bereits oben bemerkte – in der unmittelbaren Interaktion sichtbar, sondern wird nur zu erfassen sein, wenn das Verhältnis von Handlung und Struktur als wechselseitiger Prozeß betrachtet wird. Erst die Gespräche haben mir ermöglicht, die verdeckten Motive von Handlungen aufzudecken, um so die verdeckten Verbindungen zwischen Interaktionen und Strukturen herauszuarbeiten (vgl. dazu Bielefeld, 1984). Nach der Auswertung dieser Gespräche konnte ich feststellen, was die deutschen und die „ausländischen" Jugendlichen eigentlich eint: die Unkenntnis der „anonymen" Kraft, die sie (irre)führt, also der Machtverhältnisse, die sie der Reproduktion des „ewig Gleichen" unterwerfen.

III Die Normalisierungsfunktion von Schulbüchern

Weiterhin habe ich die Lehrbücher, aus denen die Schüler lernen, in Betracht gezogen. Sie sind dem gängigen Lehrmittelkanon entnommen und stehen im völligen Widerspruch zu einer eigentlich interkulturellen pädagogischen Arbeit.

Teun A. van Dijk zeigt, daß der Bildungsdiskurs als eine wesentliche Quelle für die Reproduktion des Rassismus zu betrachten ist. Er verweist darauf, daß die Untersuchung von Schulbüchern in verschiedenen Ländern Europas und der USA die These bestätigt, daß sie nichtwestliche Menschen, Kulturen und Gesellschaften entweder ignorieren, marginalisieren oder erniedrigen (1991, S.22). Zugleich betonen sie subtil oder offen die Überlegenheit der westlichen Kultur. Die angesprochenen Themen werden in sehr stereotyper Weise abgehandelt: Armut, Analphabetismus, technologische Rückständigkeit und ländliche Subsistenzwirtschaft werden hervorgehoben.

Diese Bemerkung trifft auch auf die von der Modellschule verwendeten Schulbücher zu. Dabei habe ich festgestellt, daß die deutsche Geschichte erst nach 1945 beginnt. Im Kapitel 12 des Lehrbuchs „Lernfeld Gesellschaft" ist unter dem Titel „Entstehung zweier deutscher Staaten" zu lesen: „Mai 1945: Die deutsche Reichsregierung kapituliert bedingungslos" (1983, S.176). Ein systematisches Schweigen über die „unangenehmen" Aspekte der deutschen Geschichte trägt zur weiteren Tabuisierung des Themas bei und führt so zur Verleugnung und Derealisierung der Geschichte (zum Zusammenhang zwischen Derealisierung und Wiederholung vgl. Dahmer, 1990).

Die Völker der „Dritten Welt" werden sehr undifferenziert dargestellt, als eine homogene Bevölkerungsmasse, deren Kultur hauptsächlich aus Armut und diktatorischer Herrschaft besteht. Auch hier ist die Bemerkung van Dijks zutreffend: „Diese Homogenisierung wird dadurch weiter betont, daß der Unterschied zu „unserem" und allen anderen westlichen Ländern und Kulturen besonders hervorgehoben wird" (ebd., S.25). Wie die Medien verfügen die Lehrbücher über einen Vorrat an (sprachlichen) Strategien, die internen Probleme auf die „Dritte Welt" zu verschieben. In diesem Zusammenhang kann sogar von Klassenverhältnissen gesprochen werden: „So wie der einzelne Patron auf seiner Hazienda, so herrschen die Patrones, die Oligarchie (die besitzende Minderheit), über den Staat. Die Mehrzahl der 24 Republiken Lateinamerikas sind Diktaturen. Nur ein kleiner Teil dieser Staaten wird demokratisch regiert" (1985, S.140).

Obwohl die Klassengegensätze in der „Dritten Welt" (allerdings als „Feindbild") betont werden, werden die gesellschaflichen Verhältnisse als ein natürliches Phänomen dargestellt; die internationalen Ausbeutungs- und Machtverhältnisse verschwinden vollständig aus dem Blickwinkel: „Weil ein Volk in seiner Mehrheit arm ist, kann niemand sparen. Dadurch ist kein Kapital vorhanden, mit dem Investitionen vorgenommen werden können. Die Folge ist: Es gibt zu wenig Produktionsstätten ... Dadurch gibt es ungenügend Arbeitsplätze, zu wenig Verdienstmöglichkeiten. Wo nicht verdient wird, kann der Staat keine Steuern erheben. Leere Staatskassen bedeuten: Keine staatlichen Angebote an Bildungs- und Ausbildungsmöglichkeiten, mangelhafte Gesundheitsfürsorge" (1985, S.244).

Mit einem Zitat von van Dijk möchte ich die kurze Darstellung des elitären Diskurses der Schulbücher bezüglich der Thematik „Dritte Welt" abschließen: „Beschreibungen, Erklärungen und Bewertungen wirtschaftlicher, politischer oder soziokultureller Unterschiede zwischen Nord und Süd werden nach Maßgabe westlicher Normen und Werte hinsichtlich Technik, Demokratie und Kultur verzerrt. Eine unterstellte westliche Überlegenheit auf allen Ebenen kommt auch in Stil und Wortwahl zum Ausdruck, so im häufigen Gebrauch von „Hütten" (statt „Häusern"), „Stämmen" (statt „Völkern" oder „Gruppen") ..." (1991, S.26).

Der Autor macht noch darauf aufmerksam, und dies konnte durch meine Analysen der Schulbücher bestätigt werden, daß die Völker der „Dritten Welt" nur in dem Zeitraum dargestellt werden, in dem die Europäer ebenfalls anwesend waren. Er stellt fest: „Nichtwestliche Länder und Kontinente scheinen erst nach der „Entdeckung" durch westliche Reisende existent geworden zu sein" (1991, S.25).

Erziehung und Reproduktion rassistischer Denkweise

Im Gegensatz zu den Themen, die bezüglich der „Dritten Welt" angesprochen werden, erscheinen die gesellschaftlichen Verhältnisse in der BRD als völlig konflikt- und herrschaftsfrei. Dabei ist sogar von „Chancengleichheit" die Rede, einer Tatsache, die allerdings von den „Wertvorstellungen der Menschen" abhängig sei. Die objektive Ungleichheit in der BRD wird so zu einer subjektiven Frage: „Ob der Unterschied der sozialen Lebenslagen als ungerecht empfunden wird, hängt nämlich von den Wertvorstellungen der Menschen über eine gerechte Gesellschaftsordnung ab. In der Bundesrepublik haben bei Meinungsumfragen von 100 Bundesbürgern 80 die vorhandenen sozialen Unterschiede als gerechtfertigt bezeichnet, weil diese im wesentlichen ausdrücken, was man aus den Chancen, die man hatte, gemacht hat" (1985, S.152).

Die Ausländerfeindlichkeit erscheint verharmlosend als eine Frage der Verständigung zwischen den Menschen, die unterschiedliche Sprachen sprechen. Sprechen die Ausländer kein richtiges Deutsch, dann werden sie selbst dafür verantwortlich gemacht, daß sie sich nur schlecht mit den Deutschen verständigen können: „Schwierigkeiten mit der Verständigung sind etwas ganz Normales. Meistens sind ihre Folgen eher komisch als schlimm. Der deutsche Tourist, der nicht weiß, daß in Griechenland Kopfschütteln „ja" und Kopfnicken „nein" bedeutet, wird einige Verwicklungen erleben. Aber die Folgen können auch schlimm sein. Manchmal leiden ganze Gruppen darunter, daß sie sich mit anderen nicht oder nur schlecht verständigen können. Die etwa vier Millionen Ausländer in des Bundesrepublik Deutschland sind eine solche Gruppe; unter ihnen etwa eine Million Kinder und Jugendliche" (1985, S.104).

Die oben angeführten Beispiele stellen nur eine begrenzte Auswahl unter den vielen diskursiven Strategien dar, die das Bildungsmanagement den Schülern anzubieten hat.

IV Möglichkeiten für eine transformierende Praxis

Es läßt sich sagen, daß sich die Modellschule für die Schaffung einer „positiven Weltanschauung" unter den Jugendlichen einsetzt, doch sie hat ihre sozialen, politischen und ökonomischen

Probleme nicht ernst genug berücksichtigt. Es kann diesbezüglich von der Widerspiegelung eines „radikalisierten bürgerlichen Bildungsideals und abstrakt egalitären Menschenbildes" gesprochen werden, das letzlich einer „Bündnislosigkeit" in der pädagogischen Arbeit und einer Distanzierung von den Erfahrungen der Arbeiterklasse entspricht (vgl. dazu W.F. Haug, 1976). Ich möchte hervorheben, daß die Schule letztlich den Mangel an politischer Organisation der Arbeiterklasse nutzt, und auf diese die Herrschaft des Common sense und von „Naturgesetzen" überträgt oder sie verstärkt. Es ist wahr, daß in ihr die Unterdrückung allgemein erkannt wird, „aber eher als zufälliger Bestandteil der menschlichen Kondition. Die menschliche Natur, nicht der Kapitalismus ist die Falle" (Willis, 1982, S.240).

Die politische Realität der Einwandererminoritäten wird deswegen weder anerkannt noch behandelt. Die ökonomisch-politische Dimension der Migration bleibt den Schülerinnen und Schülern unzugänglich. Daß die deutschen Jugendlichen die AusländerInnen aus moralischen Gründen zu akzeptieren lernen, heißt noch nicht, daß sie vorbereitet werden für die Auseinandersetzung mit den komplexen gesellschaftlichen Strukturen, unter denen sie leben. Die Akzeptanz des „anderen" sollte ein Schritt sein, die eigenen Interessen wahrnehmen und demokratische Ziele durchsetzen zu lernen. Demokratischere Verhältnisse lassen sich nicht bloß im Spiel zwischen Ausländerfeindlichkeit oder Ausländerfreundschaft durchsetzen.

Zum Schluß möchte ich noch bemerken, daß die Schule nicht die einzige Instanz ist, die zur Reproduktion der herrschenden Verhältnisse beiträgt. Die familiären Strukturen und die Medien spielen ebenfalls eine große Rolle. Die Vergesellschaftung in der bürgerlichen Gesellschaft ist, wie oben angedeutet, sehr widersprüchlich und erfordert, daß die daraus entstehenden (widersprüchlichen) Handlungsanforderungen vom Individuum selbst in einer individuellen Syntheseleistung integriert werden (vgl. dazu R. zur Lippe, 1975, S.237). Die Individuen selbst müssen, um handlungsfähig zu werden, die Integration verschiedener Deutungsmuster in ihre Identitätsstrukturen vollziehen. Dieser Prozeß wird besonders bei den Jugendlichen dadurch beeinträchtigt, daß ihre psychischen Grundstrukturen sich erst herausbilden. Darum läßt sich in den Interviews zeigen, weshalb die Meinung der Jugendlichen sich inhaltlich ändert, wenn das Thema in einem neuen Zusammenhang diskutiert wird. Sie sind sehr unsicher in ihrer Argumentation. Darin sind auch positive Möglichkeiten zu sehen: Ich habe beobachtet, daß in ihren subjektiven Verarbeitungsstrukturen Offenheiten bestehen, die, einmal stimuliert, die Reflexion und Problematisierung der bestehenden sozialen Verhältnisse in Gang setzen kann. Ich habe an verschiedenen Stellen der Interviews die Lücken aufgezeigt, die ein Potential an kritischer Wahrnehmung gesellschaftlicher Verhältnisse beinhalten und die weiterentwickelt werden können, besonders wenn die pädagogische Arbeit, die von der Modellschule geleistet wird, sie aufgreifen und in eine transformierende Praxis umsetzen kann (s. Soares do Bem, Widerstand, insb. S.6–8).

Bis jetzt hat sie jedoch diese Aufgabe nicht erfüllt. Eine ernstzunehmende „Antirassistische Erziehung" soll sich nicht damit begnügen, „ein positives Bewußtsein für kulturelle Unterschiede" zu schaffen, sondern – wie Essed und Mullard zutreffend bemerken – daran arbeiten, daß „ein aktives Bewußtsein für strukturelle Ähnlichkeiten, für Ungleichheit und Ungerechtigkeit" entwickelt wird (1991, S. 84).

Literaturverzeichnis

Bents, H., Juelich, D., Oechsle, M.,
- 1984: Thematisierung und Reduktion als Grundstrukturen subjektiver Verarbeitung. In: Zoll, R., Hauptsache, ich habe meine Arbeit. Frankfurt/M., S. 100–109.

Bielefeld, U.,
- 1984: Sozialerfahrung und ihre Verarbeitung. Arbeit, Arbeitslosigkeit und Nichtarbeit junger Ausländer. In: Schweizerische Zeitschrift für Soziologie, Nr. 1, vol. 10, S. 563–591.

Dahmer, H.,
- 1990: Derealisierung und Wiederholung. In: Psyche. Zeitschrift für Psychoanalyse und ihre Anwendungen, Heft 2, S. 133–143.

Essed, P. und Mullard, C.,
- 1991: Antirassistische Erziehung. Felsberg.

Haug, W.F.,
- 1973: Bestimmte Negation. „Das umwerfende Einverständnis des braven Soldaten Schwejk" und andere Aufsätze. Frankfurt/M.
- 1986: „Umrisse zu einer Theorie des Ideologischen". In: Projekt Ideologie–Theorie (PIT), Argument-Sonderband AS 40, S. 178–204.

Hoffman, L./Even, H.
- 1984: Soziologie der Ausländerfeindlichkeit – Zwischen nationaler Identität und multikultureller Gesellschaft. Weinheim und Basel.

Kalpaka, A.,
- 1986: Handlungsfähigkeit statt „Integration". Schulische und außerschulische Lebensbedingungen und Entwicklungsmöglichkeiten griechischer Jugendlicher. Ergebnisse einer Untersuchung in der Stadt Hamburg. München.

Leiprecht, R.,
- 1990: „... da baut sich ja in uns ein Haß auf ...". Zur subjektiven Funktionalität von Rassismus und Ethnozentrismus bei abhängig beschäftigten Jugendlichen.

Erziehung und Reproduktion rassistischer Denkweise

Edition Philosophie und Sozialwissenschaften 19. Hamburg/Berlin.
Zur Lippe, R.,
1975: Bürgerliche Subjektivität: Autonomie als Selbstzerstörung. Frankfurt/M.
Soares do Bem, A.,
1992: Kreuzberger Jugendliche zwischen Revolte und Autoritarismus. In: Das Argument. Zeitschrift für Philosophie und Sozialwissenschaften Nr. 191, 79-84.
– Ausländische Mädchen zwischen Widerstand und Anpassung, unv. Manuskript [Berlin o. J.]
– Mädchen aus deutschen und ausländischen Arbeiterfamilien und ihre Erfahrung bzw. Wahrnehmung der Widersprüche zwischen den Elementen verschiedener Sozialisationsinstanzen, unv. Manuskript [Berlin o.J.]
Van Dijk, T.A.,
1991: Rassismus heute: Der Diskurs der Elite und seine Funktion für die Reproduktion des Rassismus. Duisburger Institut für Sprach und Sozialforschung – DISS-Texte Nr. 14.
Willis, P.,
1982: Spaß am Widerstand. Gegenkultur in der Arbeiterschule. Frankfurt/M.

Schulisches Material:

Konzeption einer stadtteilorientierten Modellschule für den Standort Block 129 in Kreuzberg. September 1982, Manuskript.
Lernfeld Gesellschaft 7.–10. Schuljahr – ein Lehr- und Arbeitsbuch, Verlag Moritz Diesterweg, Frankfurt/M./Berlin/München 1983.
Thema Politik B – Lese-und Arbeitsbuch für die Sekundarstufe I (7.–10. Schuljahr). Ernst Klett Stuttgart, 1985.

Interkulturelles Lernen[1]
als Pflege kultureller Dominanz?

Das „Ausländer"-Bild

Aufgrund der Erfahrung, die ich in meinem Leben in Deutschland gemacht habe, habe ich erkannt, daß die deutsche Gesellschaft monoethnisch und monokulturell geprägt ist. (Nestvogel, 1991, S. 86) Ich mußte immer wieder feststellen, daß die Probleme, die für mich als „Ausländer"[2] in dieser Gesellschaft entstehen, weniger die Folge des Zusammenlebens verschiedener Kulturen und sozialer Schichten sind, als die Folge einer Hierarchisierung der Kulturen, die durch das existierende Bild von bestimmten Nationalitäten entsteht.

Als Fremde (ich verstand mich als Mitglied) in dieser Gesellschaft mußte ich neue Kommunikationsformen und ein gemeinsames Handeln lernen und praktizieren. Beides wurde jedoch durch das Bild vom „Ausländer" in dieser Gesellschaft

---

1   In meiner Arbeit benutze ich nicht das Schlagwort „interkulturelle Erziehung", sondern spreche von interkulturellem Lernen. Lernen bedeutet für mich, gleichberechtigt voneinander und miteinander zu lernen − und dieser Prozeß läuft ständig. Hinter „Erziehung" steckt für mich zu sehr die Antwort auf die jeweils gesellschaftlich relevante Frage „zu welchem Zweck und auf welche Ziele soll überhaupt erzogen werden? (Kron, 1988, S. 173) Da es m.M. nach in der interkulturellen Begegnung nicht um diese Frage gehen kann, ist interkulturelles Lernen der richtigere Begriff für interkulturelle Kommunikation.
2. In meiner Arbeit verwende ich das Wort „Ausländer" unter Berücksichtigung des persischen Sprachgebrauchs. Ich unterscheide nicht zwischen „Ausländerin" und „Ausländer", da in meiner Muttersprache die maskuline Form den Menschen bezeichnet, das heißt in der maskulinen Sprachform sind Frau, Kind und Mann enthalten. Unter „Ausländer" sind in dieser Arbeit in erster Linie die „Nicht-Weißen-Ausländer" gemeint.
    Die Tatsache, daß ich aus der darstellenden Begriffsmöglichkeit keine befriedigend erscheinende Definition für „Ausländer" finden kann, empfinde ich als eine bezeichnende Widerspiegelung der gesellschaftlichen Ausgrenzung meiner Realitäten in der Sprache.

behindert. Dieses Bild ist davon bestimmt, daß „Ausländer" allgemein als lernunfähig und orientierungslos definiert werden. Sie werden als minderwertig, bedrohlich und defizitär bewertet[3] Ohne eine bewußte Entscheidung zu treffen, und ohne daß ich dies sofort erkannte, veränderte sich mein Leben dramatisch. Ich zweifelte grundsätzlich an meinen Fähigkeiten. Alles was vorher „normal" war, erschien mir jetzt seltsam und ungewöhnlich. Mir fehlte das Vertrauen, den Weg in der neuen Welt zu schaffen, den neuen Weg zu gehen. Und ich zweifelte gleichermaßen an meinen Fähigkeiten, auf die „alte" Weise als Mensch jemals wieder Erfolg haben zu können.

Mein Selbstbild hatte sich erheblich verändert. In dieser Zeit stand meine gesamte Existenz auf dem Spiel. Ich fühlte mich nicht nur unterlegen und verängstigt, sondern ich schwankte zwischen grandiosen Vorstellungen von meinen Fähigkeiten und erniedrigenden Gefühlen der Inkompetenz hin und her. Dadurch war ich gezwungen, die Struktur meines Denkens und Verhaltens umzuformen, um die hier übliche Kommunikationsform verstehen zu können: Meine Rolle als „Ausländer" bestimmte meine Kommunikation mit den Deutschen und nicht ich selbst. Diese Fremdbestimmung ließ mir kaum Raum zum Mitdenken und Mithandeln. Die Ursachen dafür suchte ich ausschließlich bei mir selber. Bald entdeckte ich aber, daß ich einen neuen Kampf gegen eine gewisse „Geiseserscheinung" beginnen mußte, deren Inhalt das Bild vom „Ausländer" in dieser mir neuen Gesellschaft war.

Die Macht, die von diesem Bild ausgeht, drückt sich darin aus, daß gewissermaßen etwas Spezifisches von den jeweiligen Menschen gefordert und erwartet wird, nämlich „Ausländer" zu werden. Das Bild vom „Ausländer" wird jedoch m.E. nicht nur als eine politische Macht benutzt, sondern es ist eine umfassende Ordnung, die Denken und Handeln, das Politische und

---

3. „Historische Wurzeln hat die Defizit-Sicht von Fremden z.B. in der Missions- und Kolonialerziehung, in der Schwarze als Kinder, Wilde oder Heiden gesehen wurden, die zu Erwachsenen, zu Zivilisierten oder zu Christen (Gläubigen) zu erziehen waren." (Nestvogel, 1991, S. 3)

Interkulturelles Lernen

das Private, unauflöslich verschweißt, und die Dominanzkultur stabilisiert.

Ich bezeichne die deutsche Kultur als Dominanzkultur. Dominanz bedeutet für mich, daß Vorherrschaft reproduziert, stabilisiert und ausgedehnt wird. Das impliziert notwendigerweise auch Selektion, Kontrolle und Hierarchisierung. Diese Dominanzkultur ist durch den Prozeß der „Rationalisierung" wesentlich gekennzeichnet[4]

Durch mein Studium und mein Leben in Deutschland erlebe ich das „Ausländersein" und seine Funktion als eine ungewollte Lebensform, auf die ich nicht vorbereitet war. Diese Erfahrungen in meinem konkreten Erleben haben mich in eine neue politische Auseinandersetzung gezwungen. Schon zu Beginn meines Studiums habe ich in verschiedenen Seminaren bemerkt, daß ich als iranische Studentin keine aktiven Beitrag leisten konnte. D.h., die Lehr- und Lerninhalte waren monokulturell ausgerichtet und ausschließlich zur Anwendung in dieser Gesellschaft geeignet, um sich noch tiefer in sie zu integrieren, aber ohne sie besser zu verstehen. Sie waren für mich nicht brauchbar und deshalb wollte ich sie nicht lernen.

In dieser Zeit entwickelte sich Neues im Schwerpunkt „Interkulturelles Lernen" an der TU Berlin[5]. Die theoretischen Hintergründe, vor allem die Berücksichtigung existierender Hierarchien, schienen es mir möglich zu machen, aktive Teilnehmerin im Studium zu sein. Deshalb entschloß ich mich ganz bewußt, interkulturelles Lernen als Schwerpunkt meines Studiums zu wählen. Ich hatte dabei die Hoffnung, meinen Wunsch nach einem aktiven Lernen realisieren zu können. Ich stellte mir ein interkulturelles Lernen als gleichberechtigte Begegnung miteinander und als ein Lernen voneinander vor. Das ließ sich jedoch nie verwirklichen. Meine Erfahrungen in verschiedenen

---

4. „Max Weber hat mit dem Begriff „Rationalisierung" den Versuch gemacht, die Rückwirkungen des wissenschaftlich-technischen Fortschritts auf den institutionellen Rahmen von Gesellschaften zu fassen, die in „Modernisierung" begriffen sind." (Habermas, 1969, S. 60)
5. Im Verständnis mit Renate Nestvogel; „Interkulturelles Lernen ist mehr als Ausländerpädagogik" (1987).

Nasanin Navabi

Seminaren und Diskussionen in diesem Bereich ließen mich an meinem ursprünglichen Wunsch zweifeln, auch weil ich feststellte, daß ich selbst im sozialwissenschaftlichen Diskurs als Objekt „Ausländer" behandelt werde. Mit der Zeit entstanden immer wieder neue Fragen und neue Erkenntnisse, die ich durch meine Position als im Unterschied zu anderen letztlich nicht mitbeteiligte Person im interkulturellen Lernprozeß entwickelte: Ich war nicht nur keine Kommunikationspartnerin, sondern man sah mich als Problemobjekt der Lerninhalte und als Ziel der Konzepte und Theorien.

Vor diesem Hintergrund kam ich auf mein ursprüngliches Anliegen zurück, die Rolle des interkulturellen Lernens zu hinterfragen. Interkulturelles Lernen ist in den gesellschaftlichen Zusammenhängen einer westlichen Dominanzkultur auf Grund ihrer historischen Entwicklung von Problemobjekten abhängig. Da es in der Dominanzkultur um Integration in das System geht und nicht um Akzeptanz der Andersartigkeit, beschäftige ich mich insbesondere mit der interkulturellen Kommunikation, um ihre Einseitigkeit und Integrationsabsicht aufzuzeigen. Ich gehe hierbei davon aus, daß interkulturelle Begegnungen in der Universität ganz allgemein mit dem stigmatisierten Bild vom „Ausländer" arbeiten und somit zu einem Prozeß der Entfremdung für die „Ausländer" beitragen.

Selbstentfremdung durch das stigmatisierende Bild

Zuerst versuche ich, den Prozeß meiner eigenen Entfremdung anhand eines Vergleiches zwischen meinem Bild von mir vor meiner Reise nach Deutschland und meinem gegenwärtigen Selbstbild unter dem Stigma „Ausländer" zu veranschaulichen und die daraus resultierenden Probleme zu skizzieren.

Bevor ich nach Deutschland kam, war ich geprägt von dem Gedanken, daß alle Menschen gleich sind. Das bedeutete, daß ich gleichberechtigt mit allen Menschen war. Ich wußte, was ich konnte: Ich konnte lernen, ich konnte schreiben, rechnen, lesen, denken, arbeiten. Ich war begabt. Ich war fleißig. Ich war offen für neue Situationen. Ich wußte, daß ich ein neues Leben in einem anderen Land aufbauen konnte. Ich wußte, daß

Interkulturelles Lernen

ich fähig war, soziale Bindungen einzugehen und Verantwortung zu übernehmen.

Als ich dann in Deutschland war, bekam ich mit der Zeit den Eindruck, daß ich nicht nur normale Schwierigkeiten der Eingewöhnung hatte, sondern daß ich nicht dazu in der Lage sein würde, den Anforderungen hier überhaupt zu entsprechen. Beispiel dafür ist, daß ich mich mit der Zeit zwar besser ausdrükken und zurechtfinden konnte, aber in zufälligen und neuen Situationen plötzlich wieder sprachlos und unbeholfen war. Ich konnte diese Diskrepanz nicht akzeptieren. Ich schämte mich, als inkompetent zu gelten und als anders wahrgenommen zu werden. Dadurch wurde oft ein aktives Eintreten in die Kommunikation mit Anderen verhindert.

Mir wurde immer deutlicher, daß mir von außen vermittelt wurde, daß ich als „Ausländer" nicht lernfähig war, daß ich z.B. die deutsche Sprache sowieso nicht richtig lernen könnte, daß mir die Fähigkeit abgesprochen wurde, analysieren und diskutieren zu können, daß mir unterstellt wurde, in Deutschland nicht zurechtkommen zu können oder daß ich nicht nach Deutschland passen würde.

Bevor ich kam, wußte ich, wer ich war, und wer ich sein wollte. Vorher hatte ich kein Problem mit meiner Identität, ich war mit mir selbst eins und Identität war für mich Ganzheit. Für mich als Nasanin war es selbstverständlich, daß meine Identität veränderbar ist und in einem ständigen Lernprozeß geformt wird. In Deutschland existierte dagegen ein statisches Bild einer kulturellen Identität. Darin war ich Iranerin, Moslemin, unterdrückte Frau, Jungfrau, politisch Verfolgte, eine Arme aus der „Dritten Welt". Ich hatte Schwierigkeiten, mich von diesen Bildern zu lösen, weil die Menschen um mich herum mich immer wieder in diese sogenannte kulturelle Identität zwangen. Dieser Zwang brachte mich soweit, daß ich mich ständig für mein Herkunftsland schämen und rechtfertigen mußte.

Ein großes Problem waren für mich die vielen Rollen, die das Individuum in sozialen Beziehungen zu spielen hat. In Deutschland würde man die verschiedenen sozialen Rollen als Identität bezeichnen: Ich-Identität, Frauen-Identität, politische Identität, sexuelle Identität, Gruppen-Identität, Berufs-Identität, kulturelle Identität oder individuelle Identität. Im Gegensatz zu der mir bekannten Ganzheit mußte ich mich nun immer wieder in verschiedene Identitäten teilen und mich damit auseinandersetzen. Das war vorher kein Problem für mich.

Ich hatte z.b. gelernt, daß ich nur in der Gruppe existieren kann und mir die Gruppe helfen muß, d.h. mir die Chance geben muß, ihre Kultur und Sprache zu verstehen, eine sozio-historische und sozio-kulturelle Gemeinschaft zu entwickeln. Im Gegensatz zu meiner iranischen Sozialisation wurde hier von mir erwartet, daß ich alles selbständig machen mußte, während ich auf die Anderen, auf die Gruppe, wartete. Mit der Zeit begriff ich, daß ich auf eine Wir-Identität vorbereitet war. Im Gegensatz dazu existierte in Deutschland die Form der Ich-Identität[6]

Ein weiteres, sogar sehr wichtiges Element der Infragestellung sowohl meines Selbstbildes, als auch meiner Identität und deren Behinderung in ihrer Weiterentwicklung war das stigmatisierende Bild von Nationalitäten (nicht alle sind hier „Ausländer"). Die Menschen in der deutschen Gesellschaft hatten ein „Ausländer"-Bild von mir, in dem ich mich selbst nicht mehr erkennen konnte. Ohne etwas zu tun, allein aufgrund meines Äußeren, meiner Erscheinung, war ich ein Problem: „Ausländer", unzivilisiert, arm, hilfsbedürftig, nicht lernfähig, nicht handlungsfähig, orientierungslos und bedrohlich in ökonomisch-kultureller Hinsicht, eine Gefahr im System des zweckrationalen Handelns.

Diese Stigmatisierung erfüllt die Funktion, die Hierarchisierung zu verankern, um die Aufrechterhaltung der Dominanzstruktur nicht zu stören. Selbst wenn ich als nicht-unzivilisiert, nicht-arm, nicht-hilfsbedürftig usw. erkannt worden wäre,

---

6. Nach Elias entwickeln die Menschen der Industrieländer sich durch ihren politischen, kulturellen, ideologischen, sozialen und gesellschaftlichen Prozeß mehr zur Ich-Identität. (Elias, 1981, S. 247)

Interkulturelles Lernen

würde ich innerhalb der Hierarchie so eingestuft, daß das Dominanzverhältnis keinen Bruch bekäme und zwar allein deshalb, weil aus der Perspektive der Dominanzkultur mir diese Eigenschaften zugeschrieben werden.

In Deutschland mußte ich zunächst die kulturelle Identität meines Landes, die mir die deutsche Gesellschaft zugewiesen hatte, akzeptieren, obwohl sie mir unbekannt war. Ich mußte mich als „Ausländer" sehen und danach diese Identität wieder leugnen. Mein Platz wurde mir als Minorität am Rande der Gesellschaft zugewiesen. Auch durch die Etikettierung „Minderheit" wurde mir ein bestimmtes Bild aufgedrückt.

Durch diese Erfahrungen in der deutschen Gesellschaft mit ihren verschiedenen Identitäten, ihrem statischen Identitätsbegriff, ihren Individualismen und dem stigmatisierenden Bild vom „Ausländer" stieß ich an die Grenzen meiner Identität. Ich konnte nicht mehr vermitteln, wie und wer ich war. Dies beeinflußte mein Selbstbild und mein Selbstwertgefühl. Mein Selbstbild entsprach schließlich exakt den Eigenschaften des Bildes, das in dieser Gesellschaft für mich vorgesehen ist: „Ausländerin".

Zur Problematik des interkulturellen Lernens in einer Dominanzkultur

Nach meiner Auffassung erlaubt interkulturelles Lernen den interkulturellen Austausch zwischen den Individuen nur dann, wenn in diesem Austausch das gemeinsame Interesse vorhanden ist, einander verstehen und respektieren zu wollen. Dies setzt m.E. eine gleichwertige Position der an dem Lernprozeß Teilnehmenden voraus. Gleichzeitig erfordert eine interkulturelle Kommunikation auch die Benutzung eines Verständigungsmittels, das alle Beteiligten verstehen können.

Während meines Studiums in Deutschland haben mich zwei Fragen beschäftigt: Zum einen, wodurch in Deutschland ein von mir immer wieder angetroffenes selbstverständliches Gefühl der Höherwertigkeit von Deutschen entsteht, das allgemeingültig gegenüber anderen Kulturen ist. Zum anderen, wie die gesellschaftlichen Mechanismen – von staatlichen Organisationen bis hin zum Klassenzimmer – aussehen, die zur Identifizierung mit dieser Höherwertigkeit führen. In diesem Zusammenhang beschreibe ich zuerst die Dominanzkultur als Ursache für eine Denkweise, die die Welt hierarchisch interpretiert und die prägend ist für die Form der interkulturellen Kommunikation.

Wenn ich von Dominanzkultur spreche, unterstelle ich das System einer Industriegesellschaft mit einer Struktur, die durch Technik- und Wissenschaftssysteme gekennzeichnet ist, in dem Sinne, daß Wissenschaft und Technik die Werte der Dominanzkultur darstellen. Das Instrument zur kontinuierlichen Steigerung, Aufrechterhaltung und Ausdehnung der heute existierenden Dominanzkultur besteht darin, daß Technik und Wissenschaft zu einem ideologischen Schlüsselsystem zusammengefügt sind, das die Funktion hat, alle gesellschaftlichen Bereiche bis hin zur Privatsphäre zu bestimmen. In der Perspektive ergibt sich daraus, daß die Logik des wissenschaftlich-technischen Fortschritts die gesellschaftliche Kommunikation, die Interaktion und die Identitätsbildung prägen. (Habermas 1969, S. 81)

Die eigentümliche Leistung dieser Ideologie bedeutet, daß die gesellschaftlichen Bezugssysteme des kommunikativen Handels von den kulturell geprägten Begriffen symbolischer Interaktion getrennt werden. Das heißt, an die Stelle der kulturellen Prägung tritt die Logik des technisch-wissenschaftlichen Fortschritts. „In gleichem Maße tritt an die Stelle des kulturell bestimmten Selbstverständnisses einer sozialen Lebenswelt die Selbstverdinglichung der Menschen unter Kategorien zweckrationalen Handelns ..." (ebd. S. 82)

Zweckrationales Handeln hat eine wesentliche Auswirkung auf Kommunikation und soziale Handlungen und das dadurch, daß keine Differenzierung von Arbeit und Interaktion existiert. Die technischen Regeln übernehmen die Kontrolle des Verhaltens, wodurch eine Persönlichkeitsveränderung entsteht. (ebd. S. 96) Die Rationalisierung dehnt sich einerseits in alle gesellschaftlichen Bereiche aus und verursacht eine Steigerung und Verfestigung technischer Regeln über Natur und Gesellschaft in dem Sine, daß die Weltbilder mehr oder weniger „dichotomisch" ausgeprägt sind. (Habermas 1981, S. 289). Andererseits entsteht eine kontinuierliche „Individuierung" des Menschen. (ebd. S. 99)

Warum erkläre ich die Dominanzkultur, die ja verschiedene Audrucksformen haben kann, mit zweckrationalem Handeln?

Nach Habermas (1981) entstand mit der Entwicklung zur Industriegesellschaft, in diesem Fall in Deutschland, ein bestimmter Kommunikationsbedarf, der ein neues kommunikatives Handeln erforderte. Habermas erklärt hier, daß sich jetzt die sozialen Handlungen und kommunikatives Handeln von der Verständigungsorientierung zu erfolgs- und zielorientiertem Handeln ändern mußten. Diese bezeichnet er als instrumentales und strategisches Handeln mit dem Aspekt der Befolgung technischer Regeln und rationaler Wahl. Kommunikatives Handeln dagegen läuft nicht ziel- und erfolgsorientiert ab, sondern es geht dabei um Verständigung. Während einer Kommunikation hat jeder Beteiligte das Interesse, die gemeinsame Interpretation von Situationen zu erreichen. Dabei ist das Aushandeln von Situationsdefinitionen ein wesentlicher Bestandteil der verständigungsorientierten Kommunikation.

Die erfolgs- und zielorientierte Kommunikation ist dagegen einerseits eine wechselseitige Beeinflussung von zweckrational handelnden Gegenspielern und andererseits ein Prozeß der Verständigung (basierend auf zweckrationalen Regeln) zwischen Angehörigen einer Gemeinschaft. (Habermas, 1981, S. 385/386) Kommunikatives Handeln hat sich im Prozeß der Industriegesellschaft in erfolgsorientiertes Handeln umgewandelt. Kommunikatives Handeln, soziales Handeln, bedeutet in Deutschland immer erfolgs- und zielorientiertes, zweckrationales Handeln als Handlungsbasis und Handlungsorientierung.

Die Kommunikation, die nicht mehr verständigungsorientiert sein konnte, mußte sich zur Erfolgsorientierung wandeln. Das bedeutet, daß, wenn die Kommunikation nicht erfolgsorientiert und zielorientiert abläuft, das Individuum nicht handlungsfähig ist. Das ist ein wichtiger Punkt in der interkulturellen Kommunikation. Die Nicht-Deutschen müssen sich nach diesen Regeln, die nur mit bestimmtem technischen und strategischen Handeln zu erreichen sind, weiter entwickeln, um sich überhaupt verständigen zu können.

In der interkulturellen Kommunikation wird die Universalisierung der Kommunikationsform der Industriegesellschaft deutlich. „Ausländer" z.b. werden nach der Zweckrationalität ihres Handeln bewertet. Streben sie nicht das Muster zweckrationalen Handelns an, wird ihnen unterstellt, daß sie handlungsunfähig sind. Die historischen und kulturellen Unterschiede werden damit hierarchisiert. Dabei wird die Entstehung der Zweckrationalität in der deutschen Gesellschaft nicht als historischer Entwicklungsprozeß wahrgenommen, sondern sie übt die Funktion einer Ideologie aus, um Herrschaft zu legitimieren und zu stabilisieren. Daraus wird ein Stigma, der Begriff „Ausländer", abgeleitet, der sich in allen Konzepten der „Ausländer"-Arbeit nachweisen läßt.

Hierin drückt sich die Macht der Dominanzkultur aus. Das stigmatisierende Bild vom „Ausländer" ist Produkt der Dominanzkultur, um Hierarchie im Sinne von Herrschaft zu etablieren. Der Begriff „Ausländer" ist eine kulturelle Leistung der Deutschen vor dem Hintergrund eines historischen Gesellschaftsprozesses und des technisch-wissenschaftlichen Fortschritts. Das institutionalisierte „Ausländer-Sein" ist der Stützbaustein zur Höherbewertung der eigenen Kultur, zur Ausbreitung und Vertiefung des eigenen Selbstwertgefühls.

Wie weit ist „interkulturelles Lernen" nun tatsächlich als Pflege der Dominanzkultur anzusehen? Hier ist zunächst der institutionelle Charakter der meisten Zweige der Ausländerpädagogik und des interkulturellen Lernens zu berücksichtigen. Als Bildungsinstitutionen stellen sie ein Sub-System der Rationalisierung dar, in dem Lehrende und Lernende zweckrationalem Handeln unterworfen sind. Handeln und Denken folgen den Kategorien von Effizienz und Erfolg. Dies gilt m.E. auch für die am FB 22 der TU Berlin entwickelten „Bausteine für ein

Konzept zum interkulturellen Lernen" (Albert, Conto de Knoll, Epstein, 1990).

Zu fragen ist weiterhin, ob im interkulturellen Lernen der Wandel in der Kommunikation von der Verständigungsorientierung zur Erfolgsorientierung berücksichtigt wird oder nicht

Die meisten AutorInnen[7] legen ein Konzept der Weiterentwicklung der kulturellen Identität der „Ausländer" zugrunde. Es werden also implizit den „Ausländern" in dieser Gesellschaft Identitätsprobleme unterstellt. Problematisch ist dabei, daß in den Konzepten die kulturspezifischen Interaktionsformen nicht nur als ungleich angesehen werden, sondern sie werden als Ursache für ein Identitätsproblem bei „ausländischen" Studierenden gesehen. Das geht einher mit dem Anspruch, daß die vorhandenen, auf zweckrationalem Handeln basierenden Interaktionsformen hier als selbstverständliches Mittel und Ziel der Kommunikation im interkulturellen Lernprozeß angesehen werden sollen. Als Instrument zur Verständigung wird nur instrumentales und strategisches Handeln anerkannt.

„Ausländischen" Studierenden werden die hier existierenden Handlungsorientierungen und Handlungsziele, die mit einer historischen Entwicklung von Technik und Wissenschaft zusammenhängen, aufgezwungen. Die darin ablaufende erfolgsorientierte Verständigung hat ein bestimmtes Ziel (z.B. Studienabschluß mit Examen), das nur mit bestimmten technischen Regeln und strategischem Handeln zu erreichen ist. „Defizitär" wird in dieser Gesellschaft jeder genannt, der diese Regeln nicht beachtet, und er wird zum Problemfall stigmatisiert. Diese Stigmatisierung stellt dann ein zentrales Begründungsmuster für die Notwendigkeit einer speziellen Ausländerpädagogik dar. Sie bildet sowohl die Grundlage der Konzepte zur Ausländerpädagogik als auch zur interkulturellen Erziehung.

„Ausländische" Studierende werden nach den Werten und Normen des zweckrationalen Handelns bewertet. Ihre eigenen

---

7. „So wird auch in den meisten Beiträgen zur interkulturellen Erziehung die Hilfe zur Identitätsentwicklung als pädagogische Aufgabe reflektiert." (Auernheimer, 1990, S. 202)

Nasanin Navabi

Werte und Normen werden nicht nur berücksichtigt, sondern auch zum Problem gemacht. Dieses Problem soll hier beseitigt werden, d.h. die „ausländischen" Studierenden in das hier existierende System integriert werden. Meiner Ansicht nach dienen die Maßnahmen der interkulturellen Erziehung dazu, „Ausländer" an die Form der Zweckrationalität anzupassen. Aus diesem Grunde stabilisiert interkulturelles Lernen die Dominanzkultur und erweist sich somit als „Integrationslernen".

Zur Integrationsproblematik in interkulturellen Konzepten

Das zweckrationale Handeln bezeichnet Menschen mit anderen als zweckrationalen Handlungsformen als nicht „entwickelt" und dadurch auch als nicht dazugehörig. Daraus entsteht eine Hierarchisierung und damit verbunden eine Stigmatisierung. Die gesamte Kultur wird von einem Imperativ dominiert, der die Absonderung der stigmatisierenden Handlungsweise, in diesem Fall der „Ausländer", verlangt. Darin liegt der Zwang zur Integration der „Ausländer" in dieses System. Es wird dem „Ausländer" die Integration aufgezwungen, da ihm andernfalls im Sinne der Zweckrationalität die gesamtgesellschaftliche Ausgrenzung droht. Die Integration wird dem „Ausländer" als erstrebenswert suggeriert, im Sinne einer „Entwicklung". Dies kann als Prozeß zu Freiheit und Unabhängigkeit (Individualisierung, Modernisierung, Zivilisierung, Bildung usw.), aber auch als Zerstörung zwischenmenschlicher Beziehungen gesehen werden.

Die angenommene, quasi selbstverständliche Höherwertigkeit der deutschen Kultur und die in ihr praktizierte Kommunikationsform wird auch in interkulturellen Begegnungen als Ziel angesehen: Wenn ich hier kommunizieren will, muß ich diese Kommunikationsform (zweckrationales Handeln) übernehmen, obwohl sie nicht meiner eigenen, selbstverständlichen Kommunikationsform entspricht.

Diese spezifische Kommunikationsform in der Dominanzkultur, die durch diese Ideologie entstehende Stigmatisierung und dem daraus abgeleiteten Zwang zur Integration von „Ausländern" möchte ich mit folgendem Beispiel beschreiben: In

Deutschland ist der Gebrauch des Stadtplans[8] üblich. Die Funktion der Pläne ist die von Kommunikationspartnern. Die Pläne sollen dazu dienen, ohne Inanspruchnahme von anderen Menschen das Ziel (eine Straße) schnell und auf dem kürzestem Weg zu erreichen. So entwickelt es sich zur Selbstverständlichkeit, ohne die Kommunikation mit anderen Menschen den Weg zu finden. Die zwischenmenschliche Kommunikation erfährt jedoch eine Beschränkung.

Die Stadtpläne sind nach bestimmten wissenschaftlich-technischen Regeln aufgebaut und darüberhinaus unter Berücksichtigung bestimmter Regeln lesbar und verstehbar. In ganz Deutschland gelten dieselben Regeln. Die Regeln, wie Stadtpläne zu lesen sind, gelten universell und werden überall in der Welt angewendet. Jeder Mensch, der den Stadtplan selbstverständlich zu lesen gelernt hat, muß sich als höherwertig betrachten und gleichzeitig die Kultur höher einschätzen, die diese Stadtpläne möglich gemacht hat. In dieser Universalität von Stadtplänen ist das Wissen über Orte enthalten.

In einer nicht-modernen Gesellschaft (Habermas), wie z.B. dem Iran, wird kommunikatives Handeln angewendet. Dazu sind zwei handelnde Menschen notwendig. Im Iran frage ich die Menschen, wenn ich eine unbekannte Straße finden möchte. Dabei wird gemeinsam versucht, einander zu verstehen, weil das Ziel nur über eine gemeinsame Verständigung zu erreichen ist, und nicht über das Lesen eines Stadtplanes. Das bedeutet, die Verständigung muß erstes Ziel sein und nicht die gesuchte Straße. Ich kann ohne gegenseitiges Verstehen mein Ziel nicht erreichen. Deshalb brauche ich viel Zeit, Geduld, Respekt, Flexibilität, Achtung und Offenheit für Kommunikation. Es gibt keine allgemeingültigen Regeln, den Weg zu beschreiben. Da die Leute verschieden sind und auch verschiedene Handlungsweisen und Sprachformen haben, werden sie die Auskünfte sicherlich unterschiedlich geben.

---

8. „Stadtplan" steht allgemein für die Art und Weise, Informationen über Pläne weiterzugeben.

In Deutschland dagegen ist die Kommunikationsform nicht mehr verständigungsorientiert. Zweckrationales Handeln hat sich als selbstverständliche Handlungsform überall verbreitet. Wenn ich meine im Iran angewendete Handlungsweise hier einsetzen will, gelte ich jedoch als „anders", was hier aber nicht als „normal" bewertet wird, sondern als lernunfähig, orientierungslos und problematisch.

Problem ist jedoch nicht meine Handlungsweise, sondern die von vornherein vorgenommene Stigmatisierung meiner Vorgehensweise. Alle müssen zweckrationales Handeln als Ziel übernehmen, da die Gesellschaft nur die Modernisierung im Sinne von Rationalisierung nicht als Rückschritt bzw. „Problem" ansieht. Wenn ich nicht diese Handlungsweise benutze, heißt das nicht, daß ich das nicht kann, sondern es heißt, daß ich das nicht will. So entsteht der Zwang zur Integration bzw. zur Integrationswilligkeit. Denn nur die volle Akzeptanz des Prinzips von zweckrationalem Handeln führt zum Erfolg, zum Beispiel dem Abschluß eines Studiums.

Bezogen auf interkulturelle Konzepte bedeutet das auch, daß das „Anders-Sein" als orientierungslos, lernunfähig und leistungsunfähig gilt. D.h., die Stigmatisierung ist bereits in den interkulturellen Konzepten enthalten. Die Folge davon ist, daß „Anders-Sein" nicht als solches akzeptiert wird und nicht existieren darf. Auch sind die Lernziele dieser Konzepte von Stigmatisierung geprägt. Die sogenannten Hilfsmaßnahmen in verschiedenen interkulturellen Konzepten sollen diesen Prozeß der „Normalisierung" bewältigen. Diesen Prozeß bezeichne ich als Integration, weil es nicht um Akzeptanz des „Anders-Seins" geht, sondern die Anpassung. Somit nenne ich interkulturelles Lernen „Integrationslernen", weil meine Selbstbestimmung in diesem Integrationsprozeß von vornherein ausgeschlossen ist.

Literaturverzeichnis

Auernheimer, Georg
  1989 Kulturelle Identität – ein gegenaufklärerischer
  Mythos?, in: Das Argument 175, S. 381–394.
Elias, Norbert
  1981: Über den Prozeß der Zivilisation, Bd. 1, Frankfurt/M.
Habermas, Jürgen
  1969: Technik und Wissenschaft als „Ideologie", Frankfurt/M.
  1981: Theorie des Kommunikativen Handelns, Band 1, Zur
  Kritik der funktionalistischen Vernunft, Frankfurt/M.
Kron, F.W.
  1988: Grundwissen Pädagogik, Basel.
Nestvogel, Renate
  1987: Interkulturelles Lernen ist mehr als Ausländerpädagogik,
  in: Informationsdienst zur Ausländerarbeit 2, Frankfurt/M.
  1991: (Hg.) Interkulturelles Lernen oder verdeckte Dominanz:
  Hinterfragung „unseres" Verstänisses der III. Welt,
  Frankfurt/M.

Interkulturelle feministische Arbeit?

Interkulturelle Arbeit muß in der jetzigen Situation antirassistische Arbeit sein, in der das Herrschaftsverhältnis zwischen den unterschiedlichen Kulturen und Gesellschaften zum Thema gemacht wird.[1] Der Begriff *interkulturell* gibt vor, daß ein Austausch zwischen Kulturen ohne Herrschaft stattfindet. Dies entspricht aber nicht der Realität. Damit wir als Frauen aus unterschiedlichen Kulturen gemeinsame Ziele entwickeln können, müssen wir uns über das Positive und Negative in unseren jeweiligen Kulturen auseinandersetzen, ohne daß es zu einer Hierarchisierung der unterschiedlichen Lebensweisen kommt. Dazu bräuchten wir einen herrschaftsfreien Raum unter uns. Den gibt es zur Zeit nicht. Eine der Grundlagen interkultureller Arbeit ist es daher, sich die strukturellen Ursachen dieser Situation bewußt zu machen und an deren Überwindung zu arbeiten.

1. Wer interkulturelle anti-rassistische Arbeit tut oder tun will, sollte sich zuerst über sein oder ihr eigenes Sein klarwerden, d.h. für weiße deutsche Frauen, sich auch als weiß und deutsch zu identifizieren. Dies kann helfen, den eigenen Standpunkt zu relativieren und als gesellschaftlich gebunden zu begreifen. Identität bestimmt sich nicht nur nach dem Geschlecht, sondern auch nach der ethnischen, nationalen, klassenmäßigen oder religiösen Zugehörigkeit oder auch nach der Zugehörigkeit zu einer sozialen Gruppe. Als ich mich kürzlich mit einer

---

1. Unter Rassismus wird hier ein umfassendes institutionalisiertes gesellschaftliches Herrschaftssystem verstanden, das andere aufgrund von äußeren Unterschieden wertet, ausgrenzt, diskriminiert und im Extremfall der Vernichtung preisgibt. Der gesellschaftlich vermittelte Rassismus spiegelt sich in allen Individuen wider und existiert sowohl in Abhängigkeit als auch unabhängig von jeder/jedem einzelnen. Antirassistische Arbeit muß also immer auf zwei Ebenen stattfinden: auf der gesellschaftlichen und auf der individuellen Ebene.

Angela König

Freundin, einer ehemaligen Kollegin aus dem Sudan, darüber unterhielt, wie ich des Nachts im Bus angegriffen wurde, weil ich eine Frau bin, die nachts nichts auf der Straße zu suchen hat, sagte sie sofort: „Wenn ich angegriffen werde, werde ich angegriffen, weil ich schwarz bin." Sie hat recht, genauso wie ich recht habe.

Weiße deutsche Frauen sind Teil einer Dominanzgesellschaft. 500 Jahre Kolonialismus haben dafür gesorgt, daß es für uns selbstverständlich und kein Privileg ist, sich satt zu essen, während dies für einen großen Teil der Männer und der Frauen in der Welt nicht möglich ist. Die materielle Überlegenheit, deren historische und ökonomische Ursachen kaum reflektiert werden, wird von der weißen Mehrheit als eigene kulturelle Überlegenheit interpretiert. Diejenigen, die weniger haben als wir, die unsere Lebensweise nicht teilen können oder wollen, werden schnell als defizitär und minderwertig betrachtet.

2. Die weiße deutsche Frauenbewegung – und das gilt auch für die weißen deutschen Frauen und Feministinnen in der Ökumene – pflegte bis vor kurzem und auch jetzt noch einen paternalistischen und rassistischen Umgang mit „ihren" Migrantinnen und schwarzen Frauen.[2] Sie wurden als Gruppe unsichtbar gemacht, nicht wahrgenommen. Als Individuen waren sie entweder Opfer oder starke Frauen, die zu vielen Veranstaltungen eingeladen wurden.

Seitdem sich seit etwa Mitte der achtziger Jahre Migrantinnen und schwarze Frauen getrennt von uns organisieren, um den internen Rassismus der Frauenbewegung aufzudecken und zu bekämpfen, findet in der Frauenbewegung eine sehr harte Auseinandersetzung über den Rassismus statt. Oftmals erscheint mir diese Auseinandersetzung härter und grundsätzlicher als in

---

2. Die Bezeichnungen „Migrantinnen" und „schwarze Deutsche" werden im Beitrag als politische Begriffe benutzt. Damit ist jene Gruppe unserer Gesellschaft gemeint, die aufgrund der bei uns herrschenden rassistischen Strukturen (z. B. Sondergesetzgebung für AusländerInnen, Diskriminierungen auf dem Arbeitsmarkt, direkte und indirekte Gewalt etc.) von einer gleichberechtigten gesellschaftlichen Teilhabe ausgeschlossen ist.

anderen sozialen Bewegungen. Die Auseinandersetzung wird m.E. aus drei Gründen so hart und so verletzend geführt.

a) Die gemeinsame patriarchale Unterdrückung, der im Vergleich zu Männern der eigenen Gruppe schlechtere Zugang zu Arbeitsplätzen, Geld und Macht, führt eben nicht automatisch zu mehr Solidarität, sondern auch zu mehr Konkurrenz. Diese Konkurrenz zeigt sich am deutlichsten, wo es um die Quotierung von Arbeitsplätzen in den Frauenprojekten oder um die Verteilung von Geldern geht.

b) In keiner anderen Auseinandersetzung wird die Rolle der weißen Frauen als Täterinnen, als Teilhabende an Privilegien so deutlich wie in der Auseinandersetzung mit den Migrantinnen und schwarzen Frauen.

c) Eine größere Verletzlichkeit der Frauen untereinander besteht aufgrund der stark personen- und beziehungsbezogenen Kommunikation im Gegensatz zur eher sachbezogenen Kommunikation, die oftmals unter Männern herrscht.

3. Unter den in der christlichen Ökumene arbeitenden Frauen wird diese Auseinandersetzung m.E. bisher nicht so hart geführt wie in der Frauenbewegung. Dies liegt vielleicht daran, daß die Zusammenarbeit in der Ökumene und die Gemeinsamkeit in der Religion mehr verbindet als das Eintreten für Frauenrechte oder der Feminismus, der von vielen Frauen aus dem Süden, Migrantinnen und schwarzen Frauen als zu einseitig weiß-nordwestlich abgelehnt wird. Zum anderen gibt es durch die lange Tradition ökumenischen Austauschs eine andere Qualität des Zuhörens. Dennoch ist natürlich die christlich geprägte ökumenische Frauenbewegung genauso wie die ökumenische Bewegung insgesamt nicht frei von Rassismus. Dies hat sich in Sòul und in Strasbourg gezeigt, als sich Menschen aus dem Süden, Migrantinnen und schwarze Europäerinnen zur Wehr setzten gegen die in den Diskussionen herrschende Dominanz der Nord-West-VertreterInnen mit ihren vorgefertigten Analysen und Papieren. Einige weiße Nord-West-VertreterInnen haben daraus gelernt, viele waren aber auch enttäuscht und wütend.

Angela König

Sie fühlten sich nicht ausreichend anerkannt in ihrem selbstlosen Einsatz für Gerechtigkeit.

Der Rassismus (und Sexismus) in der Ökumene zeigt sich aber auch in der Einstellungspolitik der Kirchen, in der Hierarchie der Themen und Personen in den ökumenischen Netzen. In einem Teil der professionalisierten Ökumene, der Entwicklungszusammenarbeit, zeigt sich dies u.a. darin, daß es bisher kaum möglich war, die Geldvergabegremien mit VertreterInnen des Nordens und des Südens zu besetzen oder die Nordorganisationen durch die SüdpartnerInnen evaluieren zu lassen. Wenn die ökumenischen Organisationen der Entwicklungszusammenarbeit aus Deutschland z.B. unter Geschlechtergesichtspunkten von den Frauen aus dem Süden evaluiert würden, wäre das Ergebnis sicherlich negativ. Wie kann dann die auch von den Frauen aus diesen Organisationen erhobene Forderung nach Frauenförderung im Süden glaubwürdig sein? Wenn das berechtigte Anliegen der Frauenförderung mit der Geldvergabe verknüpft wird, ist dies die Fortsetzung der alten Dominanz im neuen Kleide.

4. In der Auseinandersetzung mit dem Rassismus bestehen die Unterschiede zwischen weißen Frauen, Migrantinnen und schwarzen Frauen nicht in den unterschiedlichen Kulturen, nicht im Besser- oder Schlechtersein und nicht darin, wer mehr oder weniger Vorurteile und rassistische Gedanken hat. Sie bestehen darin, wer durch seine/ihre gesellschaftliche Stellung und die damit verbundene Macht rassistische Gedanken zum Herrschaftsinstrument werden lassen kann. Fast alle Frauen beurteilen andere aufgrund der ihnen eigenen kultur- und gesellschaftsimmanenten Kategorien. Aber fast ausschließlich weiße Frauen haben die Macht, diese Beurteilung und die eigene Definition von der anderen Frau durchzusetzen.

In der weißen Frauenbewegung wurde diese Macht lange genutzt, um den weißen UniversalMannMenschen des Patriarchats zu ersetzen durch die weiße UniversalFrau. Der Rassismus, so er denn überhaupt wahrgenommen wurde, wurde zum Sexismus hinzuaddiert: „Wir sind alle unterdrückt, wenn

Interkulturelle feministische Arbeit?

auch unterschiedlich stark." Sexismus und Rassismus sind jedoch qualitativ unterschiedlich, und die weiße Frau ist nicht nur unterdrückt, sondern ebenso Unterdrückerin. Mit der in der weißen Frauenbewegung dominanten Annahme, daß alle Frauen unterdrückt sind, geht eine Hierarchisierung der Befreiungsziele und der Befreiungsformen einher. So ist es weitaus fortschrittlicher, in einer Frauengruppe Rassismus und Sexismus zu bekämpfen, als in einer MigrantInneninitiative aus Männern und Frauen mitzumachen. Während weiße Frauen sich entscheiden können, ob sie gegen Rassismus angehen wollen oder nicht, ist diese Frage für MigrantInnen und schwarze Frauen existentiell.

5. Was heißt das für eine anti-rassistische interkulturelle feministische Arbeit? Wie schon erwähnt, ist die Anerkennung des eigenen Selbst als weiß und damit die Relativierung der eigenen Wertvorstellungen sehr wichtig. Es ist eine wichtige Voraussetzung, um mit Migrantinnen und schwarzen Frauen gemeinsame Zielvorstellungen zu entwickeln.

Wichtig ist die Anerkennung unserer vielen kollektiven und individuellen Unterschiede. Nur für den Herrn sind alle Diener gleich.

Wichtig ist, daß weiße Frauen aufhören, Migrantinnen und schwarze Frauen zu definieren, sich immer wieder neue Bilder von ihnen zu machen, indem sie sie je nach eigenem Bedarf mal als Opfer, mal als Kämpferin stilisieren.

Wichtig ist das kontinuierliche Eintreten für gleiche Rechte. Vor allem in der Solidaritätsarbeit haben sich weiße Frauen wie Männer zu oft als unzuverlässige PartnerInnen erwiesen.

Wichtig ist der Aufbau von privaten und nicht nur politischen Beziehungen. Das gemeinsame Kaffeetrinken, die Betreuung der Kinder oder das gemeinsame Tanzen ist ebenso wichtig wie die gemeinsame politische Aktion.

Gibt es eine nicht-rassistische Ökumene?
Erfahrungen und Perspektiven aus der Arbeit des ÖRK

Der Anstoß für das Programm zur Bekämpfung des Rassismus (PBR) kam von „unten", von den Betroffenen, insbesondere von schwarzen Amerikanern 1968 in Uppsala. 1969 wurde in das Mandat des PBR hineingeschrieben, daß sich „Kirchen an der Rassendiskriminierung beteiligt haben" und daß einige Kirchen „von den rassenausbeuterischen Wirtschaftssystemen profitiert", andere „unter ihnen gelitten" haben. Der ÖRK war sich bewußt, daß es keine nicht-rassistische Ökumene gab, als er das PBR gründete.

Welche ökumenischen Lernerfahrungen hat das PBR gebracht? Was taugen sie für ein PBR (in Deutschland) der 90er Jahre?

1. Das Mandat von Canterbury:
   Drei Grundüberzeugungen

Die Vollversammlung des ÖRK in Uppsala, die unter dem Motto „Siehe ich mache alles neu" stand und durch Aufbruchstimmung, Veränderungswillen und Entwicklungsoptimismus geprägt war, forderte ein „Sofortprogramm" zur Bekämpfung des Rassismus. Der Zentralausschuß, 1969 in Canterbury versammelt, verabschiedete das Mandat für das Programm; dies enthielt drei Grundüberzeugungen:
– Rassismus ist kein unabänderlicher Wesenszug des Menschen; ebenso wie Sklaverei und andere Manifestationen der Sünde ist er eine geschichtliche Erscheinung, die bekämpft und überwunden werden muß.
– Kirchen haben sich am Rassismus beteiligt. Sie haben an der weißen Macht partizipiert und davon profitiert. Ihre Komplizenschaft muß aufgedeckt, Schuld bekannt und Umkehr vollzogen werden.

Elisabeth Adler

– Gerechtigkeit kann nur durch Neuverteilung der politischen und wirtschaftlichen Macht hergestellt werden. Wohltätigkeit und Erklärungen gegen Rassismus genügen nicht.

Schon damals wurden die zweite und dritte Grundüberzeugung von Kirchen der weißen Dominanzkultur als extrem und zu radikal empfunden. Auch heute wird es auf Widerstand stoßen, die Komplizenschaft der Kirche zu betonen. Sollen wir von den Kirchen Selbstbesinnung fordern, statt lieber ihre Wohltätigkeitsbereitschaft zu fördern?

Die Forderung nach Neuverteilung von politischer und nichtpolitischer Macht, die schon in den 70er Jahren als revolutionär (marxistisch inspiriert) verdächtigt wurde – wer möchte sie heute wieder beleben nach dem Scheitern utopischer Modelle? Wir fragen auch, ob die Mütter und Väter recht hatten, Rassismus als geschichtliches, also als ein überwindbares Phänomen zu sehen, nachdem es aus irgendwelchen Urtiefen wieder aufgetaucht ist in unseren Tagen.

Trotzdem bin ich der Meinung, daß diese drei Grundüberzeugungen auch Eckpfeiler eines neuen Programms zur Bekämpfung des Rassismus sein können.

2. Die Doppelstrategie des PBR

Die Bekämpfung des Rassismus hatte im PBR zwei Stoßrichtungen:

– Parteinahme für die rassisch Unterdrückten und Stärkung ihrer Organisationen. Das Mittel des Kampfes hierfür war vor allem der Sonderfonds, aus dem Befreiungsbewegungen und antirassistische Organisationen Zuwendungen für humanitäre Zwecke ohne Kontrolle erhielten.

– Bekämpfung der Strukturen, die Rassismus am Leben erhalten. Mittel dieses Kampfes waren die Aufdeckung der Verflochtenheit der Wirtschaft des Nordens mit kolonialen und rassistischen Strukturen und der Aufruf zum Investitionsstop in Südafrika und zum Boykott südafrikanischer Produkte.

Beide Mittel waren effektiv, mindestens hatten sie Öffentlichkeitswirkung und wurden höchst kontrovers diskutiert.

Wie können die rassisch Unterdrückten, die bislang einen großen Einfluß auf das Programm hatten, heute mitbestimmen? Das Plädoyer für eine Ökumenische Zukunft hat die Synode der EKiD aufgefordert, einen Sonderfonds zu gründen mit der ausdrücklichen Zielsetzung, nicht einfach Hilfsbedürftige zu unterstützen, sondern antirassistische Organisationen und Organisationen von Betroffenen zu stärken. Auch heute müssen Strukturen aufgedeckt werden, die Rassismus fördern, wie z.B. diskriminierende Gesetze und Ungleichbehandlung.

3. Was das PBR bewirkt hat

Ohne auf Einzelheiten einzugehen, nenne ich drei Wirkungen:

Seitenwechsel der Ökumene
Mit dem PBR akzeptierte der ÖRK die Option des Evangeliums für die Armen. Er wechselte gewissermaßen auf die Seite der Unterdrückten und Marginalisierten, sah die Welt aus ihrer Perspektive und bezog Kriterien seines Handelns von ihnen. Der Seitenwechsel wurde keineswegs von allen Mitgliedskirchen mitvollzogen oder auch nur als notwendige Wende erkannt. Positiv ist eine Erklärung des DDR-Kirchenbundes: „Der ÖRK hat sich mit seinem PBR zum ersten Mal eindeutig auf die Seite der unterdrückten Farbigen gegen die Interessen der reichen weißen Welt gestellt. Das war eine kirchengeschichtliche Weichenstellung, ein Prüfstein für die Ökumenische Gemeinschaft und die Treue zum Evangelium" (Erklärung der Konferenz der Kirchenleitungen in der DDR 1974).

Signalwirkung
Die Ökumenischen Aktionen hatten nur Symbolcharakter – sie waren auch so intendiert –, aber sie hatten eine Signalwirkung. Die Kirche stellte sich auf die Seite der als Terroristen diffamierten Befreiungsbewegungen. Andere Organisationen, auch Regierungen, wie z.B. die niederländische und die schwedische, folgten ihrem Beispiel bzw. unterstützten selbst den Sonderfonds.

Elisabeth Adler

Solidarität

Das PBR fand zwar an vielen Punkten Widerspruch in den verfaßten Kirchen, aber es setzte eine breite Solidaritätsbewegung an der Basis in Gang. (Kein Geld für Apartheid, Kauft keine Früchte der Apartheid, Partnerschaften im Bundesschluß, etc.)

Wie bewirken wir heute einen Seitenwechsel unserer Kirchen? Hier möchte ich kurz einige Punkte anreißen. Was bedeutet es, nicht mit den Strukturen wirtschaftlichen Erfolgsdenkens und Dominanzverhaltens zu paktieren? Wie können Kirchen heute Signale setzen? „Asyl in der Kirche" oder „Eine-Welt-Zentren" könnten Modelle sein. Welche Mittel können Solidarität befördern gegen das sich verbreitende Abgrenzungsverhalten gegenüber Fremden?

4. Ärgernisse, die das PBR erregte

Das PBR war im doppelten Sinn des Wortes „anstößig", es erregte Ärgernis, aber es gab auch Anstöße zum Umdenken und Umkehren. Ich nenne vier „anstößige" Aspekte:

Weißer Rassismus

Daß das PBR ausdrücklich von der Bekämpfung des weißen Rassismus sprach, war ein Ärgernis unter Weißen. Die EKD forderte die Hinzufügung von „farbigem" Rassismus. Was unter weißem Rassismus zu verstehen sei und warum ihm der Kampf gilt, erklärt Ernst Lange (Utopie, S.124):

„Kampf gegen Rassismus ist ein verhältnismäßig harmloser Ausdruck für den weltweiten Aufstand gegen die weiße Weltzerstörung, den strukturgewordenen Messianismus der Menschengruppen mit heller Hautpigmentierung, des Zweiklassenmenschenrechts, das die Welt zerreißt ... Weiß ist oben – im Denken, in der Sprache, in der Wertsetzung, in der Technologie, in der politischen Macht."

Die Gründe für das Ärgernis sind klar: Es geht um uns, um unsere historisch bis heute manifeste Sünde. Die Festung Europa wird gegen das Vordringen der anderen Klasse errichtet,

Gibt es eine nicht-rassistische Ökumene

sie verteidigt sich, will nichts teilen, läßt keine anderen Werte gelten.

Das Ja zur Gewalt

Die Kritiker des PBR behaupteten, das Programm sage Ja zur Gewalt, weil es Befreiungsbewegungen unterstützte, auch wenn sie Gewalt anwendeten. Die Diskussion stürzte sich auf das Gewaltthema. Ernst Lange nannte das eine Verschiebung: „Statt Rassismus wird in Deutschland Gewalt diskutiert" und vermutete, daß die Unfähigkeit, den Rassismus zu diskutieren, mit der „Unfähigkeit zu trauern", der Unwilligkeit, die deutsche Vergangenheit zu diskutieren, zusammenhinge.

Heute finden rassistische Ausschreitungen zusammen mit antisemitischen statt. Die unbewältigte Vergangenheit meldet sich. Die Beschäftigung mit den Fehlern des Sozialismus erlaubt keine Relativierung des Faschismus.

Gegen Rassismus oder für Menschenrechte?

Das ist sicher kein Entweder-Oder; gegen Rassismus zu kämpfen heißt, für Menschenrechte einzutreten. Ein Problem entsteht dann, wenn der Kampf gegen Rassismus von der großen Aufgabe des Einsatzes für Menschenrechte verschluckt wird. Das war lange Zeit das Bestreben der EKiD. Der Rat empfahl 1974, „das ökumenische Programm zur Bekämpfung des Rassismus in den größeren Zusammenhang der Durchsetzung der Menschenrechte zu stellen", wohl in der Hoffnung, die „Einseitigkeit" des Programmes aufzuheben und Menschenrechte auch in östlicher Himmelsrichtung einzuklagen.

Das Leitungsgremium des Bundes der Ev. Kirchen in der DDR hatte 1971 erklärt: „Überwindung des Rassismus ist heute ein Modellfall für die umfassende Verwirklichung der Allgemeinen Menschenrechte." Damit wurde das in der DDR tabuisierte Thema der Menschenrechte thematisiert und den Gemeinden das PBR als ihre Sache empfohlen. Auch heute wird in Deutschland das Wort Rassismus vermieden und lieber über die Ausländerfeindlichkeit und über Fremdenhaß geredet.

Elisabeth Adler

Das Reich Gottes auf Erden?
Das PBR war theologisch nicht sehr beredt. Es wurde deklamatorisch verkündet: Rassismus ist Sünde. „Rassendiskriminierung ist eine krasse Leugnung christlichen Glaubens. Sie leugnet die Wirksamkeit des Versöhnungswerkes Jesu Christi, sie leugnet unser in der Schöpfung begründetes gemeinsames Menschsein ..." (Uppsala 1968).

Schon 1928 hatte die Jerusalemer Missionskonferenz erklärt: „Jede Diskriminierung von Menschen auf Grund von Rasse oder Farbe, jede selbstsüchtige Ausbeutung und jede Unterdrückung des einen Menschen durch einen anderen ist eine Leugnung der Lehre Jesu."

Theologische Aussagen kritisierten soziale Verhältnisse und mündeten in der Forderung nach Veränderung: „Es kann keine Gleichheit der Chancen geben ohne Neuverteilung der wirtschaftlichen Güter der Welt" (Missionskonferenz in Tambaram 1938).

In dieser Tradition sprach das Mandat des PBR von Neuverteilung der politischen Macht, von Rückgabe von Grund und Boden und von einem radikalen Neuaufbau der Gesellschaft. Theologisch waren solche Aussagen den verschiedenen Formen der Befreiungstheologie verpflichtet, der Orientierung unseres Handelns am Reich Gottes und seiner Gerechtigkeit. Gerade diese Hoffnung auf ein besseres Diesseits wurde von der traditionellen Theologie als häretisch gegeißelt. Ein erneuertes Programm zur Bekämpfung des Rassismus braucht auch neues theologisches Nachdenken: Dazu gehört das Aufdecken von Rassismus in der Theologie.

5. Schlußbemerkung

War die Rezeption des PBR in Ost- und in Westdeutschland kontextbezogen verschieden, so leben wir heute im gleichen Kontext, sind TeilhaberInnen der weißen Weltzerstörung, des strukturgewordenen Messianismus der weißen Dominanzkultur. „Es geht darum, den Teufel auszutreiben. Die Dämonen bedienen sich unserer sozialen, wirtschaftlichen und politischen

Gibt es eine nicht-rassistische Ökumene

Strukturen. Die Wurzel des Übels aber sitzt so tief wie die Sünde des Menschen ..." hieß es im Mandat des PBR.

Weil die Wurzel tief sitzt, muß der Kampf heute weitergehen. Das Plädoyer für eine Ökumenische Zukunft hat einen Vorschlag für ein Programm zur Bekämpfung des Rassismus in Deutschland vorgelegt. Wann nehmen die Kirchen, wann nehmen wir das Programm auf?

Dokumentation

Aufruf an die Kirchen

Dokumentation

Aufruf an die Kirchen

Als Sünde haben Kirchen den Rassismus verurteilt, seit sie sich 1948 – nach den Schrecken des nationalsozialistischen Regimes in Deutschland – im Ökumenischen Rat zusammengeschlossen haben. Die brutalen Überfälle auf Flüchtlinge, ausländische Mitbürger und Mitbürgerinnen sowie deutsche Minderheiten in jüngster Zeit zeigen deutlich und drastisch, wie schnell Rassismus in unserem Land sich wieder ausbreiten kann. Mit Schrekken erkennen wir, daß Rassismus tiefere Wurzeln hat, als wir es für möglich hielten. Ein klares und deutliches Engagement gegen Rassismus erfordert, sich auch bei uns im Land eindeutig auf die Seite der Betroffenen und gegen die TäterInnen und MittäterInnen zu stellen.

Darum fordern wir unsere Kirchen – Gemeinden, Gruppen, Synoden, Kirchenleitungen und kirchliche Zusammenschlüsse – auf, das ökumenische Programm zur Bekämpfung des Rassismus in Deutschland unverzüglich umzusetzen. Wir leben schon in einer multikulturellen Gesellschaft, ohne daß dies hinreichend bewußt und realisiert ist. Deshalb rufen wir auf, einen konziliaren Prozeß für eine gerechte und multikulturelle Gesellschaft, in der alle Menschen gleichgeachtet und gleichberechtigt sind, in Gang zu setzen. Dieses erneuerte Programm zur Bekämpfung des Rassismus soll:

- eine gemeinsame ökumenische Sache aller Kirchen unseres Landes, ihrer Gemeinden und Basisgruppen sein;
- AusländerInnen, Angehörige von Minderheiten und deren Organisationen beteiligen;
- mit kirchlichen und anderen Initiativen zur Überwindung von Diskriminierung und Rassismus zusammenarbeiten;
- ökumenische Erfahrung von Kirchen und Gruppen bei der Bekämpfung des Rassismus, besonders im südlichen Afrika, einbeziehen;

Dokumentation

- Fachwissen nutzen, Studienarbeit anregen, Aktionsprogramme fördern;
- Öffentlichkeit herstellen durch beispielhafte Zeichen der Solidarität;
- finanziert werden durch einen Sonderfonds, der vor allem aus einem Prozent der Zinserträge kirchlicher Rücklagen gespeist wird.

Der Studien-, Beratungs- und Aktionsprozeß soll sich auf die nächsten drei Jahre konzentrieren und in drei Phasen verlaufen:

1993: Bildung eines Runden Tisches

Wir rufen die Arbeitsgemeinschaft Christlicher Kirchen (ACK) auf, einen Runden Tisch zusammenzurufen. Am Runden Tisch sollen VertreterInnen der Kirchen, Gruppen, Organisationen von AusländerInnen und Minderheiten sowie ExpertInnen kirchlicher Fachgremien miteinander die Situation des Rassismus in der Bundesrepublik Deutschland erheben und den Dreijahresprozeß zur Bekämpfung des Rassismus durch die Kirchen planen. Aufgaben des Runden Tisches sind auch die Bildung einer Projektgruppe, die Einrichtung von Studiengruppen zu wichtigen Themen der Antirassismusarbeit und die Verabschiedung eines Aktionsprogramms.

1994: Basis-, Studien- und Öffentlichkeitsarbeit

Die Projektgruppe sorgt dafür, daß die Ergebnisse des Runden Tisches in Basis-, Studien- und Öffentlichkeitsarbeit umgesetzt werden.

– Bestehende Basisgruppen in Gemeinden und Kirchenkreisen, wie Eine-Welt-Zentren, Initiativen für und mit Flüchtlingen, ökumenische Arbeitskreise, sollen ihre Erfahrungen miteinander austauschen und als MultplikatorInnen in den Regionen wirken. Durch einen regelmäßigen Rundbrief soll die Basisarbeit vernetzt und die Aktionsarbeit verbreitert werden.

– Studiengruppen, die der Runde Tisch eingerichtet hat, sollen die Erfahrungen der Basisarbeit systematisieren und neue Denkanstöße geben. Themen der Studiengruppen könnten z.B. sein: „Fremde in der Bibel", „Rassismus in Kirche und Theologie", „Psychologische und soziale Ursachen des Rassismus heu-

Aufruf an die Kirchen

te", „AusländerInnen-Recht", „Multikulturelle Gesellschaft und Kirche", „Wirtschaft und Rassismus".

– Regional sollen öffentliche Foren von AusländerInnenbeauftragten, PolitikerInnen, RechtsexpertInnen, GruppenvertreterInnen und Betroffenen zur Bewußtseinsbildung beitragen.

Die Projektgruppe nimmt Erfahrungen der Basisarbeit auf, sorgt für den Austausch der Studienergebnisse und verknüpft die Öffentlichkeitsarbeit auf unterschiedlichen Ebenen. Sie versucht zudem, durch Kontakte und Vernetzung mit Initiativen zur Bekämpfung des Rassismus in Kirchen anderer Länder das deutsche Dreijahresprogramm in das weltweite Programm einzubinden. Dazu organisiert sie ökumenische Besuche und Team-Visits.

1995: Konziliare Versammlung

Thema: „Leben mit Fremden in einer gerechten und multikulturellen Gesellschaft".

Nach dem dreijährigen Prozeß sollen in einer ökumenischen Versammlung die Erfahrungen der Beteiligten auf allen Ebenen ausgewertet werden. Zur Verwirklichung einer multikulturellen Gesellschaft gleichberechtigter Menschen sollen Verbindlichkeiten eingegangen werden. Als konstruktives und sichtbares Zeichen der Solidarität soll auf dieser Versammlung mindestens ein Drittel der Teilnehmenden aus kulturellen und ethnischen Minderheiten kommen.

Nur wenn das Programm verwurzelt ist in praktischen Erfahrungen des Mutes und der Solidarität in Gruppen und Gemeinden, wird dieser Geist auch in die Sitzungssäle der Kirchen vordringen. Das Dreijahresprogramm taugt nichts, wenn es nur die Aktiven an der Basis erreicht, die ohnehin Flüchtlingen und Asylsuchenden beistehen. Es muß auch diejenigen erreichen, die in kirchlichen Entscheidungsgremien sitzen; sie müssen sich deutlich artikulieren und handeln.

Das Dreijahresprogramm taugt nichts, wenn es sich in Analysen und Diskussionen erschöpft und nicht auch Anstöße gibt zu praktischem Tun: zu kleinen, konkreten Schritten vor Ort und sichtbaren Zeichen der Solidarität in der Öffentlichkeit. Umge-

Dokumentation

kehrt: nur wenn das Programm die Wurzeln des heutigen Rassismus aufdeckt und Kenntnisse über Flüchtlingsursachen vermittelt, wird es zu Aktionen führen, die realistisch und der Situation angemessen sind oder doch eine Veränderung der Situation bewirken.

Nur wenn auf allen Ebenen der Kirchen ökumenisch und zusammen mit den Minderheiten gedacht, gestritten, gehandelt und geteilt wird, kann das Programm ein Zeichen dafür sein, daß Fremde Kinder Gottes sind wie wir und nichts Geringeres. Nur so kann gelernt werden, was wir noch nicht verwirklicht haben und wozu es keine Alternative gibt: eine multikulturelle Gesellschaft gleichberechtigter Menschen.

Zu den Autorinnen und Autoren

Elisabeth Adler, geb. 1926. Studium der Germanistik in Halle und Berlin; 1951–1956 Mitarbeit in der Berliner Geschäftsstelle der Ev. Studentengemeinden in der DDR; 1956–1959 sowie 1965–1987 an der Ev. Akademie in Berlin (Ost); 1959–1965 Mitarbeit beim Ökumenischen Rat der Kirchen in Genf; 1973 Auswertungsbericht über die ersten Jahre des „Programms zur Bekämpfung des Rassismus": „A Small Beginning"; z.Z. Engagement mit dem Plädoyer für eine ökumenische Zukunft für ein „Ökumenisches Programm zur Bekämpfung des Rassismus in Deutschland" sowie Teilnehmerin am ÖRK-Beobachtungsprogramm in Südafrika.

Rainer Albertz, geb. 1945. 1972–1977 Assistent bei Claus Westermann in Heidelberg; 1977–1980 Privatdozent in Heidelberg, 1980–1983 Professor für Altes Testament und altorientalische Religionsgeschichte in Heidelberg; seit 1983 Professor für Biblische Theologie an der Universität/Gesamthochschule Siegen.

Klara Butting, geb. 1959. Theologin, promovierte in Amsterdam zum Thema „Innerbiblische Kritik als Wegweisung feministischer Hermeneutik". Mitveranstalterin der Studienwochen eines Projektes, dem es unter dem programmatischen Namen „Erev-Rav" – das ist das „viele Pöbelvolk", das mit Israel aus der Sklaverei gezogen ist (Ex 12,38) – um Befreiungstheologie im Kontext Europas geht.

Bernd Jørg Diebner, geb. 1939; Mitarbeiter am Wissenschaftlich-theologischen Seminar der Ruprecht-KarlsUniversität Heidelberg. Mitherausgeber und Mitredakteur der Dielheimer Blätter zum Alten Testament.

Gerhard Jankowski, geb. 1937. Studium der Theologie in Bonn, Heidelberg, Berlin und Mainz. Theologie erfahren und gelernt in der Gemeinde vor allem von dem niederländischen

Autoren und Autorinnen

Theologen Kleijs Kroon. Acht Jahre Studentenpfarrer in der ESG Köln für ausländische Studierende. Ab 1981 wieder Gemeindepfarrer, z.Z. in Bad Breisig. Mitherausgeber der exegetischen Zeitschrift „Texte und Kontexte". Darin und in anderen Zeitschriften mehrere Veröffentlichungen.

Martin Kick, geb. 1954. Lebt und arbeitet auf eigene Verantwortung als Theologe und Hausmann am Rande Württenbergs.

Angela König, geb. 1958. Studium der Sozialpädagogik in Bremen, Schwerpunkte: Feministische Politik und Forschung, internationale Entwicklungspolitik, Arbeit in Entwicklungshilfe und internationaler Politik, Ökumenereferentin der ESG, z.Z. Unterstützung von Frauenprojekten in Bosnien und Kroatien.

Nasanin Navabi, geb. 1958 in Teheran (Iran); Studium der Pädagogik an der TU-Berlin mit dem Schwerpunkt Interkulturelle Kommunikation; z.Z.: Promotion zum Themenbereich „Kritik der Dominanzkultur"; Lehrbeauftragte an der TUB: Interkulturelles Lernen; pol. Bildungsarbeit im Zusammenhang z.B. mit ASA, Ev. Akademikerschaft; ESG; Mitglied in ARIBA (Verein für antirassistische interkulturelle Bildungsarbeit) e.V. in Berlin.

Gerdi Nützel, geb. 1961. Studium der ev. Theologie in Erlangen und Heidelberg; mehrere Jahre Mitglied in der Theologischen Kommission der Bundes-ESG, u.a. Mitarbeit an dem Projekt: „Die Schwestern mit der roten Karte – Gespräche mit Frauen aus der Bekennenden Kirche"; 1988/89 Studien- und Praxisaufenthalt in Brasilien; seit 1990 Mitarbeit im Frauenforschungsprojekt zur Geschichte der Theologinnen in Göttingen; Promotion zum Thema: Die Arbeit von Theologinnen in den lutherischen Kirchen Bayerns, Mecklenburgs und Brasiliens; z.Z. Vikarin in Berlin.

Ina J. Petermann, geb. 1956. Studium der ev. Theologie und der Judaistik; z.Z. Wissenschaftliche Mitarbeiterin im Fachbereich Altes Testament der Universität Marburg, Arbeit an einer Dissertation zum Thema: Israel und die fremden Frauen – der Beitrag des Buches Ruth zu einem innerbiblischen Diskurs.

Autoren und Autorinnen

Martina Severin-Kaiser, geb. 1959. Studium der Theologie und Geschichte in Münster, Tübingen, Jerusalem und Hamburg; Mitglied des Arbeitskreises „Studium in Israel" und der AG Juden und Christen beim DEKT; seit 1987 Pastorin in Hamburg, verheiratet, zwei Kinder.

Arim Soares do Bem, geb. 1957 in Minas Gerais/Brasilien; Studium der Rechts- und Kommunikationswissenschaften an der Universität Saô Paulo; 1988 Magisterarbeit „Fernsehserie und Hausangestellte: Von der Katharsis zur Distanzierung"; seit 1988 Durchführung eines Forschungsprojektes zur interkulturellen Begegnung zwischen Jugendlichen unterschiedlicher Herkunft an einer Modellschule in Kreuzberg. Die Untersuchung wird in Form offener Interviews durchgeführt, ihr Akzent liegt auf der Lebensgeschichte bzw. den verschiedenen Sozialisationsphasen der befragten Jugendlichen.

Ton Veerkamp, geb. 1933 in Amsterdam; Studium der Philosophie in Nijmegen und der Theologie in Maastricht und New York; lebt und arbeitet als Pfarrer für ausländische Studierende in Berlin. Mitbegründer und Mitherausgeber der exegetischen Zeitschrift „Texte und Kontexte".

Claus P. Wagener, geb. 1956. Diplomkaufmann und Student der evangelischen Theologie.

Silvia Wagner, geb. 1962. Studium der ev. Theologie u.a. in Heidelberg und Amsterdam; 1989–1993 Theologische Referentin in der Bundesgeschäftsstelle der ESG (West) in Köln; z.Z. Vikarin in Köln und Mitarbeiterin einer Redaktionsgruppe der „Jungen Kirche".

Theo Witvliet studierte an den Universitäten von Amsterdam und Strasbourg Theologie. Nach jahrelanger Tätigkeit als Journalist bei Rundfunk und Fernsehen (IKON-Ökumenischer Rundfunk) lehrt er seit 1977 als Professor für Ökumenewissenschaften an der Universität von Amsterdam. Er veröffentlichte u.a.: Befreiungstheologie in der Dritten Welt: eine Einführung, Hamburg 1986.

Satz:
Carsten Schultze-Hartmann, Berlin

Druck u. Bindung:
W B.-Druck, Rieden am Foggensee

ALEKTOR–VERLAG GMBH
Nazarethkirchstr. 50
Berlin 13347
Tel. & Fax
030/4566654 & 6226592

Ton Veerkamp
Autonomie und Egalität
Ökonomie, Politik und Ideologie in der Schrift
379 Seiten geb. DM 44,–

Als die Babylonier die letzte hebräische Monarchie restlos zerschlugen, ahnten sie nicht, daß sie damit die Weltgeschichte bis heute beeinflußten. Sie hinterließen ein Machtvakuum in dem ein besonderes Experiment entstehen konnte: Die Thorarepublik (Esra und Nehemia). Sie ist die konsequente Umsetzung der Weisung Gottes, der sein Volk aus Ägypten geführt hat. Das Buch beschreibt anhand der Auslegung biblischer Texte (Esra, Nehemia, Deuteronomium, Leviticus) die Thorarepublik und ihren sozialen Aufbau. Die Auslegung des Buches Hiob zeigt das Scheitern der Thorarepublik und die Exegese von Daniel ihre Transformation in eine hellenistische Monarchie.

Am Schluß des Buches entwickelt Veerkamp eine neue Gotteslehre. Gott ist nur ein fernes Gerücht von Freiheit, eine zerbrechliche Stimme ohne Gestalt, die aus dem Sklavenhaus hinausruft aufrecht zu gehen, mit der Disziplin der Freiheit in ein Land wo noch niemand war: ein befreites Land.

»Dieses Buch behandelt Texte, die in der normalen theologischen Ausbildung kaum vorkommen. Es sind genau die Texte und die Zeit, aus der heraus Jesus und seine Botschaft vom Reich Gottes verständlich werden. Der Autor legt sie aus in der biblischen Intensität eines Martin Buber, bei gleichzeitiger intimer Kenntnis der Sozialgeschichte und durchdringender theologischen Reflexion der Gegenwart. Er legt eine faszinierende Interpretation der Texte vor.« **Ulrich Duchrow**

Die Buchstaben werden sich noch wundern

Innerbiblische Kritik
als Wegweisung feministischer Hermeneutik
208 S. br. DM 25,80

Können Frauen als Kritikerinnen der androzentrischen Struktur der biblischen Texte und diese Texte als kritische Instanz gegenüber ihren Interpretinnen in ein sinnvolles Gespräch kommen?

In Auseinandersetzung mit den Büchern Ruth, Ester, Kohelet und dem Hohenlied geht Dr. Klara Butting dieser Frage nach. Sie analysiert, wie in diesen Schriften um des Lebensrechtes von Frauen willen in tradierte Erzählungen interveniert wird und wie diese Interventionen die Darstellung der Geschichte Israels als Männergeschichte und Männerbündnis zurückweisen.

Die Auswertung der innerbiblischen Gespräche läßt biblische Theologie als Methodologie erkennen, nach der Frauen die Schrift kritisieren und gleichzeitig lernen können auf die biblische Kritik einer Gott-mit-uns Religion zu hören.

Texte und Kontexte

Seit 17 Jahren bemühen sich die Autorinnen und Autoren dieser Zeitschrift um eine zeitgerechte biblische Exegese. Einige Exegesen dieses Buches sind Ausdruck dieser Bemühungen.

Ein unentbehrliches Instrument für alle engagierten Pfarrerinnen, Religionslehrer und Katechetinnen.

Vier Nummern im Jahr. Abonnement DM 30,– (Nichtverdienende DM 17,50) plus Porti.

Fordern Sie ein Probeheft beim Verlag an!